ALUNOS NEURODIVERGENTES
Como construir uma sala de aula inclusiva

Um kit de ferramentas para o ensino
adaptativo e a prática relacional

Verity Lush

PROFESSORA COM MAIS DE 20 ANOS DE EXPERIÊNCIA EM ENSINO DE CRIANÇAS E JOVENS COM NECESSIDADES EDUCACIONAIS ESPECIAIS E/OU DEFICIÊNCIAS (NEE/D)

ALUNOS NEURODIVERGENTES
Como construir uma sala de aula inclusiva

Um kit de ferramentas para o ensino adaptativo e a prática relacional

REVISOR TÉCNICO
CESAR VASCONCELLOS
Pós-graduado em: Tecnologia na Educação, Ensino Híbrido e Inovação Pedagógica pela Universidade Federal do Ceará e no Curso de Especialização em Neuropsicopedagogia Clínica e Institucional na USP. Co-fundador do Instituto AHSD, Centro de Pesquisa, Avaliação e Atendimento de pessoas com Altas Habilidades e Superdotação e 2E.

Copyright © Editora Manole Ltda., 2025, por meio de contrato com a autora e agente literário.

Copyright © 2024 by Verity Lush

Título original: *Building Your Inclusive Classroom: A Toolkit for Adaptive Teaching and Relational Practice*

Publicado mediante acordo com a Taylor & Francis Group

Editora: Lívia Oliveira
Projeto gráfico: Departamento Editorial da Editora Manole
Tradução: Departamento Editorial da Editora Manole
Diagramação: Amarelinha Design Gráfico
Capa: Ricardo Yoshiaki Nitta Rodrigues

Revisor técnico: Cesar Vasconcellos
Graduado no Curso de Licenciatura e Bacharelado em História pela Universidade Federal de Santa Maria, e durante formação, foi também aluno especial do Programa de Pós Graduação em História da mesma instituição. Fez Pós-Graduação no curso de aperfeiçoamento em Tecnologia na Educação, Ensino Híbrido e Inovação Pedagógica pela Universidade Federal do Ceará e Pós-graduação no Curso de Especialização em Neuropsicopedagogia Clínica e Institucional pela Faculdade Metropolitana do Estado de São Paulo.
É co-fundador do Instituto AHSD, Centro de Pesquisa, Avaliação e Atendimento de pessoas com Altas Habilidades e Superdotação e 2E.

CIP-BRASIL. CATALOGAÇÃO NA PUBLICAÇÃO
SINDICATO NACIONAL DOS EDITORES DE LIVROS, RJ

L989a

Lush, Verity

Alunos neurodivergentes: como construir uma sala de aula inclusiva : um kit de ferramentas para o ensino adaptativo e a prática relacional / Verity Lush; tradução Departamento Editorial da Editora Manole. – 1. ed. – Barueri [SP]: Manole Editora, 2025.
248 p. ; 23 cm.

Tradução de: Building your inclusive classroom: a toolkit for adaptive teaching and relational practice
Inclui bibliografia
ISBN 9788520467077

1. Educação inclusiva. 2. Crianças com deficiência – Educação. 3. Inclusão escolar. I. Departamento Editorial da Editora Manole. II. Título.

25-98403.1

CDD: 371.9
CDU: 376-056.36

Carla Rosa Martins Gonçalves – Bibliotecária – CRB-7/4782
28/05/2025 30/05/2025

Todos os direitos reservados.
Nenhuma parte deste livro poderá ser reproduzida, por qualquer processo, sem a permissão expressa dos editores. É proibida a reprodução por fotocópia.

A Editora Manole é filiada à ABDR – Associação Brasileira de Direitos Reprográficos

Edição – 2025

Editora Manole Ltda .
Alameda Rio Negro, 967 – cj 717
Alphaville – Barueri – SP – Brasil – CEP 06454-000 Fone: (11) 4196-6000
www.manole.com.br | https://atendimento.manole.com.br/

Impresso no Brasil
Printed in Brazil

Para Ashley, India e Amelie.

Durante o processo de edição desta obra, foram tomados todos os cuidados para assegurar a publicação de informações técnicas, precisas e atualizadas conforme lei, normas e regras de órgãos de classe aplicáveis à matéria, incluindo códigos de ética, bem como sobre práticas geralmente aceitas pela comunidade acadêmica e/ou técnica, segundo a experiência do autor da obra, pesquisa científica e dados existentes até a data da publicação. As linhas de pesquisa ou de argumentação do autor, assim como suas opiniões, não são necessariamente as da Editora, de modo que esta não pode ser responsabilizada por quaisquer erros ou omissões desta obra que sirvam de apoio à prática profissional do leitor.

Do mesmo modo, foram empregados todos os esforços para garantir a proteção dos direitos de autor envolvidos na obra, inclusive quanto às obras de terceiros e imagens e ilustrações aqui reproduzidas. Caso algum autor se sinta prejudicado, favor entrar em contato com a Editora.

Finalmente, cabe orientar o leitor que a citação de passagens da obra com o objetivo de debate ou exemplificação ou ainda a reprodução de pequenos trechos da obra para uso privado, sem intuito comercial e desde que não prejudique a normal exploração da obra, são, por um lado, permitidas pela Lei de Direitos Autorais, art. 46, incisos II e III. Por outro, a mesma Lei de Direitos Autorais, no art. 29, incisos I, VI e VII, proíbe a reprodução parcial ou integral desta obra, sem prévia autorização, para uso coletivo, bem como o compartilhamento indiscriminado de cópias não autorizadas, inclusive em grupos de grande audiência em redes sociais e aplicativos de mensagens instantâneas. Essa prática prejudica a normal exploração da obra pelo seu autor, ameaçando a edição técnica e universitária de livros científicos e didáticos e a produção de novas obras de qualquer autor.

Sumário

AGRADECIMENTOS.. IX
INTRODUÇÃO — Podemos ser heróis XIII
Capítulo 1 Atendendo às necessidades (inclusive as suas próprias).......... 1
Capítulo 2 O que são necessidades educacionais especiais e/ou deficiências (NEE/D)?..24
Capítulo 3 O quê e o por quê das abordagens relacionais..................51
Capítulo 4 O "como" das abordagens relacionais 90
Capítulo 5 Ensino adaptativo baseado em evidências e como fazê-lo 137
Capítulo 6 Uma base que precisa ser conhecida 189
Capítulo 7 E quanto aos adultos? 207
UMA PALAVRA FINAL 225
APÊNDICE 226
ÍNDICE REMISSIVO... 227

Agradecimentos

Este livro tem estado em minha mente durante a última década, e sou imensamente grata a todos que contribuíram para que eu o colocasse no papel. Agradeço também a todos que dedicaram tempo — e que se importaram o suficiente com os jovens com os quais trabalhamos — para lê-lo.

Gostaria de fazer um agradecimento especial a todos da Routledge Publishing, que me apoiaram nesta empreitada. Para Clare Ashworth, que viu o potencial deste livro desde o início e sem a qual ele não existiria como é. Você me ajudou a enxergar a floresta em vez de apenas as árvores cheias de palavras — obrigada. Alguns de seus comentários me levaram às lágrimas (só para esclarecer, foram lágrimas de alegria!). Um verdadeiro exemplo de letramento emocional em ação.

Agradeço também a Molly Kavanagh, cujo apoio, principalmente na busca de direitos de uso, foi inestimável. Você não faz ideia do quanto sou grata por isso. Agradeço também a Stephanie Derbyshire, Hannah Champney e Ellen Murray pela colaboração neste projeto.

Antes de passar para outros agradecimentos, também sou grata à Education Endowment Foundation por me permitir usar seu trabalho neste livro — e gostaria de estender este agradecimento a todas as outras editoras e autores que gentilmente cederam direitos. Em especial, Dan Hughes, Charles Feltman, Martin Wood da Worth Publishing, Mark Finnis e Sue Phillips.

Quando comecei a lecionar, não imaginei que um dia me especializaria na área de educação especial; no entanto, graças a uma escola maravilhosa que trabalha com isso, esse acabou sendo o meu caminho. Aqueles que estão lendo isto e que trabalharam nessa escola em particular saberão exatamente do que estou falando. Obrigada a todos vocês, do passado e do presente.

Escrever um livro paralelamente à rotina diária de trabalho não é tarefa fácil, por isso sou muito grata às pessoas e à equipe que me cercam. Seu apoio infinito, senso de humor e resiliência são impressionantes. Em nenhuma ordem específica, há muitas pessoas a quem eu gostaria de agradecer. Seu trabalho árduo, sua paixão e sua atitude de "fazer tudo pelas crianças" são o que realmente importa.

Laine Fletcher (a peça-chave que mantém nosso maravilhoso departamento unido, não há agradecimentos suficientes no mundo), Jasmine Dale (uma verdadeira defensora das relações e da inclusão — acredite em você!), Claire Swinson (a gentileza em pessoa, o brilho personificado, com belas unhas cor-de-rosa para completar), Jacky Evans (com seu cabelo incrível e muitas risadas diárias, pelas quais eu lhe agradeço!), Steve Flores (mestre no olhar fulminante e um chefe de equipe fantástico), Erika Anders (como sempre, seja fazendo malabarismo na vida ou com os sucos, não sei como você dá conta), Jo Webb (todas as habilidades de excelência e meu braço direito, obrigada), Carly Reid (uma mulher de ferro de verdade e uma inspiração fenomenal), Alex Franklin (que sempre consegue parecer animada em vez de chorosa quando ela me vê vindo em sua direção), Hayley Taylor (ainda me lembro do "vire para cá" — o vídeo de despedida da turma do 11º ano está fresco na minha memória enquanto escrevo), a adorável Rachael Colmer e a maravilhosa Hannah Hughes (obviamente tive que me juntar a vocês para fechar o nosso pequeno trio!), Mel Trise (um dia, Ant e Dec vão te levar para a Flórida), Yve Butterworth (sempre disposta a ajudar com qualquer tarefa), Anna Doyle (uma estrela em todos os sentidos), Claire Stonebridge (excelente assistente de apoio à aprendizagem para nossos jovens) e, por último, mas não menos importante, Sharon Shaw, a aplicadora de avaliações de apoio mais eficiente do sul (até voltar ao norte — número 9!).

Agradeço também a *toda* a nossa família escolar. Não tenho palavras para agradecer a todos, mas esta é uma saudação sincera: equipe Mayfield, do passado, do presente e do futuro. Essa equipe pode mudar ao longo dos anos, mas a determinação de obter o melhor para os jovens que estão sob nossos cuidados nunca muda. Alguns nomes, mas de forma alguma exaustivos: Phil e Becky Denford, Steve Reid, James Campbell, Emma Radford-Groom, Kirsty Rolfe, Alison Barnicott, Alison Rowland, Karin Gardner, Joe Houghton-Gisby, Varsha Durve, Amanda Foster, David Sharkey, David Wheat, Sharon Rolfe (rainha da noite do quiz!), Michele John, George Rolfe (que sempre pergunta como estou — e realmente ouve a resposta), Caroline Nicholls, Julie Winzar, Lynne Hollis, Andy Tite, Alix Beech, Michael Godfrey (minhas habilidades no Google Form são uma lástima, ainda bem que as suas são excelentes!), Rich Clark-Lyons, Jude Firth e Jen Lewis. Todos vocês tornam meus dias mais alegres e iluminam a vida de nossas crianças: gratidão.

A Claire Mason, Jane Steggall e Feleena Elkington — aprendi muito com vocês, obrigada. Nossa parceria com vocês como instituições externas é simplesmente inestimável.

À minha amiga de tantos e tantos anos, Anneke Ring, obrigada. E para Liz Davies, seja nas sextas de antigamente ou nas quartas de agora, é sempre sagrado! Obrigada.

Agradeço também a Jodi Webb — nosso "recomeço" em espanhol foi uma piada que acabou se tornando um verdadeiro ponto de virada para mim.

Cath Drinkwater, você pode ter ido embora para a Terra dos Cangurus, mas está mentalmente comigo todos os dias — graças a Deus não precisamos pagar as contas absurdas de telefone de 1992 para manter contato agora.

À Sra. Sheila Ridley (eu não estaria onde estou nem seria quem sou sem você) e a Steve Gerlach, com quem perdi o contato ao longo dos anos, mas lembro sempre com carinho — como eu amava nosso departamento.

À "Mesa da frente" — você sabem! Charlotte Baker, Lynne Lister e Becky Maddox.

A Watson e Moriarty, meus gatos — vocês não sabem ler (e não tenho certeza se me amam mais do que a comida que forneço), mas vocês fizeram boa companhia ao meu lado enquanto eu escrevia este livro.

E à minha mãe maravilhosa, divertida e arteira, Janet McGill — eu te amo muito, obrigada por tudo o que você é e por tudo o que você me incentiva a ser. Com amor e agradecimentos também a Peter — que é, obviamente, o favorito da minha cachorrinha Dolly.

Para India e Amelie. Minhas meninas lindas. Amo vocês. Vocês apoiaram este livro desde o início, mesmo que isso tenha significado muitos domingos com a mamãe grudada no notebook. Vocês são um verdadeiro milagre na minha vida; não faço ideia de como consegui ter tanta sorte. Corram atrás dos seus sonhos, minhas pequenas, e os tornem realidade. Quero que vocês consigam tudo.

E, finalmente, para Ashley. Toda a gratidão a Ashley. Não há muitos maridos que reconheceriam este livro como uma carta de amor de suas esposas, então é bom que eu seja a sua. A educação tem sido o fio condutor de nossas vidas nas últimas duas décadas, e foi com você que mais aprendi.

Você sempre foi, e continuará sendo, o ser humano mais inspirador que já conheci — você está nisso única e exclusivamente pelas crianças. Tudo se resume aos relacionamentos, e sou muito grata pelo nosso; é como você disse que seria. E eu amo você.

INTRODUÇÃO
Podemos ser heróis

Ensinar é uma profissão idealista. Entramos nela com a intenção de mudar o mundo. Vemos os secretários de educação indo e vindo. Somos acusados, por alguns setores da imprensa sensacionalista, de sermos preguiçosos, de termos nos escondido durante a pandemia e de termos fechado escolas, de tirarmos férias demais, e, ainda *assim*, as pessoas continuam escolhendo essa profissão. E a grande maioria das pessoas com quem fiz formação docente há 20 anos ainda está lecionando.

Por que isso acontece se ensinar pode ser algo tão incrivelmente difícil? Provavelmente porque, como muitos de nós sabemos, também é *incrivelmente satisfatório*. Nós nos esforçamos para alcançar o ideal. Nenhum de nós entrou no magistério com os olhos brilhantes e cheios de esperança desejando levar um chute na canela de uma criança de 6 anos ou ser xingado. Entramos para fazer a tal da "diferença" – um clichê, sim, mas, como acontece com tantos clichês, verdadeiro. Nós realmente fazemos a diferença — uma diferença positiva, impactante e significativa. E qualquer pessoa que acredite que os professores batem ponto às 15 horas, ou que somos uma raça preguiçosa de ingratos, deveria passar o dia em uma sala de aula.

Ensinar é uma montanha-russa. É uma jornada intensa e vertiginosa, e estamos nela com jovens e crianças que talvez ainda não saibam como controlar suas próprias emoções, muito menos como reagir adequadamente às emoções dos outros. Somos animadores, planejadores, negociadores e atuamos *in loco parentis*. Somos trabalhadores árduos, e cada dia é um novo começo. Cada lição é um novo começo. Nós nos reerguemos, seguimos em frente, persistimos e enfrentamos os desafios. Efetuamos mudanças positivas na vida dos jovens todos os dias, mesmo quando eles não reconhecem, ou quando, às vezes, nós mesmos não percebemos.

Este livro se baseia na premissa de que, como parte de sua função como professor, você deseja ser **inclusivo** e que todas as crianças em sua sala de aula sejam atendidas. Isso não é tarefa fácil, mas o fato de você estar lendo este livro já sugere que sua sala de aula e sua abordagem são pautadas pela inclusão, onde as crianças se sentem valorizadas e onde você se esforça para obter o melhor. Em um mundo pós-pandêmico, ensinar se tornou mais desafiador — e, portanto, mais gratificante do que nunca.

A última década teve um impacto significativo em nossos jovens, independentemente de eles terem necessidades educacionais especiais e/ou deficiências (NEE/D) ou não. O tempo de tela somado a redes sociais, multiplicados por uma pandemia, não resultam exatamente em uma sociedade funcional. Esperamos que este livro provoque reflexões e discussões, permitindo e capacitando-o a fazer mudanças não apenas em suas aulas e em sua prática, mas também em suas abordagens para crianças com NEE/D — e que isso beneficie, na verdade, todos os seus alunos. "Um bom ensino para alunos com NEE/D é um bom ensino para todos" (Education Endowment Foundation, 2020). Na verdade, acho que podemos elevar ainda mais nossas aspirações e buscar a excelência[I]. Nem sempre atingiremos os patamares mais altos dessa referência, mas podemos beneficiar nossos jovens ainda mais se tentarmos.

Embora este livro não venha com uma varinha mágica, espero que ele estimule você a pensar, o encoraje a refletir, talvez até o motive a correr alguns riscos na sua prática pedagógica e a empregar sua criatividade — inspirando você a tentar novas abordagens. Ele também fornece ideias e estratégias práticas, indo além dos aspectos tradicionais do que as diretrizes do professor iniciante do Departamento de Educação do Reino Unido define como "ensino adaptativo". Essa abordagem se diferencia da antiga "diferenciação": é mais responsiva, mais inclusiva e se fundamenta no conhecimento que temos dos alunos que estão diante de nós[II].

A adaptação em si é algo que todos nós fazemos, o tempo todo. Mudamos nosso comportamento quando a diretora entra na sala de aula. Se é um membro

---

[I] O código de prática afirma que "todo professor é um professor de NEE/D", o que significa que é nossa responsabilidade, como professores, garantir que as crianças com necessidades adicionais sejam ensinadas com rigor, mantendo altas expectativas, e adaptando nossas práticas e abordagens conforme necessário (Departament for Education; Departament of Health, 2015, p. 25) (N. Rev).

[II] O ensino adaptativo se diferencia da antiga "diferenciação" ao propor que os professores mantenham altas expectativas e ajustem o modo como conectam novos conteúdos ao que os alunos já aprenderam, em vez de criar tarefas distintas ou reduzir expectativas para diferentes grupos de estudantes.

da equipe gestora que aparece, nos endireitamos na cadeira. Se é um colega que entra, relaxamos os ombros e soltamos um suspiro de alívio. Falamos de forma diferente com nossas mães do que com nossos melhores amigos.

A adaptação é natural, não é algo que deva ser temido. Mas, quando recebemos um e-mail do departamento de apoio à aprendizagem ou do coordenador de NEE/D nos dizendo que precisamos fazer "tal coisa para a criança X" e "tal coisa para a criança Y", tendemos a pensar: "E como, exatamente, você acha que vou dar conta disso, além de planejar para os outros 28 alunos da sala?".

No entanto, o ensino adaptativo não significa que você precisa (nem deve) criar recursos diferentes e trabalhosos para cada aluno com necessidades adicionais — as adaptações assumem muitas formas para promover a inclusão e vão muito além dos moldes prontos para escrita. Entram no território das relações e das posturas pedagógicas. E é isso que torna este livro um pouco diferente, pois ele propõe que, além de adaptar o **ensino**, precisamos — por conta do que significa "ensinar" em uma sociedade do século XXI — também precisamos adaptar nossa forma de nos relacionar com os jovens. Precisamos construir uma base sólida de **práticas relacionais** em nossas salas de aula e ir progredindo a partir desse ponto de partida.

Este livro basicamente já fez boa parte do "trabalho pesado" por você no que diz respeito às abordagens relacionais. Você encontrará o **quê, o por quê** e **o como** das abordagens relacionais baseadas em evidências, com quatro pedagogias principais como base, além de estratégias práticas para empregar em sua sala de aula e na sua. Embora alguns exemplos e diretrizes que discutiremos tenham origem no Departamento de Educação do Reino Unido, a essência da interação entre professor e aluno é universal. A dinâmica relacional em sala de aula transcende fronteiras — conectar-se com os alunos é uma necessidade em qualquer contexto. Tudo na vida começa com relacionamentos, e a sala de aula não é exceção. Se não acertarmos isso, nada mais funciona. Temos nos conectar com as crianças antes de podermos realmente ensiná-las, e este livro o ajudará a fazer as duas coisas.

Em essência, este livro é uma caixa de ferramentas para construir sua sala de aula inclusiva do zero. Essas ferramentas vão ajudá-lo a construir seu lar inclusivo — sua sala de aula —, e a chave da porta é a **consistência**. O alicerce de sua casa, o bloco sólido sobre o qual ela se assenta e que deve permanecer estável, será sua **abordagem relacional**. Os tijolos com os quais você constrói — e que podem precisar de manutenção de tempos em tempos — serão seu currículo e planejamento. Às vezes você precisará usar andaimes em sua sala de aula, mas os andaimes são apenas uma medida temporária para qualquer casa. Eles vêm e vão, e tudo se resume a saber quando precisamos deles e quando não precisamos.

Por fim, eu gostaria de recorrer às palavras de William Blake (ignorando, com sua licença, a linguagem pouco inclusiva do autor). Blake disse que, "se as portas da percepção fossem limpas, tudo apareceria ao homem como é: infinito" (1975). As habilidades perceptivas das crianças — ainda que não tenham necessidade adicional ou NEE/D significativa — são infinitas. Como professores, estamos na posição verdadeiramente privilegiada de facilitar a abertura dessas portas, e a chave para elas é a consistência. A consistência dos limites firmes, da consideração positiva incondicional e de um compromisso com a inclusão baseada nas necessidades de cada aluno.

Ser um herói não é apenas coisa de cinema. Se você está na educação, você já é um. Todos os dias.

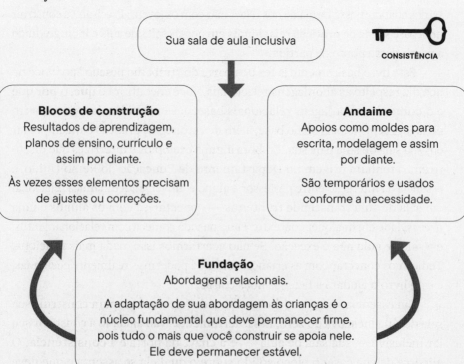

Figura 1. Um modelo para sua sala de aula inclusiva

O que você encontrará em cada capítulo

Capítulo	O que você encontrará?	Resumo
Capítulo 1	**Atendendo às necessidades** Quem sou eu? Relacionamentos, cuidar de si mesmo e do bem-estar O significado de "inclusão" Ensino adaptativo ou diferenciação?	Uma introdução sobre mim — já que este livro trata de **relacionamentos** e da importância de conhecermos uns aos outros! Analisaremos **o que** e **quem** nos levou ao ensino, como cuidar de nós mesmos antes de cuidar dos outros, o que significa **inclusão** e as diferenças entre "**diferenciação**" e "**ensino adaptativo**".
Capítulo 2	**O que são as necessidades educacionais especiais e/ou deficiências (NEE/D)?** Quando os professores aprendem sobre NEE/D? Como devemos falar sobre NEE/D? As 4 grandes áreas gerais de necessidades Neurodiversidade Ser orientado pelas necessidades em vez de orientado pelo diagnóstico Plano de apoio e planos legalmente obrigatórios Como a causa e o efeito podem nos ajudar a atender às necessidades? Coordenadores de NEE/D	Um mergulho na maneira como nós, como professores, aprendemos sobre NEE/D e como **falar** sobre isso. Examinaremos as 4 grandes áreas necessidade, **a neurodiversidade**, o fato de sermos **guiados pelas necessidades em vez de pelo diagnóstico** e tudo sobre **planos legalmente obrigatórios de apoio** a crianças e jovens com NEE/D (como o EHCP na Inglaterra ou o IDP no País de Gales, entre outros). Também analisaremos um modelo de **causa e efeito** para apoiar as necessidades e o papel do coordenador pedagógico de inclusão nas escolas — o único membro da equipe escolar que precisa ter formação em nível de mestrado e possuir *status* de professor qualificado.
Capítulo 3	**O quê e o por quê das abordagens relacionais** Parte 1 — O "quê" das abordagens relacionais Parte 2 — O por quê das abordagens relacionais	Parte 1 — O que são e o que não são as abordagens relacionais. Em resumo, não se trata de "ser bonzinho" — elas geram sucesso em longo prazo e para a vida toda. **Consideração positiva incondicional** (CPI) — O que significa e qual seu papel nas abordagens relacionais? Parte 2 — Por que precisamos incorporar abordagens relacionais, considerando a **hierarquia de necessidades de Maslow**, saúde mental, emocional e social (SEMH), relacionamentos fora da escola, tempo de tela e dispositivos, **experiências adversas na infância** (ACEs), adultos confiáveis disponíveis, recuperação de traumas e transtornos de apego.

Capítulo 4	O "como" das abordagens relacionais	Parte 1 — Como usar nossa inteligência emocional em sala de aula e na escola.
	Quatro abordagens principais para construir sua base	Parte 2 — Os 6 princípios do cuidado e como incorporá-los à sala de aula, com base na inteligência emocional.
	Parte 1 — Alfabetização emocional	
	Parte 2 — Cuidado/nutrição	Parte 3 — Como a prática restaurativa (ou relacional) pode mudar a cultura e os valores da escola, com base na inteligência emocional.
	Parte 3 — Prática restaurativa (ou relacional)	
	Parte 4 — PACE (ludicidade, aceitação, curiosidade e empatia)	Parte 4 — Como usar a abordagem PACE para fazer com que os jovens se sintam seguros e floresçam em nossa sala de aula
Capítulo 5	Ensino adaptativo baseado em evidências e como implementar	Parte 1 — Duas abordagens baseadas em evidências para um ensino de alta qualidade. Em primeiro lugar, abordaremos os 10 princípios de instrução de Rosenshine (2012), que fornecem orientações excelentes e concisas. Em segundo lugar, consideraremos o ensino de alta qualidade especificamente para crianças com necessidades adicionais, examinando o trabalho mais recente da Education Endowment Foundation (EEF) para ensino de alunos com NEE/D em escolas regulares (2020).
	Parte 1 — Recomendações baseadas em evidências para o ensino adaptativo	
	Parte 2 — Ideias práticas para o ensino adaptativo	
	Parte 3 — Usando a PACE para adaptar o planejamento e os recursos	
		Parte 2 — Estratégias práticas baseadas em 5 recomendações da EEF:
		1) Agrupamento flexível
		2) Estratégias cognitivas e metacognitivas
		3) Instrução explícita
		4) Uso da tecnologia para apoiar os alunos com NEE/D
		5) Andaime.
		Parte 3 — Como usar a Prática restaurativa (ou relacional) (especificamente o PACE) para adaptar nossos recursos e planejamento em nossa sala de aula inclusiva.
		Analisaremos por que precisamos fazer isso e como implementar. Isso inclui ideias práticas e envolventes e incentivo à criatividade! Também inclui abordar a aprendizagem experimental e narrativas, que podem ser um excelente complemento para nossa caixa de ferramentas de ensino para todas as crianças, especialmente aquelas com necessidades de SEMH.

Capítulo 6	O essencial que você precisa saber: juntando tudo Documentos de apoio Como você os usaria agora, incorporando todo o nosso aprendizado dos Capítulos 1 a 5? Como você vai conciliar tudo isso? Criando o hábito do ensino adaptativo	Inclui exemplo de dois documentos com informações sobre necessidades que o setor de apoio à aprendizagem pode nos fornecer, como o "Passaporte do Aluno". Precisamos nos lembrar de nosso modelo de causa e efeito, com uma recapitulação da caixa de ferramentas para a construção de nossa sala de aula inclusiva. Considerando tudo o que foi abordado nos capítulos anteriores, como você usaria os documentos? Como você pode identificar o que usar e onde? E por que ensinar de maneira adaptativa e responsiva é mais simples do que parece, especialmente em comparação com a "diferenciação". Nós podemos fazer isso!
Capítulo 7	E os adultos? Pais, cuidadores e equipe de apoio	Inclusão significa todos nós. Como tirar o melhor proveito de adultos em sua sala de aula — veremos algumas orientações sobre isso — e como construir esses relacionamentos com pais e responsáveis.
	Considerações finais	Espero que minhas palavras aqui sejam encorajadoras e te inspirem a ir adiante e criar sua sala de aula inclusiva!
	Apêndice	Um guia em formato de tabela que mostra, de forma objetiva, como e onde cada capítulo deste livro se conecta às 5 recomendações da EEF para NEE/D em escolas regulares.

REFERÊNCIAS

Blake, W. *The Marriage of Heaven and Hell*. Oxford: OUP, 1975.

Department for Education. *Early Career Framework*. 2019. Disponível em: https://assets.publishing.service.gov.uk/government/uploads/system/uploads/attachment_data/file/978358/Early-Career_Framework_April_2021.pdf. Acesso em: 14 mar. 2025.

Education Endowment Foundation. *Send in Mainstream Schools: A Guidance Report*. 2020, atualizado em 2021. Disponível em: https://educationendowmentfoundation.org.uk/education-evidence/guidance-reports/send. Acesso em: 14 mar. 2025.

Rosenshine, B. *Principles of Instruction: Research-Based Strategies That All Teachers Should Know*. American Educator, v. 36, n. 1, p. 12-39, 2012. Disponível em: https://www.aft.org/sites/default/files/Rosenshine.pdf. Acesso em: 14 mar. 2025.

CAPÍTULO 1
Atendendo às necessidades (inclusive as suas próprias)

> **Capítulo 1**
>
> Resumo
> **Atendendo às necessidades**
> Uma introdução sobre mim — já que este livro trata de relacionamentos e da importância de conhecermos uns aos outros!
> Veremos o que e quem nos levou a lecionar, como cuidar de nós mesmos antes de podermos cuidar dos outros, o que significa inclusão e as diferenças entre "diferenciação" e "ensino adaptativo".

QUEM SOU EU PARA LHE DIZER COMO ENSINAR? (*SPOILER*: NÃO FAREI ISSO!)

Este livro é sobre inspiração. Trata-se de inspirar uns aos outros a sermos o melhor que podemos ser, e de inspirar da mesma forma cada um dos nossos alunos. Para ensinar e ser bem-sucedido nisso, você precisa de uma mentalidade positiva. Estamos sempre buscando o progresso, a realização e o sucesso. E, novamente, isso tanto diz respeito a nós quanto as crianças em nossas aulas.

Todos os profissionais do ensino têm algo a oferecer. Ideias e sugestões, inovações e maneiras de adaptar abordagens. Às vezes, por conta da intensa rotina de trabalho, podemos nos ver, ou talvez nossos colegas, um pouco estressados por isso, em vez de entusiasmados. E o objetivo deste livro é estimular nosso entusiasmo! Não se trata de dizer a você como ensinar; trata-se de compartilhar conselhos baseados em evidências e despertar aquela alegria que todos nós sentimos quando nos damos conta de que, se não fosse por nós, nosso aluno não teria conseguido. Fomos nós que apoiamos uma criança a **ser** e **a se sentir** bem-sucedida.

Este livro não tem como objetivo dizer o que você deve fazer ou afirmar quem sabe mais (aliás, será que alguém sabe mesmo?). Em vez disso, trata-se de questionar, de trabalhar em conjunto e de examinar diferentes ideias e abordagens a fim de experimentar. Todos nós já passamos pela experiência de sermos tratados com condescendência, ouvindo explicações óbvias como se não soubéssemos do que se trata, e isso não é diferente no ambiente escolar. Como educadores, assistimos a sessões de formação, e às vezes, é difícil, especialmente no fim do dia, manter a mente aberta em relação ao que está sendo apresentado. No entanto, por mais que estejamos ou não nesse ofício há muito tempo, sempre há algo novo para aprender ou implementar, ou algo para atualizar no ensino — algo para nos entusiasmarmos ou nos inspirarmos, e é para isso que este livro existe. É para que possamos desenvolver a nós mesmos e a nossa prática, assumir riscos e tentar coisas novas, além de observar nossas abordagens em relação às crianças enquanto fazemos isso.

Este livro não parte do pressuposto de que sou uma espécie de oráculo onisciente do ensino adaptativo. Pelo contrário: espero que a junção de formações, pesquisas e experiências que reuni, principalmente na última década, poupe você do trabalho de buscar tudo isso sozinho. E também espero que, ao lê-lo, você se sinta inspirado a compartilhar suas próprias ideias e experiências. Afinal, todos os professores estão aprendendo o tempo todo; nunca são apenas as crianças e os jovens que aprendem dentro da sala de aula. Às vezes precisamos até *desaprender* coisas para poder progredir.

> Há coisas que você teve que "**desaprender**" em sua carreira? Você acha que "desaprender" às vezes é tão importante quanto aprender?
> Sobre o que você teve que refletir ou mudar?
> Você já teve que ajudar crianças a "desaprender" em vez de "aprender"? É fácil (ou difícil) desaprender algo que já foi **incorporado**?

RELACIONAMENTOS

Um conceito central que torna este livro sobre ensino adaptativo ligeiramente diferente dos outros é a base das abordagens relacionais, que proponho como sendo a chave para todo o resto, e também a ideia de adaptar nosso ensino usando essas abordagens. Fiz um pouco do trabalho pesado aqui para você em relação à pesquisa sobre tais abordagens (consulte os Capítulos 3 e 4), mas também — porque acredito que tudo começa com relacionamentos saudáveis e fortes — parece fazer sentido eu compartilhar algo sobre mim e como cheguei à conclusão de que, em minha opinião, essa filosofia é um princípio central da inclusão.

Com muita frequência, começamos a lecionar tendo sido influenciados por algo ou alguém ligado às nossas próprias experiências educacionais passadas. Quantos de nós podem dizer que foi um professor específico, uma aula ou uma experiência escolar que foi a causa da escolha de nossa carreira, tendo o ensino como efeito consequente? Suspeito que haja uma infinidade de respostas. Nem todas essas experiências ou pessoas terão sido positivas. Às vezes são as negativas que nos motivam a sair pelo mundo e garantir que nós mesmos possamos proporcionar o lado positivo. No entanto, esperamos que sejam também os funcionários inspiradores que nos ensinaram e que nos fizeram pensar: "Eu também quero fazer isso!" ou "Quero ser como eles!". Quando nos tornamos professores, pode ser difícil imaginar que haverá crianças em nossas escolas que olhem para nós e decidam que gostariam muito de fazer o que estamos fazendo. Estamos, portanto, em uma posição privilegiada! O ponto crucial de nossa ambição é mudar o mundo, mesmo que só um pouquinho, e isso ganha mais impulso, como um efeito dominó, quando nós mesmos inspiramos outras pessoas a também ensinar.

> Qual é **a sua história** sobre como você começou a lecionar?
> Quem ou o que o **inspirou** a ir para a educação?
> Se foi um(a) de seus próprios professores, você já entrou em contato com ele(a) e contou?

Com relação às minhas próprias ambições, eu queria lecionar desde muito jovem, mas a direção que minha carreira tomou — especialmente em relação à inclusão — decorre definitivamente de minhas próprias experiências escolares. Estudei em uma escola particular só para meninas, mas tive uma formação significativamente diferente em comparação aos meus amigos. A maioria dos pais era profissional autônomo — advogados, dentistas, anestesistas e assim por diante — enquanto eu estava na escola por determinação de minha mãe, e meu avô e meu pai eram proprietários de uma empresa de carros usados, um *pub* e um salão de bilhar. Outras crianças moravam em casas enormes à beira-mar, enquanto eu morava em uma casa geminada (perfeitamente adorável) na parte mais carente da cidade. No entanto, como uma criança que visitava propriedades enormes com piscinas, e até mesmo uma com um observatório no telhado, eu podia ver a diferença. Não dei muita importância a isso; eu era filha única com um forte senso de identidade incorporado em mim por minha família. No entanto, havia comentários que os amigos às vezes deixavam escapar inadvertidamente, originados de seus pais, e geralmente são as pequenas coisas como essas que nos fazem sentir diferentes quando crianças, mesmo quando somos muito jovens para entender o porquê. Quando crianças, muitas vezes experimentamos nossos primeiros sentimentos de exclusão nas mãos de outras crianças.

Meus pais se divorciaram quando eu tinha 8 anos, o que era incomum naquela época (e outro indicador de ser um pouco diferente do grupo), e meu pai era alcoolista. Eu adorava meu pai. Ele era um homem carismático e amoroso, mas o constrangimento de chegar atrasado à peça de Natal e sentar-se na ponta oposta do banco onde minha mãe estava sentada — com um espaço vazio entre eles — não passou despercebido por mim. Coisas como essa são atordoantes quando se é criança, e o fato de eu ainda me lembrar disso agora me faz pensar nas crianças e nos jovens que estão na escola hoje em dia e no efeito que tais situações têm em suas vidas.

Quando eu tinha 12 anos, meu pai morreu, muito repentinamente, de um crise grave de asma. Foi em uma quarta-feira de abril e, quando me sentei na cama para fazer a lição de casa de matemática, não tinha ideia de que meu pequeno mundo estava prestes a ruir. Uma batida na porta e a chegada totalmente inesperada do meu avô trazendo a notícia... isso mudou tudo e, como todos nós que perdemos alguém próximo, isso afetou absolutamente tudo em minha vida a partir daquele ponto. E, como adulta, e especialmente quando comecei a lecionar, o que mais se destacou para mim nos dias seguintes ao seu falecimento foi que nenhum professor da minha escola mencionou o fato para mim. Voltei à escola 48 horas depois, na sexta-feira daquela semana, e, quando um colega de classe me perguntou por que eu não tinha ido à escola no dia anterior, foi a primeira vez que tive de experimentar o horror de contar a alguém que meu pai havia morrido. Meu pai havia feito algo que, naquela tenra idade, era insondável. Chorei quando consegui pronunciar as palavras, e minha professora me levou para o corredor. Ela endireitou minha camisa, fechou o botão de cima para mim, deu um tapinha em meus ombros e me mandou de volta para a sala de aula, mas em nenhum momento ela mencionou que sabia que, desde a última vez que me viu na tarde de quarta-feira, meu pai havia falecido repentinamente.

Em nenhum momento ela perguntou se eu estava bem, nem me orientou a conversar com alguém, também não perguntou se eu gostaria de ligar para minha mãe. E não digo isso com culpa ou amargura — estávamos em 1989 e conversas como essas simplesmente não aconteciam —, portanto digo isso simplesmente como um fato, e como um fato que demonstra uma diferença fundamental entre o ensino daquela época e o ensino atual. Em 1989, no Reino Unido, não havia assistentes de apoio à alfabetização emocional (Emotional Literacy Support Assistants — ELSA) nem equipes de apoio à saúde mental (Mental Health Support Teams — MHST)[1].

Avançando para o século XXI, felizmente, não se ouve falar de uma criança que retorne à escola depois de uma experiência tão transformadora sem que tenha apoio imediato. Desde o início de minha carreira, minhas próprias experiências quando criança influenciaram profundamente minha abordagem

---

[1] MHST E ELSA são um recurso mais recente nas escolas britânicas, voltado para oferecer suporte à saúde mental dos alunos. Essas equipes são projetadas para fornecer intervenções precoces e apoio para crianças e jovens com dificuldades de saúde mental e bem-estar emocional diretamente no ambiente escolar. Elas trabalham em colaboração com as escolas para ajudar a identificar necessidades, oferecer suporte direto e encaminhar para serviços especializados quando necessário.
São profissionais treinados que trabalham com alunos para: desenvolver habilidades emocionais (reconhecer, entender e gerenciar emoções); melhorar a regulação emocional (lidar com estresse, ansiedade e outras emoções difíceis); promover a autoestima e a confiança (ajudar os alunos a se sentirem mais seguros e confiantes) (N. Rev).

no ensino. Sem dúvida, suas experiências fizeram o mesmo com você. Provavelmente tenho uma inclinação natural para a inteligência emocional e para o que faz as pessoas vibrarem e se conectarem, porque, posteriormente, segui de início um caminho baseado em disciplinas, como líder de estudo religioso, filosofia e ética, e fui especialmente inspirada por minha própria professora de estudo religioso, a Sra. Sheila Ridley. A Sra. Ridley falava com os alunos como se eles fossem seres humanos, com vozes que valia a pena ouvir e com opiniões que valia a pena escutar — em essência, ela era inclusiva, e eu queria ser como ela. Foi depois do nascimento da minha filha mais nova que, por acaso, entrei no caminho especializado da inclusão e das necessidades educacionais especiais e/ou deficiências (NEE/D), e isso mudou tudo.

> Em que tipo de escola você estudou? Ela era **inclusiva**?
> Como isso influenciou sua **filosofia pessoal** sobre educação?
> A escola foi uma experiência **positiva ou negativa** para você?

Havia uma escola especial e uma instituição alternativa na cidade onde eu morava, e, por mais que no início da minha carreira eu fosse muito apaixonada pela minha disciplina, logo percebi que trabalhar com crianças e jovens com NEE/D era tudo o que eu queria para lecionar. A escola em que eu trabalhava contava com uma equipe incrível, inspiradora e com visão de futuro, formada por indivíduos que estavam alinhados no que tange à parte relacional da pedagogia, e estavam todos dispostos a mudar e se adaptar às necessidades das crianças e dos jovens. Oferecíamos de tudo, desde cuidados com cães até disciplinas básicas, de culinária a filosofia e ética, ciências e humanidades. Lembro com carinho de um aluno incrível que no início só conseguia participar das aulas em seu quarto, com uma toalha cobrindo o rosto. Com paciência e apoio, conseguimos reintegrá-lo com sucesso à escola presencialmente — e ele acabou realizando e concluindo com sucesso todas as provas finais.

Foi uma época fantástica, cercada por uma equipe fantástica e por jovens brilhantes, e isso ajudou muito a desenvolver minhas abordagens pessoais na educação. Desde aquela época, voltei para um ambiente convencional, mas ainda trabalho com NEE/D, e faço isso porque sei o quanto pode ser desafiador para um não especialista em NEE/D ter de se adaptar e ser flexível quando se tem 30 crianças em uma turma ou, na verdade, várias turmas de 30, caso esteja em um ambiente de ensino médio. Voltei na esperança de ajudar a equipe a conseguir isso, e assim nasceu este livro. A orientação contida aqui com relação à adaptação de nosso ensino e de nossas abordagens será benéfica para todas as crianças e jovens, pois **um ensino excelente para alunos com NEE/D** é um ensino excelente para todos. As NEE/D serão abordadas aqui de forma inclusiva e, no intuito de também incorporar e refletir a inclusão, as opiniões da equipe de apoio, dos professores, dos pais, das crianças, da equipe do local, dos gestores — uma série de partes interessadas — foram buscadas e consideradas. A obra se concentra na adaptação do ensino para crianças com NEE/D e não na adaptação de prédios escolares para pessoas com deficiências, sendo esta última uma área supervisionada na escola pelos dirigentes, gestores locais e coordenadores de necessidades educacionais especiais e deficiências.

Em minha carreira, tive muita sorte de trabalhar com professores e equipes de apoio extremamente competentes, talentosos e inspiradores. Alguns eram especialistas em ensino médio, outros em ensino fundamental, outros estavam no início de suas carreiras e outros já no fim. Trabalhei com alguns diretores excepcionais, cujos estilos de liderança foram embasados em um ponto de partida de letramento e inteligência emocional, e que me inspiraram a fazer o mesmo. Trabalhei com funcionários administrativos que construíram melhores relacionamentos e, portanto, contribuíram para obter melhores resultados para as crianças do que os professores experientes conseguiram. Também conversei com pessoas que trabalharam em escolas onde os líderes, sem necessariamente perceber, criaram culturas do tipo "nós e eles" entre funcionários e alunos, o que resultou em baixa moral entre todas as partes interessadas e, o que é mais importante e preocupante, em resultados ruins para os alunos.

O objetivo e a ideia deste livro é contribuir, de alguma forma, para a obtenção de melhores resultados para crianças e jovens. O que este livro não pretende fazer é disparar qualquer gatilho de culpa. Nenhum de nós acerta o tempo todo. Todos nós temos exemplos de situações em que agravamos uma situação, ou simplesmente estávamos cansados demais para enxergar todo o contexto, tendo focado demais no detalhe, e agimos de uma forma que depois nos arrependemos. Talvez você esteja lendo isto e lembrando de experiências semelhantes, ou até mesmo recordando de casos em que errou ou refletiu e se arrependeu de algo. Mas trata-se de uma reflexão positiva, que fazemos no papel de professores para, então, realizar mudanças positivas. É essa mudança positiva que realmente importa — é nela que conseguimos mudar o mundo. Talvez apenas um pouco, talvez apenas como uma pequena ondulação na superfície, mas quão melhor é essa pequena ondulação do que não causar impacto algum? E se você conseguir espalhá-la ao seu redor, tocando outras pessoas, então a diferença que você faz pode se tornar imensa. É bem possível que você esteja lendo e pensando em exemplos de sua própria infância que o tornaram a pessoa e o professor que é hoje, e, à sua maneira, tais exemplos e suas próprias experiências pessoais estão agora influenciando e, "por tabela", afetando as crianças que você ensina — e os filhos que elas podem vir a ter no futuro.

Em resumo, este livro não se trata de fazer com que as coisas sejam feitas "para" você, de fazer as coisas "com" você. Trata-se de "nós" — como professores, como pessoas, como indivíduos — juntos e sempre tentando tornar as coisas um pouco melhores.

> Com **quem** você teve a sorte de trabalhar até agora em sua carreira?
> Existe alguém que tenha **mudado diretamente** o rumo de sua carreira antes e/ou desde que começou a lecionar?
> Quais **colegas** o inspiraram e o que eles têm de mais inspirador para você?
> Pense em você: de que maneira **você** inspira os outros?

UMA PALAVRA SOBRE VOCÊ E A IMPORTÂNCIA DE SE ADAPTAR

Antes de seguirmos adiante, precisamos falar sobre a pessoa mais importante que está lendo este livro, e essa pessoa é você. Seja qual for a função que desempenha atualmente na escola, você é uma peça-chave sobre a qual tudo o mais se sustenta. E, antes de ser o melhor para as crianças, você precisa ser o melhor para si mesmo.

Ensinar é difícil. Ensinar é exaustivo. Basta conversar com qualquer pessoa, inclusive eu e possivelmente você, que já tenha tido outros empregos e possa fazer uma comparação justa. Se não fossem as férias, é bem provável que muitos de nós não *conseguiriam* (observe: eu não disse *não quereriam*) exercer essa profissão, porque somos consumidos por ela e, muitas vezes, ficamos física e mentalmente sobrecarregados. Não digo isso levianamente, mas com sinceridade. Você sabe, enquanto lê estas palavras, que não dá para simplesmente "desligar" do trabalho. Provavelmente chega às 7 ou 7h30 da manhã, sai às 17 ou 17h30 (sem contar apresentações, reuniões com pais e responsáveis, dentre outras atividades), vai para casa, janta, e continua trabalhando. Isso é insustentável. As exigências da profissão são enormes — contribuir para o desenvolvimento integral, a educação e o cuidado holístico de 30 e até centenas de crianças por semana, cada uma com necessidades e histórias únicas.

Você *precisa* cuidar de si mesmo — colocar a sua máscara de oxigênio primeiro, como dizem nas metáforas de segurança aérea, antes de embarcar no avião da educação. E precisa saber reconhecer quando é hora de desacelerar, caso contrário poderá não chegar ao esperado destino das férias de julho — aquele lugar mágico para onde todos nós vamos para recarregar as energias — antes de colapsar, contra a sua vontade.

> Seja **sincero**, estamos só entre nós, profissionais da educação. Você abraça o conceito de bem-estar ou revira os olhos quando ouve isso?
> O que o bem-estar realmente significa para **você**, pessoalmente?
> Até que ponto a escola está diretamente conectada ao seu bem-estar pessoal?
> Até que ponto você acredita que a equipe de liderança da escola é responsável pelo seu bem-estar?

Bem-estar

Atualmente, tem-se falado muito sobre bem-estar nas escolas — e tomara que assim. Todos nós sabemos que fazer exercícios físicos, tomar um bom banho, encontrar um amigo para tomar um café e coisas do tipo são ótimos. Mas também precisamos aprender a estabelecer nossos próprios limites. Se você ajuda um vizinho nas compras, ou se acha que "deveria" se oferecer para pegar os filhos de uma amiga quando for buscar os seus — e ainda dá lanche e os distrai até que sua amiga chegue —, está tudo bem, *desde que você esteja se sentindo bem para isso*. É assim que a vida acontece, por meio de nossos amigos e do favores que fazemos e retribuímos. Mas pode haver momentos em que você precise dizer não. Pode haver momentos em que você chega em casa da escola e se depara com uma pilha de roupa para lavar, trabalho acumulado ou o jantar por fazer... e, ainda assim vai precisar dizer "não" e simplesmente sentar no sofá. Mas não fique sentado lá, franzindo a testa e reclamando para si mesmo que "ninguém mais vai fazer isso", levantando-se menos de 5 minutos depois para "dar conta logo". Em vez disso, estabeleça seus limites e *não* se sinta culpado. Talvez ninguém mais faça, mas o telhado não cairá se você deixar para amanhã ou ignorar até o fim de semana. De vez em quando, está mais do que certo se colocar em primeiro lugar, com a consciência tranquila de que fazer isso levará a resultados melhores para as crianças e jovens sob seus cuidados — e também para sua própria família.

O que você pode controlar?

Também é útil pensar sobre o que está ao seu alcance. É mais fácil falar do que fazer quando nossa lista de tarefas parece não ter fim, mas é útil. Reflita: o que você pode controlar? O que você pode controlar *parcialmente*? E o que *não* pode controlar de jeito nenhum? — pois é justamente com essa última categoria que precisamos tentar nos importar menos ou, melhor ainda, *deixar de lado* por completo, enquanto focamos naquilo que *podemos* fazer por nós mesmos. Veja o clima, por exemplo. Não podemos controlar o tempo lá fora, mas podemos escolher que roupa usar para nos proteger ou nos sentirmos mais confortáveis.

Focar nas coisas que podemos controlar nos **fortalece**. E abrir mão daquilo que não podemos controlar nos ajuda a deixar de nos sentir sobrecarregados. Não temos controle sobre o fato de que, no Brasil, por exemplo, o coordenador da disciplina, ou o líder do grupo, está esperando que a gente corrija todas as quatro provas simuladas do Enem ou as seis avaliações preparatórias para o Saeb, para dezenas de alunos, em um prazo curtíssimo. Entretanto, podemos controlar alguns aspectos desse processo porque sabemos que ele está chegando. Sabemos de antemão que o trem da correção está vindo em alta velocidade. E aí temos duas escolhas: ou ficamos parados no trilho, esperando o pior, ou assumimos o controle, planejamos nossa vida social antes desse período, ajustamos a carga de trabalho com antecedência e nos adaptamos, assim como fazemos pelos nossos alunos. E isso é *muito* importante. É fácil ouvir esse tipo de conselho — ou lê-lo em um livro — e logo depois esquecer, ignorar ou até zombar, enquanto a nossa mente sobrecarregada grita: "Será que eles não sabem o quanto estou atolado?!". Dizer "exercite a atenção plena" pode soar meio clichê para alguns, mas é realmente útil manter esse conselho bem presente na nossa cabeça. **Parar por um momento** e pensar sobre o que *podemos* controlar. Estabelecer limites. E, então, agir com base nisso — antes que tudo nos engula de vez.

Sua escola deve ter uma política de bem-estar ou de saúde mental, um membro da equipe (ou vários) deve ser responsável por sua implementação e você deve ter com quem conversar ou onde buscar apoio quando precisar. Certifique-se de que isso está acessível. E lembre-se: adapte-se com a mesma dedicação que você se adapta pelos alunos. Você é a prioridade aqui porque, por mais que a nossa motivação seja cuidar das crianças, precisamos *estar presentes* para que isso funcione. Se você estiver esgotado física e mentalmente, estará completamente fora do jogo. E, como o próprio propósito deste livro sugere: precisamos estar incluídos, e não excluídos. Tudo isso tem a ver com inclusão.

O que você faz, **ativamente,** para cuidar de si mesmo?
Você tem uma rede de apoio na escola?
Consegue conversar abertamente com amigos e familiares?
Você consegue — ou gostaria de conseguir — contribuir para o bem-estar na escola e apoiar outras pessoas também? Como isso poderia ser — ou já é — na prática?

Afinal, o que é essa tal de "inclusão"?
O que significa para você?

Vale a pena refletirmos sobre isso porque, se você estiver construindo sua sala de aula inclusiva com base em abordagens relacionais, precisaremos decifrar o que é uma sala de aula inclusiva.

Talvez você atue em uma escola onde o coordenador de educação especial (o famoso professor de apoio, ou SENDCO, no termo em inglês) também seja o responsável pela inclusão. Ou pode ser que na sua escola outra pessoa assuma esse papel. De qualquer forma, o que esses profissionais geralmente têm em comum é o fato de integrarem a equipe gestora. Isso se deve ao fato de que eles têm mais capacidade de orientar e provocar mudanças estratégicas positivas para as crianças e os jovens. Obviamente, muitos diretores de escola ouvirão seus coordenadores de educação especial, estejam eles na equipe gestora ou não, e isso é o que realmente importa. Afinal, pode haver um coordenador de educação especial lendo agora este livro que seja, por exemplo, um diretor assistente, mas que não se sinta ouvido; portanto, na realidade, depende muito do diretor e de suas abordagens e crenças pessoais sobre as NEE/D.

Tudo isso nos leva de volta à terminologia de "inclusão" e ao que ela é, pois se uma escola é realmente inclusiva, todas as **partes interessadas** devem se, sentir acolhidas, ouvidas e valorizadas. Por "partes interessadas", queremos dizer todos, desde o diretor até os governantes, a equipe, os estudantes, os pais e a comunidade local. O velho ditado "é preciso uma aldeia inteira para educar uma criança" é muito usado e com razão, talvez ainda mais nos tempos atuais. Em essência, a visão da escola como um todo para a inclusão é decidida pelos nossos líderes seniores, tendo em mente as necessidades da escola e da comunidade, e nós desempenhamos nosso papel na construção e incorporação dessa visão. Nossas salas de aula são pequenas comunidades dentro de uma comunidade mais ampla que é a escola e, se você é um professor de sala, pode contribuir, garantindo que sua sala de aula/seu espaço de ensino seja inclusivo. Então, o que isso significa? Como isso funciona?

A própria definição de "inclusão", em sua forma mais básica, significa estar incluído, mas é muito mais complexa do que isso. Todos nós podemos dizer a alguém que ele **foi** incluído, mas certamente o que faz a diferença é **se sentir** incluído? Independentemente de ter 100 ou 2.000 estudantes em sua escola, garantir que cada um deles experimente o **sentimento** de inclusão — assim como todas as outras partes interessadas — é algo imenso e quase impossível. Entretanto, como acontece com muitas coisas na esfera educacional, continuamos tentando e nos adaptando. Para a maioria das crianças e dos jovens, os tutores, as assembleias, as aulas, os intervalos, as aulas extracurriculares, os amigos e assim por diante, todos proporcionam a sensação de inclusão. Para outros, seja em razão de necessidades específicas ou circunstâncias da vida, isso não acontece, e talvez seja necessário um pouco mais de reflexão e apoio.

Os coordenadores de educação especial devem deixar clara sua visão sobre a inclusão de estudantes com NEE/D (mais sobre o tema mais adiante neste capítulo) e, em seguida, implementar estratégias e planos específicos para oferecer apoio a fim de garantir isso. Contudo, o ponto central é o que acontece na sala de aula e como adaptamos nosso ensino e nossas abordagens para nos certificar de que todos os estudantes tenham acesso ao aprendizado e que, portanto, todos se sintam incluídos nele.

> Que definição você daria agora para o termo "**inclusão**"?
> Qual seria a sua visão pessoal sobre inclusão em sua **sala de aula**?
> Você consegue pensar em exemplos de como sua sala de aula é inclusiva?
> Você consegue pensar em exemplos de quando sua sala de aula não foi tão inclusiva quanto você gostaria e como poderia **mudar** isso?

O MODELO PARA SUA SALA DE AULA INCLUSIVA

Agora que já consideramos a inclusão em mais detalhes, vamos dar uma olhada novamente no plano da introdução sobre como construir sua sala de aula inclusiva. Ele será mencionado ao longo do livro e analisado em maior profundidade no início do Capítulo 3 (Figura 1.1).

Em essência, a base de sua sala de aula deve ser *imóvel*. Sua sala de aula precisa estar em uma base sólida, e esta deve ser composta de **abordagens relacionais**. Essas abordagens, e as razões para elas, serão discutidas em profundidade nos Capítulos 3 e 4.

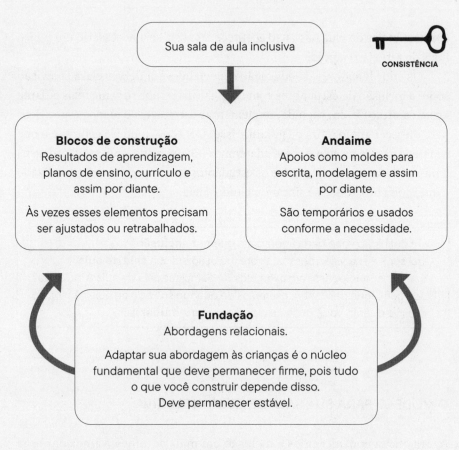

Figura 1.1 Um modelo para sua sala de aula inclusiva.

A chave para sua sala de aula inclusiva é a **consistência** — expectativas consistentemente altas e ensino consistentemente de alta qualidade. Os blocos de construção e os andaimes podem ir e vir conforme a necessidade, e você deve reconhecer isso e adaptar-se quando necessário. Os Capítulos 5 e 6, em particular, quando examinarmos os métodos de **ensino adaptativo**, fornecerão excelentes ideias sobre como fazer isso.

Seguindo esse modelo, podemos almejar algo grande. Podemos ter como objetivo construir uma sala de aula onde todos os alunos se sintam acolhidos, valorizados, incluídos e onde eles também *sintam* isso. Um local onde se sintam seguros, onde podem alcançar seus objetivos e onde sejam ouvidos. Podemos ter como meta a inclusão e podemos alcançá-la.

ENSINO ADAPTATIVO OU DIFERENCIAÇÃO?

> Você conhece esses termos e as diferenças entre eles?

Como este livro se baseia no conceito central de adaptar nosso ensino e nossas abordagens para atender às necessidades de nossas salas de aula e escolas, parece apropriado começar com uma ou mais palavras sobre a terminologia que está sendo usada atualmente e as diferenças entre essas abordagens. O "ensino adaptativo" é o que está sendo adotado, e a "diferenciação" é um pouco mais antiga.

Diferenciação e adeus aos "estilos de aprendizagem"

Independentemente do seu tempo de experiência no ensino, você já deve ter ouvido falar em *diferenciação*, e, se você leciona há apenas alguns anos, estará muito mais familiarizado com o termo *ensino adaptativo*. Até certo ponto, isso também dependerá da escola ou autoridade local em que você trabalha. Para aqueles de nós que estão na profissão há muitos anos, "diferenciação" é o que provavelmente nos assombrou durante toda a nossa formação, seja qual for o caminho que tomamos para chegar ao destino: nos tornarmos professores. Quando eu estava fazendo minha pós-graduação, por exemplo, tive que escrever um plano detalhado para cada uma das aulas que ministrei e, nesses planos, havia um espaço onde eu tinha que informar se estava diferenciando por resultado ou por tarefa. A primeira significava que todos faziam a mesma tarefa e eu estava preparado para uma variedade de respostas; a segunda significava que eu mudava as tarefas de acordo com a capacidade ou necessidade percebida dos estudantes em minhas aulas. Havia uma expectativa de que diferenciar significava criar um recurso diferente para cada criança da turma — em algumas escolas, isso ainda pode ser acontecer -, mas o ensino adaptativo é uma mudança bem-vinda. Além de aumentar a carga de trabalho, isso também significa que você corre o risco de alguns alunos sempre receberem a "tarefa de baixa habilidade", outros sempre receberem a tarefa intermediária e alguns sempre receberem a tarefa alta. Cair em padrões como esse significa que podemos limitar as crianças, ao passo que o que precisamos fazer é manter nossas **expectativas altas** e incentivar a **aspiração**, ao mesmo tempo que avaliamos as mudanças nas necessidades e no desempenho, às quais nos adaptamos. Mesmo em turmas que são definidas ou agrupadas de acordo com a capacidade (o que nem todo mundo gosta), cada criança é, obviamente, diferente. E é por isso que a adaptação é tão importante.

Lá atrás na minha pós-graduação, eu também tinha que preencher uma ficha intitulada "VAK", que significava Visual, Auditory and Kinaesthetic (visual, auditivo e cinestésico), em que tinha que explicar como meus recursos levariam em conta esses três tipos de "estilos de aprendizagem". Eu tinha de fazer com que os alunos se movimentassem ou se engajassem em algo prático, ao mesmo tempo que assegurava que houvesse algo auditivo para os alunos que aprendiam melhor por meio desse sentido e, além disso, planejava algo também com apelo visual, como questionamentos acerca de imagens e coisas afins. Para ser justa, esse modelo de ensino realmente nos obrigava a pensar de forma criativa sobre o que estávamos apresentando em sala de aula. No entanto, também gerava uma enorme ansiedade: eu me sentia pressionada a identificar todos os estilos de aprendizagem presentes na turma, criar recursos específicos para cada um deles e ainda por cima produzir reflexões por escrito sobre o sucesso (ou não) que eu tinha tido ao fazer isso. Novamente, assim como no caso de produzir três ou mais versões diferentes, a grande questão aqui é que não podemos categorizar os alunos em "caixinhas" de estilos de aprendizagem específicas e esperar que permaneçam nelas. Quando fazemos isso, acabamos rotulando os estudantes, diminuindo nossas expectativas sem querer e, provavelmente, diminuindo as expectativas dos alunos em relação a eles mesmos.

Felizmente, essa teoria sobre os estilos de aprendizagem já **foi amplamente desacreditada**. Como sugere Paul Kirschner, psicólogo cognitivo, ter um método preferido de estudo não equivale a um estilo de aprendizagem e, além disso, há uma diferença real entre a *maneira* pela qual alguém prefere aprender e *a aprendizagem* efetiva, de maneira que leve ao progresso (Kirschner 2016). Portanto, não atribua "estilos de aprendizagem" a seus alunos: mantenha sua mente aberta e, ao fazer isso, mantenha as oportunidades de aprendizagem abertas para todos os alunos. O que realmente precisamos fazer é adaptar nossos métodos com base naquilo que observamos: no que as crianças estão aprendendo ou deixando de aprender. Só assim conseguiremos intervir de forma adequada e promover avanços reais.

> Você **conhece** bem seus alunos e as necessidades deles?
> **Quanto tempo** você leva para conhecer seus alunos?
> Se você é educador em um ambiente de ensino fundamental, como o seu conhecimento sobre os alunos no início do ano letivo se compara ao fim do primeiro semestre? E como isso **afeta as adaptações** que você faz?
> Se você é um educador do ensino médio e vê os alunos com menos frequência, como pode conhecê-los e saber de suas necessidades da forma mais rápida e eficiente possível? Com quem você poderia conversar sobre isso? Que tipo de apoio você poderia buscar?

Ensino adaptativo

Avançando 20 anos no tempo (e acredite, realmente passou num piscar de olhos — embora, se você estiver apenas começando, alguns dias possam parecer se arrastar por anos), vemos que muita coisa mudou — e para melhor. No setor de apoio ao professor iniciante do Departamento de Educação do Reino Unido, o termo "ensino adaptativo" surgiu em 2019, sendo estabelecido como quinto padrão que os Professores em Início de Carreira (Early Career Teachers -ECTs) devem atender. Essa mudança representa um afastamento da expectativa de criar incontáveis recursos diferentes para incontáveis alunos, direcionando-se para a adaptação da aprendizagem de formas mais gerenciáveis, mas ainda assim impactantes.

O termo *diferenciação* costuma trazer a ideia de produzir e imprimir uma variedade de atividades específicas; já o *ensino adaptativo* propõe algo diferente: manter altas expectativas enquanto — e este é o ponto-chave — conhecemos nossos alunos profundamente e, a partir disso, ajustamos, por exemplo, o modo como fazemos ou como conectamos novos conteúdos ao que eles já aprenderam. Na verdade, o setor de apoio ao professor iniciante do Departamento de Educação do Reino Unido afirma explicitamente que "o ensino adaptativo tem menos probabilidade de ser valioso se fizer com que o professor crie artificialmente tarefas distintas para diferentes grupos de estudantes ou estabeleça expectativas mais baixas para determinados estudantes" (ECF, 2019). Essa abordagem soa como música para aqueles que se formaram sob o rígido regime do VAK. Em vez disso, reconhece-se que, para ensinar da melhor maneira possível crianças e adolescentes com (e sem) NEE, devemos fazê-lo com rigor, com expectativas altas e de maneira adaptada às necessidades de cada um.

Conhecer nossos alunos, quem eles são e o que os motiva é essencial para oferecer a eles as melhores experiências de aprendizagem possível. Como professores, precisamos ser flexíveis, nos moldando para engajar nossos alunos da melhor maneira possível e, assim, apoiá-los para que alcancem o máximo do seu potencial.

Correndo o risco de soar como uma balada romântica dos anos 1980, as crianças de nossas salas de aula são o futuro do mundo, se desenvolvendo diante de nossos olhos. É bem possível que haja momentos em que esse pensamento nos encha de profunda preocupação com a sobrevivência da humanidade — como no final do expediente uma sexta-feira, olhando para a sala devastada e resmungando mentalmente. Mas, no fundo, não é justamente essa preocupação, e o desejo de fazer diferente, que nos move? O que pode nos motivar tanto quanto a alegria inesperada de encontrar aquele adolescente que realmente vê sentido em estudar Shakespeare no século XXI?

É uma missão desafiadora, com certeza, mas essa é a realidade da profissão. Para quem critica os professores de longe, empunhando seus tridentes nos comentários de jornais, eu proponho: passem uma semana na profissão. Descubram a realidade da falta de recursos, do volume de planejamento, das pilhas de burocracia, do número de reuniões, das reuniões de pais e responsáveis, das viagens escolares, das inspeções, observações (a lista continua) — e só depois tentem julgar. A menos que alguém tenha sido professor, é um absurdo se entregar a julgamentos especulativos.

De muitas maneiras, as estatísticas falam por si mesmas. Em 2021, 12,5% dos Professores em Início de Carreira do Reino Unido deixaram a profissão antes mesmo de consolidar suas carreiras (Belger 2022). Um dado extremamente triste e alarmante, que indica quão difícil pode ser a jornada. No entanto, apesar dos desafios (ou talvez por causa deles e da sensação fantástica de superá-los), ensinar é algo profundamente mágico. Você sabe do que estou falando: aquelas aulas que são simplesmente incendiárias, aquelas de onde você sai de lá extasiado — assim como os alunos — porque criou *experiências de aprendizagem memoráveis*, capazes de marcar a vida deles para sempre e de moldar os adultos que eles se tornarão. Aulas em que você vê aquela criança de 9 anos que estava com dificuldade em matemática de repente ter um momento de iluminação, ao finalmente entender a relação entre frações e porcentagens. Ou quando o adolescente que, na segunda-feira, te mandou para lugares inomináveis, na sexta-feira te procura espontaneamente para pedir desculpas. É disso que realmente se trata a verdadeira essência do ensino: desses momentos de pura magia — e o ensino adaptativo ajuda a tornar essa jornada um pouco mais leve. Vamos, então, explorá-lo em mais detalhes.

> O quanto você conhece sobre o setor de apoio ao professor iniciante do Departamento de Educação do Reino Unido dependerá do seu cargo na escola e de quanto tempo você já está na área da educação.
> Você já leu alguma parte das diretrizes do plano de apoio ao professor iniciante?
> Se você já está no magistério há algum tempo, como as diretrizes do plano de apoio se compara à sua época como professor recém-formado?
> Os professores em início de carreira agora passam por um período de indução de dois anos, em vez do período de um ano como era antigamente. Será que essa mudança é positiva? Que diferença, se houver, isso pode fazer?
> No Brasil, há algumas iniciativas de apoio ao professor iniciante, especialmente por meio de formações continuadas e, em alguns estados, programas de indução.
> O que você conhece sobre estes programas, e como eles te auxiliam?

Se olharmos para as diretrizes do plano de apoio ao professor iniciante do Departamento de Educação do Reino Unido, percebemos que seus conselhos são claros e relevantes para todos os professores, independentemente do tempo de experiência. De acordo com o Padrão 5, precisamos **compreender que**:

> 1. Os alunos tendem a aprender em ritmos diferentes e a necessitar de diferentes níveis e tipos de apoio dos professores para serem bem-sucedidos.
> 2. Procurar entender as diferenças dos alunos, incluindo seus diferentes níveis de conhecimento prévio e possíveis barreiras à aprendizagem, é uma parte essencial do ensino.
> 3. Adaptar o ensino de forma responsiva, inclusive fornecendo apoio direcionado aos alunos com dificuldades, provavelmente aumentará o sucesso deles.
> 4. É menos provável que o ensino adaptativo seja valioso se fizer com que o professor crie artificialmente tarefas distintas para diferentes grupos de alunos ou estabeleça expectativas mais baixas para determinados alunos.

5. O agrupamento flexível de alunos em uma turma para oferecer apoio mais personalizado pode ser eficaz, mas deve-se tomar cuidado para monitorar seu impacto sobre o engajamento e a motivação, principalmente em relação a alunos com baixo rendimento.

6. Existe um equívoco comum de que os alunos têm "estilos de aprendizagem" distintos e identificáveis. Isso não é respaldado por evidências, e tentar adaptar as aulas a esses estilos tende a ser pouco eficaz.

7. Os alunos com necessidades educacionais especiais ou deficiências provavelmente precisarão de apoio adicional ou adaptado; é essencial trabalhar em estreita colaboração com colegas, famílias e alunos para entender as barreiras e identificar estratégias eficazes.

Além disso, precisamos saber **como**:

Desenvolver uma compreensão das diferentes necessidades dos alunos, por meio de:

- Identificar os alunos que precisam de novos conteúdos de forma mais detalhada.
- Utilizar a avaliação formativa.
- Trabalhar em estreita colaboração com o coordenador de necessidades educacionais especiais e/ou deficiências (NEE/D), profissionais da educação especial e o responsável designado pela proteção e bem-estar dos alunos.
- Utilizar o código de prática NEE/D que fornece orientação adicional sobre o apoio eficaz aos alunos com necessidades educacionais especiais e/ou deficiências.

Oferecer oportunidades para que todos os alunos tenham sucesso, por meio de:
- Adaptar as aulas, mantendo expectativas altas para todos, de modo que todos os alunos tenham a oportunidade de atingir os objetivos propostos.
- Equilibrar a introdução de novos conteúdos para que os alunos dominem conceitos importantes.
- Usar com eficácia os assistentes de ensino.

Atender às necessidades individuais sem criar uma carga de trabalho desnecessária, por meio de:
- Uso de recursos bem projetados (p. ex., livros didáticos).

- Planejar para conectar o novo conteúdo com o conhecimento existente dos alunos ou fornecer ensino prévio adicional caso eles careçam de conhecimentos essenciais.
- Incluir práticas adicionais ou eliminar exposições desnecessárias.
- Reformular perguntas para oferecer maior apoio ou maior desafio, conforme necessário.

Podemos ver aqui, de maneira explícita, que o ensino adaptativo reconhece que não precisamos — e não devemos — criar tarefas diferentes para diferentes grupos de alunos, que não precisamos identificar ou planejar para diferentes "estilos de aprendizagem" e que devemos, de fato, responder e adaptar nosso ensino para toda a turma, evitando os "rótulos" que, às vezes criamos sem perceber. Vamos, então, retomar um princípio apresentado anteriormente neste capítulo: embora este livro tenha um foco especial no ensino para crianças com necessidades especiais e/ou deficiências (NEE/D), um ensino de excelência para esses estudantes é, na verdade, um ensino de excelência para todos. Por sua vez, o ensino adaptativo é um ensino excelente. Portanto, ao adaptarmos nosso ensino para as turmas inteiras, promoveremos **a inclusão** de todos os aprendizes.

CAPÍTULO 1: ATENDENDO ÀS NECESSIDADES
Principais pontos

- Este livro é sobre inspiração!
- Relacionar-se e conhecer um pouco uns sobre os outros são fundamentais para o sucesso de todos na sala de aula e na escola — inclusive o seu —, portanto cuide de si mesmo.
- Abordagens relacionais são a base de uma sala de aula inclusiva.
- Ensino adaptativo não é o mesmo que diferenciação. Ele é mais responsivo às necessidades dos alunos.
- Nunca rotular os alunos, e devemos sempre manter expectativas altas. Podemos criar uma sala de aula inclusiva na qual todos os alunos se sintam parte do processo de aprendizagem, e também podemos contribuir para uma visão de inclusão em toda a escola ao incorporar essa prática no dia a dia.

> **O QUE VEM A SEGUIR**
>
> ■ O Capítulo 2 abordará como devemos falar sobre as necessidades educacionais especiais e/ou deficiências (NEE/D), as quatro grandes áreas do NEE/D, neurodiversidade, a importância de sermos guiados pelas necessidades e não apenas pelo diagnóstico, os planos de apoio legalmente vinculados para crianças e adolescentes com NEE/D e o papel do coordenador de necessidades educacionais especiais. Também consideraremos um modelo de causa e efeito para nos ajudar a atender às necessidades dos estudantes.

PELAS VOZES DA EQUIPE

"Eu amava a escola e amava meus professores. Eu os admirava e, embora tenha entrado para o ensino mais tarde, percebi que uma carreira na educação seria muito mais satisfatória. Sempre participei do movimento escoteiro e fui líder de grupo, e logo percebi que tinha uma conexão com os jovens, o que me levou aos adolescentes."
— Vice-diretora e líder de inclusão, ensino médio

"Pessoalmente, acredito que inclusão significa criar um ambiente onde as diferenças são celebradas e aceitas. É garantir que todas as crianças tenham acesso à aprendizagem, independentemente de terem ou não necessidades adicionais (mesmo que não tenham necessidades educacionais especiais. Trata-se de adaptar o ensino e as expectativas para nossos alunos, ajudando-os a se sentirem aceitos, valorizados e apoiados para prosperarem."
— Professora da área de Ciências Humanas, ensino médio

"Para mim, inclusão significa que todos possam acessar os recursos que lhes são adequados às suas necessidades e não sejam excluídos. Significa incluir os alunos mais vulneráveis da escola e o atendimento às suas necessidades."
— Diretora, ensino fundamental

"Desde criança, eu sempre soube que queria trabalhar com pessoas, mas foi uma experiência com um professor que mudou minha vida. Tenho uma dificuldade específica de aprendizagem — uma combinação de dispraxia e dislexia — que afeta bastante minha memória de trabalho. No ensino médio, meu professor de Geografia dava aulas apenas ditando trechos de um livro. Para alguém com dificuldades de processamento e memória como eu, isso era praticamente inacessível. No entanto, eu me esforçava muito e achava o conteúdo interessante. Ao considerar minhas escolhas para o nível superior, decidi cursar Geografia. Dessa vez, tive a professora mais incrível e inspiradora, que tornava as aulas envolventes. Isso me fez perceber que, se um professor pode fazer tanta diferença na vida de alguém, então essa era uma profissão realmente valiosa."
— Coordenador de área, Geografia

"Quando eu era estudante, nos ensinavam que as crianças tinham estilos de aprendizagem diferentes. Isso agora parece absurdo, pois limita os resultados dos alunos. Um ensino eficaz acontece de várias maneiras para todos. Trata-se de reconhecer isso e ensinar de forma eficaz, adaptando o que fazemos para atender às necessidades de todos os alunos. Não se trata de dizer que o Timmy só aprende com estímulos visuais e que o Leroy só aprende ouvindo."
— Diretor, ensino fundamental

REFERÊNCIAS

Belger, T. (2022). *Jump in Teachers Leaving (Salto na saída de professores)*. Disponível em: https://schoolsweek.co.uk/dfe-teacher-vacancy-pay-jobs-recruitment-data/

Departamento de Educação e Departamento de Saúde (2019). *Estrutura de início de carreira*. Disponível em: https://assets.publishing.service.gov.uk/government/uploads/system/uploads/attachment_data/file/978358/Early-Career_Framework_April_2021.pd. Acesso em: 10 jul. 2023.

Kirschner, P. (2016). Stop Propagating the Learning Styles Myth (Pare de propagar o mito dos estilos de aprendizagem). *Computers & Education*, 106, pp.

Estrutura de início de carreira: DFE-00015-2019

CAPÍTULO 2
O que são necessidades educacionais especiais e/ou deficiências (NEE/D)?

> **Capítulo 2 — Resumo**
>
> O que são as necessidades educacionais e/ou deficiências (NEE/D)?
> Um mergulho em como nós, como professores, aprendemos sobre NEE/D e como falar sobre o tema.
> Vamos abordar as 4 grandes áreas das NEE/D, a neurodiversidade, a importância de sermos guiados pelas necessidades dos alunos em vez de apenas pelo diagnóstico. E tudo sobre planos de apoio legalmente obrigatórios no reino Unido para crianças e adolescentes com NEE/D, como o plano de educação, saúde e cuidados (EHCPs) plano de desenvolvimento individual (IDPs) no País de Gales, Plano Educacional Individualizado (PEI) no Brasil entre outros.
> Também analisaremos um modelo de causa e efeito para apoiar as necessidades dos alunos, além de entender melhor o papel e do coordenador de necessidades educacionais especiais e/ou deficiências nas escolas — o único membro da equipe escolar que deve, obrigatoriamente, ter formação em nível de mestrado e possuir *status* de professor qualificado.

QUANDO OS PROFESSORES APRENDEM SOBRE NEE/D?

Dependendo do caminho que se toma para entrar na carreira docente, o processo pode ser uma verdadeira montanha-russa, com muito aprendizado acontecendo na prática, e geralmente — considerando o panorama geral — é um processo relativamente rápido. Um dia, estamos observando outros professores darem aula e talvez pensando: "Parece tranquilo, acho que consigo fazer isso". No dia seguinte, já estamos enfrentando a realidade em frente a 30 ou mais crianças ou adolescentes de olhos atentos e aguçados, percebendo que a aula só parecia ser fácil antes porque não víamos as tensões por baixo da dinâmica da turma, muito menos sabíamos conduzi-las como um maestro experiente.

Qualquer que seja o caminho que você tenha seguido até chegar à sala de aula, é improvável, por conta da falta de tempo e de outras limitações, que tenha recebido uma formação muito aprofundada sobre NEE/D. As universidades e os programas de formação de professores decerto avançaram muito nessa área, com algumas instituições enviando seus estagiários para passarem uma ou duas semanas em escolas especiais ou em programas alternativos/adicionais (AP). Ainda assim, o universo das NEE/D é tão vasto — porque as diferenças entre nós, como seres humanos, são tão grandes — que a maior parte do nosso aprendizado acontece mesmo na prática. E é justamente na prática que estamos mais sobrecarregados e, portanto, a falta de tempo volta a ser uma limitação.

Muitos professores conhecem o **código de prática das NEE/D**, que é uma orientação legal obrigatória no Reino Unido, mas poucos o leram por completo — especialmente aqueles que atuam no ensino regular, e nem precisam fazer isso. Entretanto, como as diretrizes do plano de apoio ao professor iniciante do Departamento de Educação do Reino Unido, nos orienta, precisamos ter um conhecimento funcional do documento ou saber consultá-lo sempre que necessário. O código de prática afirma que "**todo professor é um professor de NEE/D**", o que significa que é nossa responsabilidade, como professores, garantir que as crianças com necessidades adicionais sejam ensinadas com rigor, mantendo expectativas altas, e adaptando nossas práticas e abordagens conforme necessário (*Special Educational Needs and Disability Code of Practice: 0-25 Years, 2015*). O código de prática também enfatiza a importância do "ensino de alta qualidade" — algo que, esperamos, todos nós buscamos alcançar.

> Que tipo de informação sobre NEE/D você recebeu durante a sua formação docente?
> Você conheceu colegas que tiveram uma experiência diferente na formação? Sua escola oferece formação contínua sobre NEE/D? E as outras escolas em que você trabalhou, ofereciam mais ou menos suporte? Por quê?
> Se você mesmo tiver alguma necessidade especial, como recebeu apoio durante a formação? E como você recebe apoio na escola atualmente?

COMO DEVEMOS FALAR SOBRE NEE/D?

> Se, por algum motivo, você se sentir inseguro ao perguntar a uma criança ou sua família sobre como se referir às necessidades dela, peça orientação ao coordenador de necessidades educacionais especiais.

Antes de prosseguirmos com a análise das NEE/D, vale a pena discutir sobre a linguagem que usamos em torno do tema. Você deve ter notado que escrevo "crianças com NEE/D" em vez de "crianças NEE/D". É essencial não definir uma criança por suas necessidades emocionais ou educacionais, por exemplo. Entretanto, a linguagem inclusiva e as orientações a seu respeito estão em constante evolução, e a melhor e mais importante coisa que você pode fazer é perguntar à criança e à sua família qual é a sua preferência — isso é **inclusão** na prática. Para o seu desenvolvimento profissional, é recomendável que, de tempos em tempos, você atualize seus conhecimentos sobre o uso de linguagem inclusiva (e, idealmente, seu coordenador de necessidades educacionais especiais deve também fornecer esse suporte).

Na comunidade autista, por exemplo — segundo organizações como a National Autistic Society —, muitas pessoas autistas veem o autismo como uma parte essencial de sua identidade. Por isso, é recomendado o uso de linguagem baseada na identidade, como dizer **"criança/pessoa/adulto autista"**. Eles também sugerem que, ao se referir a uma pessoa específica, a melhor coisa a fazer é perguntar a ela qual é a sua preferência, e que essa preferência deve ser respeitada acima de qualquer diretriz geral sobre como falar de autismo. Não tenha medo de fazer essa pergunta; isso demonstra verdadeira inclusão. Trata-se de ser centrado na pessoa e ser guiado por ela, e isso mostra a importância de **conhecermos profundamente** as crianças que estão em nossa sala de aula.

Talvez você trabalhe em uma escola onde exista um grupo de WhatsApp ou talvez um grupo de encontros informais (como cafés da manhã) para pais de crianças com NEE/D. Esses pais podem escolher se identificar como "pais/responsáveis de crianças com NEE/D" — e essa escolha pode ser algo empoderador para eles. Com alguns alunos, especialmente à medida que ficam mais velhos, você perceberá que eles podem ter maneiras preferidas de se referir a si mesmos ou às suas necessidades. Para nós, como seres humanos, é importante exercer nossa escolha e ter nossas vozes ouvidas e nossas opiniões pessoais valorizadas, e isso é fundamental para as NEE/D. Novamente, isso também está relacionado ao que podemos controlar e ao que não podemos, e escolher como somos nomeados é um direito básico, mas muito importante. Podemos efetuar uma mudança positiva em direção à inclusão ao estarmos atentos à terminologia que usamos, e devemos procurar fazer isso em nossas salas de aula.

Essa reflexão está diretamente ligada à prática restaurativa (ou relacional) que examinaremos nos Capítulos 3 e 4. Idealmente, seu relacionamento com os alunos será sólido, você os colocará no centro de suas decisões e poderá perguntar a eles suas preferências para evitar ofensas acidentais. Se você estiver apenas no início de uma conversa e ainda não tiver tido a oportunidade de verificar as preferências, também pode ser útil ouvir atentamente como o aluno se refere a si mesmo e adotar essa linguagem.

Linguagem inadequada

No passado, termos ofensivos e desconfortáveis foram usados para se referi a pessoas com NEE/D. Infelizmente, isso ainda acontece hoje em dia — até mesmo a palavra "especial", por exemplo, é usada por alguns de forma pejorativa. Mas, antigamente, até mesmo os governos faziam isso, quando determinadas palavras que hoje consideraríamos muito inadequadas eram consideradas simplesmente padrão. Exemplos disso incluem o excruciante nome "Idiots Act" (Lei dos Idiotas), de 1886, que foi um ato do parlamento britânico que regulamentava a admissão de "idiotas e imbecis" em instituições de ensino. Isso é moralmente **repugnante**. É profundamente comovente lembrar que termos como "ineducável" tenham sido usados com frequência pelo público até a década de 1980 — e, em alguns contextos, até depois disso. É importante reconhecermos que a linguagem que usamos hoje foi construída a partir desse passado sombrio.

> Você se sentiria confortável em conversar educadamente com alguém caso ouvisse uma linguagem inapropriada sendo usada? Como faria isso?
> O(a) coordenador(a) de NEE/D da sua escola oferece orientação sobre o uso da linguagem apropriada?
> Você já leu a política da sua escola sobre NEE/D?

Ao lembrar de algumas das crianças incríveis que já ensinei e ainda ensino, é insuportável imaginar que essa linguagem ofensiva um dia foi considerada adequada. É por isso que crianças e adolescentes com NEE/D precisam de aliados e defensores. Se pensarmos em nós mesmos sendo descritos com esses termos, é impensável. Se dermos um passo além e considerarmos o impacto que esses rótulos teriam na nossa autoestima — sem mencionar o efeito sobre as percepções e opiniões públicas sobre nós, caso esses termos fossem usados com frequência e endossados por autoridades —, seria simplesmente impensável e abominável. Portanto, devemos estar atentos ao que *dizemos* e ao que *fazemos*. Mesmo como adultos, pode ser difícil nos defendermos e, portanto, também devemos apoiar os jovens para que se tornem seus próprios defensores — ouvindo-os encorajando-os e os fortalecendo.

Muitos aspectos de nossas funções como professores são complexos, mas entramos na profissão com o desejo de fazer a diferença. E uma das melhores coisas que podemos fazer por nós mesmos e por nossa própria satisfação no trabalho é garantir que fizemos o melhor pelas crianças. Essa consideração da linguagem se estende por toda parte quando se constrói uma sala de aula inclusiva para todas as crianças, com ou sem NEE/D.

Exemplo	Considere usar em seu lugar:
Joey teve um colapso total	Joey ficou sobrecarregado
Arhem perdeu totalmente o controle; ele não sabe se comportar	Estamos apoiando Arhem com sua autorregulação, que ele ainda está desenvolvendo
Crianças do PEI (plano educacional individualizado)	Crianças que têm um PEI
Deficiente	Pessoa com deficiência
Holly não tem noção do impacto de seu comportamento	Estamos ajudando Holly a desenvolver consciência sobre seu comportamento
Nossos alunos tutelados	Nossos alunos que são Crianças e Adolescentes Acolhidos (*LAC — Looked After Children*)
Harlow está querendo chamar a atenção	Harlow está buscando conexão

Agora que discutimos um pouco sobre a linguagem inclusiva, é importante reconhecer que seria irrealista acreditar que todos os professores que trabalham em escolas regulares tenham conhecimento profundo sobre todos os aspectos de NEE/D. Mesmo aqueles que trabalham em instituições especializadas precisam pesquisar e se atualizar para entender bem as necessidades de cada aluno.

A melhor coisa que podemos realmente fazer, enquanto estamos ali no dia a dia da sala de aula, é **conhecer as crianças** — observar como aprendem, testar novas abordagens, conversar com elas, perguntar sobre suas necessidades e o que funciona melhor para elas —, tudo isso de uma forma que garanta que elas estejam confortáveis. Também é útil conversar com os pais ou responsáveis, que geralmente estão dispostos e felizes em colaborar para garantir o melhor suporte possível aos seus filhos. O ensino adaptativo — diferente do modelo antigo e demorado de diferenciação do passado — permite alcançar um ensino de alta qualidade com mais fluidez, sem precisar gastar noites inteiras planejando individualmente cada parte.

Portanto, não é necessário ter um conhecimento enciclopédico de todos os aspectos das NEE/D para ensinar bem e propiciar um bom suporte para as crianças. Mas é preciso, sim, conhecer cada um dos seus alunos, saber o que suas necessidades individuais significam para ele e adaptar-se a isso. Seja qual for a necessidade, devemos evitar classificar as crianças de acordo com tais necessidades; desse modo, devemos evitar agrupar as crianças em estilos de aprendizagem específicos.

> Você se sente inseguro(a) com a possibilidade de "errar"? O que te deixa nervoso(a) — ou não?
> Você já conversou sobre isso com algum colega, ou talvez tenha visto ou ouvido um colega dizer que, sem querer, acabou ofendendo alguém?
> Na era da "cultura do cancelamento", é normal sentir um medo de verdade dentro da sala de aula. Assuma a liderança de seus alunos e de suas famílias — siga as preferências e os conselhos deles. Eles são sua melhor fonte para discernir como é melhor conduzir as coisas.

AS 4 GRANDES ÁREAS DAS NEE/D (NECESSIDADES EDUCACIONAIS ESPECIAIS)

Em geral, você provavelmente ouvirá falar que as NEE são divididas em 4 grandes áreas de necessidades, embora haja muita sobreposição entre elas. Essas categorias estão descritas no código de prática das NEE/D do Reino Unido e são:

Grande área de necessidade	O que diz o código de prática de NEE/D
Comunicação e interação	Parágrafo 6.28 — Crianças e jovens com necessidades de comunicação, linguagem e fala têm dificuldades em se comunicar com os outros. Isso pode ocorrer porque elas têm dificuldade em expressar o que querem, entender o que está sendo dito a elas ou porque não compreendem ou não usam as regras sociais de comunicação. O perfil de cada criança é diferente e suas necessidades podem mudar com o tempo. Elas podem ter dificuldade com um, alguns ou todos os diferentes aspectos da fala, linguagem ou comunicação social em diferentes momentos de suas vidas. Parágrafo 6.29 — Crianças e jovens com transtorno do espectro autista (TEA), incluindo a síndrome de Asperger e o autismo, provavelmente terão dificuldades especiais de interação social. Eles também podem ter dificuldades com a linguagem, a comunicação e a imaginação, o que pode ter impacto sobre como se relacionam com os outros.
Cognição e aprendizagem	Parágrafo 6.30 — Apoio para dificuldades de aprendizagem pode ser necessário quando as crianças e os jovens aprendem em um ritmo mais lento do que seus colegas, mesmo com as estratégias pedagógicas apropriadas. As dificuldades de aprendizagem abrangem uma ampla gama de necessidades, incluindo dificuldades de aprendizagem moderadas ou dificuldades de aprendizagem graves, em que as crianças provavelmente precisarão de apoio em todas as áreas da grade curricular, e dificuldades associadas a mobilidade e comunicação, até dificuldades de aprendizagem profundas e múltiplas, em que as crianças provavelmente têm dificuldades de aprendizagem graves e complexas, além de uma deficiência física ou sensorial. Parágrafo 6.31 — As dificuldades específicas de aprendizagem afetam um ou mais aspectos específicos da aprendizagem. Isso abrange uma série de condições, como dislexia, discalculia e dispraxia.

Saúde mental, emocional e social (SEMH)[I]	Parágrafo 6.32 — Crianças e jovens podem ter uma ampla gama de dificuldades sociais e emocionais que se manifestam de várias maneiras. Entre elas podem estar o comportamento retraído ou o isolamento, bem como a apresentação de comportamentos desafiadores, perturbadores ou incômodos. Tais comportamentos podem refletir dificuldades subjacentes de saúde mental, como ansiedade ou depressão, automutilação, uso indevido de substâncias, distúrbios alimentares ou sintomas físicos sem explicação médica. Outras crianças e jovens podem ter distúrbios como TDA (transtorno de déficit de atenção), TDAH (com hiperatividade), ou transtornos de apego. Parágrafo 6.33 — Escolas e universidades devem ter processos bem definidos para apoiar crianças e jovens, inclusive no manejo dos impactos de comportamentos disruptivos, garantindo que não prejudiquem os demais colegas.
Necessidades sensoriais e físicas	Parágrafo 6.34 — Algumas crianças e jovens precisam de um apoio educacional especial porque têm uma deficiência que os impede ou dificulta o uso dos recursos escolares geralmente oferecidos. Essas dificuldades podem estar relacionadas à idade e podem variar com o tempo. Muitas crianças e jovens com deficiência visual, deficiência auditiva ou deficiência multissensorial precisarão de apoio e/ou equipamento especializado para acessar a aprendizagem, ou ainda de apoio para desenvolver autonomia. As crianças e os jovens com MSI enfrentam uma combinação de desafios visuais e auditivos. Parágrafo 6.35 — Algumas crianças e jovens com deficiência física precisam de suporte e equipamentos adicionais contínuos para acessar as mesmas oportunidades que seus colegas.

I   SEMH é um termo utilizado para descrever as necessidades educacionais especiais relacionadas à: Saúde mental (ansiedade, depressão, transtornos de estresse pós-traumático, etc); Emocional (dificuldades em gerenciar emoções, regulação emocional, etc); Social: dificuldades em interagir com os pares, estabelecer relacionamentos, etc.
Alunos com necessidades de SEMH podem apresentar comportamentos como: dificuldades em se relacionar com os colegas; comportamentos agressivos ou disruptivos; dificuldades em gerenciar emoções, ansiedade ou estresse; baixa autoestima (N. Rev).

Ter uma **visão geral como essa é extremamente útil para nós, professores,** pois ela nos ajuda a construir nossas salas de aula inclusivas com essa camada de conhecimento em nossas mentes para referência, além de nos colocar em uma posição mais preparada para identificar possíveis necessidades. É evidente que há uma enorme variação nessas áreas. Nem todas as NEE/D são permanentes, e algumas crianças e jovens podem ter necessidades em mais de uma dessas áreas. Algumas NEE/D podem ser permanentes — como algumas deficiências, por exemplo.

Quando se trata de saber exatamente quais são as necessidades específicas de uma criança e o que você pode fazer para apoiá-la de forma impactante e significativa, é algo que você pode fazer com o suporte do profissional responsável pelas NEE/D da sua escola. Mas tenha em mente que também é sua responsabilidade identificar se há alguma criança com possíveis necessidades ainda não identificadas em sala. Nem toda criança que se esforça para progredir em sua turma tem NEE/D; contudo, se você perceber algo, deve comunicar ao coordenador especialista — sua escola provavelmente tem um sistema e uma política para isso. Você pode notar, por exemplo, que uma criança tem dificuldade para realizar uma tarefa por muito tempo ou que precisa de instruções repetidas. Talvez você perceba que uma criança pede para se sentar mais perto do quadro, demonstrando desconforto visual. Novamente, nem todas as crianças que apresentam um progresso mais lento terão NEE/D, mas o setor de apoio ao aluno poderá ajudá-lo se você identificar uma possível necessidade, e ele pode ter um sistema de referência que detalha os sinais de alerta. Discutiremos mais sobre o papel do coordenador especialista no final deste capítulo.

No Brasil a educação inclusiva é orientada por um conjunto de documentos legais que asseguram o direito à aprendizagem dos alunos com necessidades educacionais especiais (NEE). A Lei Brasileira de Inclusão da Pessoa com Deficiência (Lei nº 13.146/2015) é o principal marco legal que assegura e promove, em condições de igualdade, o exercício dos direitos e das liberdades fundamentais por pessoa com deficiência, visando à sua inclusão social e cidadania. No campo da educação, esta lei reforça o direito à educação inclusiva em todos os níveis e modalidades de ensino.

> Resolução nº 2/2001 do MEC estabelece diretrizes para a adaptação das escolas em todas as etapas da educação básica. Complementam esse marco a Lei de Diretrizes e Bases da Educação Nacional (LDB - Lei nº 9.394/1996), especialmente em seus artigos que tratam da Educação Especial (Capítulo V), que garante atendimento especializado; a Política Nacional de Educação Especial na Perspectiva da Educação Inclusiva (PNEEPEI, 2008), que integra a educação especial a todas as modalidades de ensino; e a Declaração de Salamanca, que valoriza a diversidade e defende a adaptação do ensino às singularidades dos alunos. Esses instrumentos orientam as escolas a promoverem práticas pedagógicas inclusivas, com currículos e metodologias acessíveis a todos.

> Você conhece o sistema da escola para **levantar preocupações** sobre possíveis necessidades educacionais especiais (NEE/D)?
> Há crianças em sua turma ou em suas aulas atualmente que **podem** ter necessidades?
> **Por que** você suspeita disso e **como** está apoiando essas crianças no momento?

COMO A NEURODIVERSIDADE SE ENCAIXA NAS 4 GRANDES ÁREAS DE NECESSIDADE?

Se quisermos criar salas de aula realmente inclusivas, não poderemos fazê-lo sem ter uma compreensão profunda do termo "neurodiversidade" e da terminologia da neurodiversidade, alguns dos quais são novos para muitos professores.

O termo neurodiversidade foi usado pela primeira vez por Judy Singer, uma socióloga que está no espectro autista, na década de 1990 (*neurodiversity hub*). Significa que, em vez de sermos "deficientes" em qualquer coisa, inclusive no neurodesenvolvimento, aqueles de nós que são neurodivergentes pensam e reagem ao mundo de forma diferente. Como coloca de forma sucinta e maravilhosa a Autism Education Trust, uma condição neurodiversa é "uma maneira diferente de ser, não uma maneira deficiente de ser". As definições que eles fornecem a seguir são úteis para ajudar a nossa compreensão (lembre-se de que a linguagem em torno das NEE está em constante evolução — sempre vale a pena verificar as orientações mais recentes):

Neurodivergente	Neurodivergente pode ser usado para descrever alguém que tem uma condição neurodiversa, por exemplo, autismo. Isso significa que seu cérebro processa as informações de forma diferente. Um jovem autista poderia se identificar como neurodivergente, mas o mesmo pode acontecer com alguém que tenha diagnóstico de transtorno de déficit de atenção e hiperatividade (TDAH) ou dislexia, por exemplo.
Neurotípico	Neurotípico pode ser usado para descrever alguém que não apresenta ou não é caracterizado por padrões de pensamento ou comportamento neurologicamente autistas ou atípicos.
Neurodiversidade	Neurodiversidade é a ideia de que a maneira como pensamos não é sempre a mesma e que há variações entre todos nós. Em vez disso, esse termo reconhece que todas as variações da neurologia humana devem ser respeitadas como apenas outra forma de ser, e que diferenças neurológicas como autismo, TDAH e dislexia são o resultado de variações naturais em nossos genes.

Na sua sala de aula, você terá crianças neurotípicas e crianças neurodivergentes, assim como temos funcionários neurotípicos e funcionários neurodivergentes na escola. Alguns exemplos de variações na neurodiversidade incluem:

- Transtorno do espectro autista
- Transtorno de déficit de atenção e hiperatividade
- Dispraxia
- Dislexia
- Discalculia
- Síndrome de Tourette

> Você sabe quantas crianças da sua turma ou de suas aulas têm o **diagnóstico** de uma condição neurodivergente, como o autismo?
> Como você acessa o **registro de NEE/D** na sua escola?
> Que sistemas existem na sua escola para apoiá-lo, de modo que **você** possa oferecer o melhor suporte para as crianças com NEE/D?

NEURODIVERSIDADE E DIAGNÓSTICOS: E QUANTO A SER GUIADO PELAS NECESSIDADES EM VEZ DO DIAGNÓSTICO?

Algumas crianças na sua turma terão diagnóstico de NEE/D, por exemplo, uma condição neurodivergente como o autismo, e outras podem apresentar características semelhantes, mas sem um diagnóstico. De qualquer forma, é nossa responsabilidade oferecer suporte a qualquer necessidade que a criança apresente. Isso é conhecido como "abordagem guiada pelas necessidades".

Ser guiado pelas necessidades pode acontecer de diferentes formas. Por exemplo, quando trabalhei em uma instituição de ensino alternativa, seguíamos um currículo totalmente voltado para as necessidades de cada criança, com o aprendizado personalizado exclusivamente para elas e seus interesses. Planejei aulas usando letras de músicas da Lana Del Rey para atender aos resultados de aprendizagem normalmente associados a *Romeu e Julieta* (antes de realmente trabalharmos com *Romeu e Julieta*), e foi um prazer fazer isso — atendia às necessidades do jovem e o envolvia. Se eu tivesse começado direto com o texto de *Romeu e Julieta*, teria sido tão empolgante quanto encontrar chiclete no sapato.

Outros exemplos de abordagem guiada pelas necessidades mostram que não somos **guiados pelo diagnóstico**, o que nos permite **adaptar** nosso ensino de forma mais oportuna. Em essência, usamos os mesmos tipos de estratégias que usaríamos para uma criança que, por exemplo, é diagnosticada com TDAH — técnicas de redirecionamento, repetição, verificação da compreensão — para uma criança sem diagnóstico, mas que apresenta comportamentos semelhantes.

Se esperarmos por um diagnóstico antes de oferecer apoio, perderemos a oportunidade de começar a fazer a diferença. E, hoje em dia, se formos esperar um diagnóstico, a criança pode chegar à idade de aposentaria antes mesmo de recebê-lo (ou nós chegaremos). É claro que estou exagerando, mas as listas de espera para diagnóstico são de literalmente anos, pelo menos no Reino Unido. E a coisa mais importante que a escola pode fazer é **atender à necessidade**, independentemente de haver um diagnóstico ou não. É claro que alguns jovens e seus pais ou responsáveis almejam um diagnóstico para ter paz de espírito, para ajudar na aceitação ou para dar sentido às coisas, mas a implementação do apoio nunca deve depender de um diagnóstico. O apoio deve sempre vir em primeiro lugar.

Em uma rede de ensino no sul da Inglaterra, por exemplo, o sistema está sendo reformulado para adotar integralmente uma abordagem centrada nas necessidades. Os professores que trabalham com NEE/D foram treinados para elaborar o que é conhecido como *perfis de neurodesenvolvimento*. Esses perfis são desenvolvidos com base em 9 áreas do neurodesenvolvimento, quando aplicável, em coprodução com a criança ou o jovem e sua família, e o suporte é então implementado de acordo. Parte desse suporte ocorre durante as aulas e na escola; outras partes envolvem orientações para os pais em casa e maneiras pelas quais eles podem fornecer suporte — ou fazer adaptações — fora do ambiente escolar.

As 9 áreas do neurodesenvolvimento são:

- Níveis de energia
- Atenção e controle de impulsos
- Capacidade de regulação da emoção
- Habilidades motoras
- Habilidades sensoriais
- Adaptabilidade e flexibilidade
- Habilidades cognitivas
- Fala e linguagem

> Você tem alunos que acredita serem neurodivergentes, mas que ainda **não têm um diagnóstico**? Como as **necessidades** deles estão sendo atendidas?

Podemos ver, ao observar as 9 áreas, em conjunto com os exemplos anteriores de variação na neurodiversidade, como algumas delas se enquadram nas 4 grandes áreas de necessidade identificadas pelo código de prática das NEE/D. Novamente, assim como ocorre com necessidades educacionais especiais específicas, não é esperado que um professor tenha um conhecimento profundo de cada uma dessas áreas, mas sim que tenha alguma noção prévia delas e de que elas existem. Isso lhe dá um contexto útil para que, ao se deparar com alunos com necessidades, você compreenda melhor o que está acontecendo com eles e por que podem apresentar determinados comportamentos. Isso contribui para **a compreensão** e **a empatia**, que são fundamentais para que nós — profissionais ocupados e por vezes sobrecarregados — façamos o nosso melhor pelas crianças e jovens neurodivergentes. Quem vai lhe fornecer as informações essenciais e as estratégias mais adequadas para apoiar o aluno será o coordenador de inclusão mas, mais uma vez, é o seu conhecimento pessoal sobre o próprio aluno que realmente fará uma diferença significativa.

Em sua sala de aula, você conhecerá alguns jovens incríveis que são neurodivergentes, e, se já atua no ensino há algum tempo, sabe o quanto pode ser gratificante ensinar crianças que têm uma visão diferente do mundo e que captam padrões ou conceitos que talvez passem despercebidos pelos alunos neurotípicos. As escolas costumam valorizar figuras públicas que também têm necessidades adicionais e que são bem-sucedidas e inspiradoras, como Greta Thunberg, por exemplo, que está contribuindo para mudar o mundo.

> Seu departamento de apoio à aprendizagem defende explicitamente uma abordagem centrada nas necessidades?
> Você sabe qual é o prazo médio de espera por diagnóstico na sua rede local atualmente?
> Você tem alunos que estão em uma lista de espera? Algum deles decidiu buscar um diagnóstico particular por causa disso?

Planos de apoio para crianças com necessidades educacionais especiais
Planos de educação, saúde e cuidados (EHCPs) e equivalentes

Dependendo de onde você mora e do país em que vive, você terá uma forma ligeiramente diferente de plano de apoio para crianças com NEE/D do que os EHCPs que são usados em toda a Inglaterra. Entretanto, haverá semelhanças importantes nas características, junto ao conceito central de que o plano é legalmente vinculativo. A Escócia, por exemplo, tem um plano de suporte coordenado (CSP), porém, se você estiver lecionando no País de Gales, estará mais familiarizado com o sistema ALN, que emite os chamados IDPs. Na

Irlanda do Norte, é elaborada uma declaração de NEE/D. Documentos semelhantes são usados em outros países, como nos Estados Unidos, onde a criança pode ter um programa de educação individual (IEP), mais voltado para aqueles que estão com dificuldades acadêmicas, ou, no caso de crianças com deficiências, o chamado Plano 504.

No Brasil, há o Plano Educacional Individualizado (PEI) que é um documento pedagógico que organiza e orienta o processo de ensino e aprendizagem de estudantes com necessidades educacionais especiais (NEE), garantindo que suas especificidades sejam consideradas no ambiente escolar. Elaborado de forma colaborativa por uma equipe multidisciplinar — que pode incluir professores, gestores, profissionais de apoio, família e, sempre que possível, o próprio aluno —, o PEI define metas, estratégias, recursos e avaliações personalizados, alinhados ao currículo escolar. Ele busca assegurar o acesso, a permanência e o desenvolvimento pleno do estudante, promovendo a inclusão efetiva e respeitando o seu ritmo, potencialidades e desafios.

Grande parte do seu conhecimento pessoal sobre os EHCPs (ou mesmo IDPs, CSPs, PEI, entre outros) dependerá da sua função atual, da sua experiência, e também da sua vivência pessoal. Se você tem pouco contato com os EHCPs, aqui vai um resumo básico: eles são legalmente obrigatórios e documentam o apoio e o financiamento a que uma criança ou jovem com NEE/D tem direito se o ambiente educacional não puder atender às suas necessidades sem esse suporte adicional.

Os EHCPs/PEI detalham as necessidades do jovem em cada uma das 4 grandes áreas (cognição e aprendizado, comunicação e interação, saúde mental e emocional e necessidades sensoriais e/ou físicas), e também detalham **os resultados de longo** e **curto prazo**, sendo que os últimos ajudarão o jovem a alcançar os primeiros. Um EHCP/PEI pode acompanhar um jovem até os 25 anos, mas não abrange o período no ensino superior. Como em todos os aspectos das NEE/D, a criança deve estar no centro do processo de elaboração do EHCP/PEI, assim como sua família.

> Você sabe quantas crianças que você ensina têm um EHCP/PEI ou plano equivalente?
> Você conhece os objetivos e as estratégias definidos nesses planos?

> Qual sistema seu coordenador de inclusão usa para ajudá-lo a acessar essas informações e saber como utilizá-las?
> Como você monitora a eficácia das estratégias que está aplicando?

Se for considerado que uma criança precisa de um EHCP/PEI, a solicitação é feita por escrito pelo coordenador de inclusão. Algumas coisas precisam estar prontas antes, e é um documento longo para ser preenchido. Depois de redigida, a solicitação é enviada à autoridade local, que a aprovará ou não. Se aprovada, o plano é redigido e implementado. Uma vez por ano, o EHCP/PEI é revisado e, nesse momento, dependendo dos procedimentos da sua escola, você pode ser solicitado a dar um *feedback* sobre como as estratégias estão funcionando e se o jovem está alcançando os resultados de curto prazo.

Diferentes escolas monitoram os EHCPS/PEI de diferentes maneiras. Para mim, foi bem-sucedido criar um **documento ativo** em uma área compartilhada *on-line* que detalha as estratégias e os resultados, solicitando aos funcionários que respondam ao documento uma vez por trimestre em relação ao progresso. Em contextos de ensino médio, isso tem se mostrado útil para que os professores vejam o que os colegas estão encontrando de eficaz em suas aulas e vice-versa. No ensino fundamental, é útil que tanto o professor quanto o assistente de ensino e o profissional da equipe de apoio (caso a criança tenha um designado pelo EHCP/PEI), forneçam esse retorno.

Quaisquer que sejam os sistemas que a sua escola implemente para monitorar os EHCPs/PEI ou planos de diferentes alunos, será o seu coordenador de inclusão ou a equipe de apoio à aprendizagem que o informará sobre quais alunos têm planos e o que você precisa fazer para oferecer o suporte adequado. No entanto, não se sinta preso apenas a essas estratégias — trata-se de **conhecer** realmente os jovens, e, por meio de seu ensino adaptativo, você poderá encontrar maneiras de trabalhar que sejam altamente favoráveis e bem-sucedidas, que outros colegas ainda não tenham tentado ou pensado.

Um exemplo retirado da seção de SEMH (saúde mental, emocional e social) de um EHCP/PEI para uma criança do ensino fundamental pode ser:

Saúde mental, emocional e social

Necessidade educacional especial	Resultados — longo e médio prazo	Intervenções e estratégias
Bai fica angustiado durante as transições, quando a rotina não ocorre como esperado; ele acha a mudança difícil e pode ficar ansioso e confuso, e depois se preocupa em recuperar o que acha que perdeu. Bai costuma dizer que está feliz mesmo quando está chateado; ele tem uma compreensão limitada das emoções. Ele acha difícil compartilhar e esperar sua vez tem dificuldades com atividades em grupo, pois gosta de assumir o controle e atribuir papéis aos outros.	Desenvolver sua capacidade de identificar uma série de emoções em si mesmo (com apoio) e adotar medidas ativas para administrá-las. Participar de atividades em pequenos grupos, começando com 1 ou 2 colegas com o apoio de um adulto e, gradualmente, aumentar para desenvolver habilidades de revezamento e compartilhamento.	Fornecer a Bai apoio da ELSA uma vez por semana, por 30 minutos, individualmente, para ajudá-lo a identificar em que partes do corpo ele sente diferentes emoções (p. ex., preenchendo um "mapa corporal" indique onde ele sente raiva/medo/alegria/empolgação etc.). Isso o ajudará a começar a reconhecer os primeiros sinais de alerta por conta própria, e o adulto poderá depois modelar possíveis maneiras de lidar com essas emoções, avaliando com ele a eficácia de cada uma). **O assistente de ensino deverá:** Fornecer ao Bai um diário de sentimentos durante todo o dia escolar, para incentivá-lo a pensar sobre como ele se sente e desenhar o evento que pode ter causado essa emoção. Ajudar Bai a participar de jogos estruturados baseados em regras no pátio, supervisionados por adultos que o incentivam a desenvolver essas habilidades e a se integrar com sucesso aos colegas (apoio em pequenos grupos, na proporção de 1 adulto para 4 crianças).

Como podemos ver, grande parte do ônus desse exemplo de EHCP/PEI recai sobre a equipe de apoio — mas, como professor da turma, espera-se que você garanta que tudo isso esteja de fato acontecendo.

A seguir, também podemos ver um exemplo de EHCP/PEI de um aluno do ensino médio, na área de comunicação e interação:

Comunicação e interação

Necessidade educacional especial	Resultados — longo e médio prazo	Intervenções e estratégias
Ralphie apresenta um atraso severo na atenção e escuta, compreensão e uso da linguagem, além de dificuldades significativas com habilidades de comunicação social. Acredita-se que suas necessidades sejam de longo prazo. Ele tem dificuldade para responder a perguntas sobre pessoas ou eventos fora do contexto atual. Ele também encontra dificuldade para responder perguntas abstratas que não estão relacionadas a materiais concretos. Ralphie não consegue compreender instruções compostas por três etapas de forma independente. Ele não costuma pedir que os outros expliquem melhor algo que disseram. Tanto em sala de aula como em interações individuais, Ralphie tem dificuldade para encontrar palavras e, além disso, com frequência omite palavras essenciais em suas frases. Ralphie se refere a si mesmo na terceira pessoa ao compartilhar alguma novidade.	**Objetivos (até o final do 9º ano):** Ser capaz de verbalizar seus pensamentos e ideias utilizando um vocabulário mais amplo Prestar atenção e seguir um conjunto de instruções com 2 ou mais etapas. **Para progredir em direção a esses objetivos, Ralphie irá:** Descrever suas ideias usando uma variedade maior de vocabulário. Identificar as principais informações em uma instrução com 2 etapas.	**Todos os profissionais deverão:** Proporcionar uma sala de aula e um currículo altamente visuais para Ralphie. Em todas as aulas, oferecer recursos concretos para ajudá-lo na busca de palavras (p. ex., cartazes de palavras com listas de sinônimos para palavras de alta frequência, como "disse"). Esses recursos estarão sujeitos a disciplinas específicas (p. ex., um cartaz diferente para matemática com vocabulário sobre formas e operações). Dar tempo a Ralphie para encontrar o vocabulário que está procurando, explicando um conceito (p. ex., tamanho, qualidade etc.) antes de dar uma dica. Fornecer a ele um dicionário personalizado para registrar essas palavras para referência futura. Fornecer instruções verbais divididas em pequenas etapas que contenham uma informação importante de cada vez. Pedir a Ralphie que repita as instruções antes de executar uma tarefa para garantir que compreendeu. Caso esteja sendo solicitado que ele não faça algo, enfatizar isso com entonação vocal ou gestos. Ampliar o vocabulário de Ralphie repetindo suas frases e acrescentando uma palavra. Repetir as frases de Ralphie para que ele ouça a linguagem completa, especialmente quando faltar alguma palavra, e verificar com ele se entenderam corretamente o que queria dizer. **O assistente de ensino deverá:** Oferecer 10 minutos de apoio individual duas vezes por semana para praticar as habilidades linguísticas do Ralphie. Isso será feito por meio de jogos curtos antes do início das tarefas da aula ou entre as tarefas para quebrar o ritmo da lição. Algumas ideias incluem pedir ao Ralphie que pense no maior número possível de palavras diferentes que podem substituir "andar", ou seguir um conjunto de instruções nas quais ele precise ouvir com atenção para ter sucesso (p. ex., encontrar uma forma que não seja quadrada nem amarela). Esses jogos podem ser de revezamento, nos quais Ralphie compete consigo mesmo e com seus resultados anteriores. Trabalhar com Ralphie por 10 minutos diários, em atendimento individual, para trabalhar em qualquer meta de comunicação que foi identificada em seu plano de apoio

Quando consideramos que isso é apenas um trecho de um EHCP/PEI, começamos a ter uma noção da profundidade desses documentos por conta da quantidade de apoio que devem abranger e quão abrangentes devem ser. É fácil se sentir sobrecarregado ao olhar para isso, pois há um grande responsabilidade sobre nós, como professores em sala, para garantir que estamos cumprindo o que o EHCP/PEI promete de forma efetiva e legal. Entretanto, não se sinta intimidado! Como veremos mais adiante ao explorarmos o ensino adaptativo e as estratégias para colocá-lo em prática, muito do que aparece naquela coluna de estratégias se tornará algo natural para você com o tempo.

Também é fundamental utilizar bem sua **equipe de apoio** — podemos ver que Ralphie conta com apoio individualizado, e é necessário que você trabalhe em parceria com o assistente de ensino ou de apoio à aprendizagem (TA/LSA ou similar). Vamos nos aprofundar nisso no Capítulo 7, mas, por ora, basta dizer que, no mínimo, é uma boa prática evitar falar com o aluno por meio do assistente. Isso pode parecer óbvio, mas eu só menciono porque já presenciei essa situação e também porque muitos membros da equipe de apoio relataram que, quando um aluno conta com um assistente, às vezes os professores "esquecem" o aluno e simplesmente deixam o assistente lidar com tudo. Isso vai contra tudo o que a inclusão representa, mas quando se depara com uma turma de 30 alunos, é fácil esquecer. No entanto, como você teve o cuidado de escolher um livro como este e começar a ler sobre o que podemos fazer para garantir que todos os estudantes sejam incluídos em suas próprias jornadas de aprendizagem, então fica claro que você já está se esforçando para oferecer o melhor que pode aos seus alunos.

> Como você tem utilizado atualmente sua equipe de apoio de forma mais **eficaz**?
> Você os acolhe em sua sala de aula?
> Você sabe os nomes deles?
> Consegue identificar meios pelos quais o uso da equipe de apoio poderia ser ainda mais eficaz — tanto para o aluno quanto para a sua relação com o membro da equipe?

Outros planos de suporte

Para as crianças com necessidades especiais que não precisam de um EHCP/PEI e cujas necessidades podem ser atendidas por meio de ensino de alta qualidade ou de intervenções, há outros documentos elaborados pelos coordenadores de inclusão para detalhar essas necessidades e estratégias. Eles têm nomes variados, como *Pen Portraits*, planos educacionais individuais (PEI — não confundir com o equivalente americano do EHCP!), planos de aprendizagem individual, passaportes do aluno, entre outros. Todos contêm detalhes sobre as necessidades da criança ou jovem, com estratégias para que os professores possam apoiá-lo nas aulas e no ambiente escolar. Esses documentos não têm valor legal e não requerem financiamento adicional, mas são formas de garantir que conheçamos as necessidades dos alunos que estão diante de nós. No Capítulo 6, após explorarmos um pouco mais sobre NEE/D, abordagens relacionais e ensino adaptativo, veremos dois desses planos para que você possa entender como apoiar essas crianças com base no conhecimento adquirido nos Capítulos 1 a 5.

UM MODELO PARA ATENDER ÀS NECESSIDADES CAUSA E EFEITO

Agora que já sabemos mais sobre o NEE/D, vale a pena manter em mente o princípio de **causa e efeito** ao longo deste livro, conhecido por ser um conceito-chave na ciência (e no dominó!), mas também útil para apoiar nosso pensamento pedagógico sobre como atender às *necessidades*. Considere o modelo mostrado na Figura 2.1.

Distinguir essas **causas** (necessidades não atendidas) dos **efeitos** que vemos em nossas salas de aula (desinteresse, lacunas na aprendizagem etc.) nos ajuda a atender a essas necessidades, a apoiá-las e a *realizar mudanças positivas*. À medida que avançamos no livro, volte a esse modelo sempre, pois vamos usá-lo muitas vezes. Isso não significa que sempre encontraremos uma causa, mas devemos pelo menos *tentar*.

> Você consegue pensar agora em algum **"efeito"** que esteja observando em suas aulas, e refletir sobre qual poderia ser a **"causa"**?

> Se identificar a causa, como você poderá apoiá-la para promover uma mudança positiva?
> Você se lembra de uma ocasião em que teve sucesso nesse processo?

ENCONTRE SEU COORDENADOR DE INCLUSÃO E AME-O!

No centro de tudo o que discutimos neste capítulo está, é claro, o coordenador de inclusão, provavelmente uma das funções mais desafiadoras de uma escola. É a pessoa que impulsiona mudanças estratégicas. Também é quem os professores muitas vezes percebem como alguém que vive "incomodando" com sugestões sobre como ensinar cada aluno — e por quê. Entretanto, ele também é uma fonte de conhecimento, de compreensão, e é fundamental para a inclusão. Ele também é o único membro da equipe escolar que deve ter formação de nível mestrado (concluindo sua qualificação NASENCO em até 3 anos após assumir o cargo), e também deve ter o *status* de professor qualificado. Curiosamente, o(a) diretor(a) da escola não precisa. Quem diria!

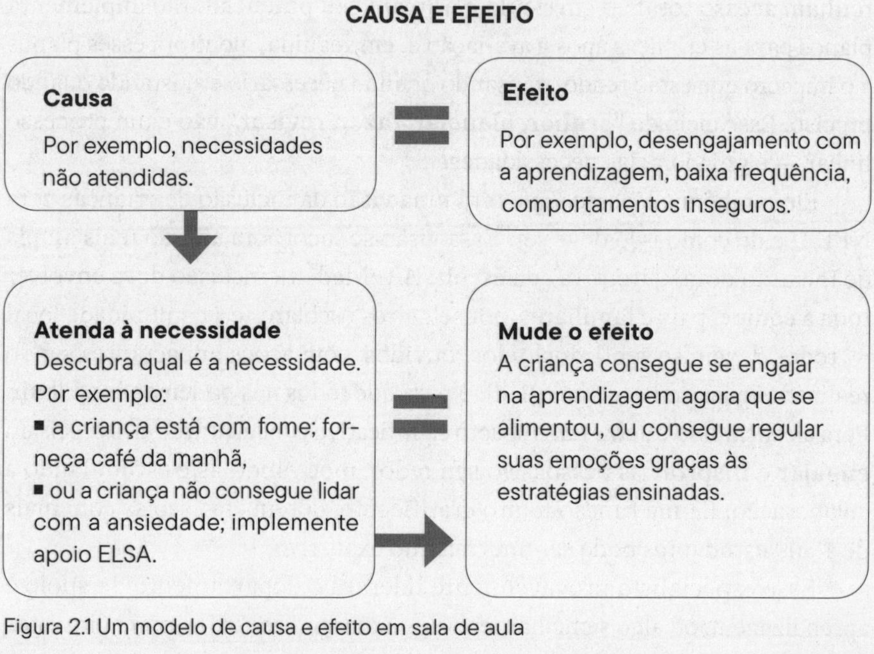

CAUSA E EFEITO

Causa
Por exemplo, necessidades não atendidas.

=

Efeito
Por exemplo, desengajamento com a aprendizagem, baixa frequência, comportamentos inseguros.

Atenda à necessidade
Descubra qual é a necessidade. Por exemplo:
- a criança está com fome; forneça café da manhã,
- ou a criança não consegue lidar com a ansiedade; implemente apoio ELSA.

=

Mude o efeito
A criança consegue se engajar na aprendizagem agora que se alimentou, ou consegue regular suas emoções graças às estratégias ensinadas.

Figura 2.1 Um modelo de causa e efeito em sala de aula

Com frequência, os professores do ensino regular presumem que os coordenadores de inclusão trabalham direta e intensivamente com as crianças com NEE/D, mas seu papel é muito mais **coordenar o apoio**. Não haveria horas suficientes para que ele atendesse diretamente todas as crianças com NEE. Em vez disso, ele apoia os demais profissionais nesse processo, pois as escolas adotam uma abordagem gradativa das necessidades especiais e tudo começa com um **ensino de alta qualidade**, como diz o código de prática do Reino Unido. Isso nos remete ao nosso princípio central de que um ensino bom e adaptável para crianças com NEE/D é um ensino bom e adaptável para todos.

O coordenador de inclusão é um defensor essencial de todas as crianças com NEE/D e desempenha um papel fundamental para garantir que elas recebam o apoio necessário. Ele trabalha de forma colaborativa, **modelando** excelentes práticas em sala de aula para os professores que buscam a melhor forma de apoiar seus alunos, demonstrando meio de tornar o aprendizado de nossos jovens acessível e também **auditando** o ensino e a aprendizagem na escola para garantir que o apoio esteja de fato acontecendo — e de forma significativa.

Esse profissional assegura que o ensino destinado a crianças com NEE/D seja sólido e rigoroso, com **altas expectativas**, permitindo que esses jovens tenham acesso total ao currículo e atinjam seu potencial. Ele implementa planos para as crianças após a avaliação e, em seguida, monitora esses planos e o impacto que estão tendo, revisando quando necessário e ajustando quando preciso. Esse ciclo de **"avaliar, planejar, fazer, revisar"** não é um processo linear — é guiado pelas necessidades.

Ele também é a pessoa que terá uma visão da inclusão de crianças com NEE/D e de como isso deve ser. Essa visão se incorpora à visão mais ampla de inclusão do(a) diretor(a) da escola. A verdadeira inclusão deve envolver toda a equipe, pais e familiares, conselheiros escolares e a comunidade local — todos devem se sentir incluídos, ouvidos, com ações impactantes sendo realizadas quando necessário. É algo para que todos nós podemos contribuir. Para alcançar isso e gerar um impacto significativo e mensurável, eles precisam **engajar** e **inspirar** as pessoas ao seu redor, motivando-as e estimulando a colaboração. É uma função muito gratificante, porém em escolas com mais de 1.500 estudantes pode ser um trabalho exaustivo.

Esse especialista provavelmente liderará o departamento de apoio à aprendizagem, ou algo semelhante, e ele o informará sobre os procedimentos e processos. Procure conhecê-lo, mostre a ele o seu apreço e apoio às crianças com NEE/D, e ele demonstrará o mesmo apreço por você. Os membros da equipe que reconhecem as NEE/D, que adaptam seu ensino e suas abordagens e que solicitam e valorizam o apoio quando necessário, são como música para os ouvidos dos coordenadores de inclusão. Procure-o não apenas quando tiver problemas, embora, é claro, ele esteja lá para ajudá-lo nessas circunstâncias, mas leve também possíveis *soluções*. Mesmo que não tenha certeza da eficácia de suas ideias, o simples fato de ter tido o cuidado e dedicado tempo para pensar nelas já demonstra sua dedicação.

Portanto, vá se encontrar com o coordenador de inclusão da sua escola, não o deixe se sentindo sozinho. Além disso, forme com ele(a) uma relação de mútua valorização — isso beneficiará não apenas você, mas as crianças e os jovens, e é isso que realmente importa.

Você sabe quem é o **coordenador de inclusão** da sua escola?
Com que frequência você busca orientação dele?
Quantos funcionários trabalham no seu departamento de apoio à aprendizagem? (Em escolas menores, pode ser apenas o coordenador de inclusão e sua equipe de apoio.)
O coordenador de inclusão da sua escola também dá aulas ou é um cargo exclusivamente administrativo? (Eles têm tempo para ensinar?)

CAPÍTULO 2: O QUE SÃO AS NEE/D?

Pontos principais:
- **O código de prática para as NEE** nos oferece orientações legais sobre o apoio a essas necessidades nas escolas. Ele nos lembra que somos "**todos professores de alunos com NEE/D**".
- Devemos estar atentos à linguagem que usamos em relação às necessidades e **seguir o exemplo** de nossas crianças com NEE/D e suas famílias.
- Há **4 grandes áreas** de necessidades, identificadas no código de prática.
- Para criar salas de aula realmente inclusivas, devemos nos equipar com conhecimentos sobre **neurodiversidade**.

- Não precisamos aguardar o diagnóstico de uma criança para adaptarmos nosso ensino a ela — devemos nos guiar **pelas necessidades** e não pelo diagnóstico.
- Pode haver **planos** específicos para crianças com necessidades adicionais, e nosso coordenador de inclusão nos informará sobre eles.
- Usar um modelo de **causa e efeito** nos ajuda a lembrar de identificar a causa (necessidades não atendidas) dos efeitos que observamos em nossas salas de aula, realizando assim mudanças positivas.
- Nosso **coordenador de inclusão** faz a gestão do apoio às NEE/D e é uma figura-chave na escola.

O QUE VEM A SEGUIR

- O **Capítulo 3** abordará o *"o quê"* e o *"por quê"* das abordagens relacionais — o que elas são, o que **não** são, e por que precisamos usá-las como base para construir uma sala de aula inclusiva.
- **Capítulo 4** tratará do *"como"* das abordagens relacionais — detalhando **4 pedagogias** que servirão de base para sua sala de aula inclusiva, com ideias e orientações práticas.

DEPOIMENTOS DA EQUIPE

"Sempre acreditei que a equipe de apoio à aprendizagem é uma parte vital e subestimada de uma escola eficaz. Acredito que as salas de aula se beneficiam muito com a presença de um membro dessa equipe, não apenas para apoiar os alunos 'designados' a eles, mas como um par extra de mãos para circular e apoiar os demais alunos. Após a pandemia, há mais casos de problemas relacionados à saúde mental, emocional e social), então, em algumas turmas, é fácil sentir que estamos constantemente apagando incêndios. Também considero vital o apoio dos assistentes de suporte à alfabetização emocional vital. Eu faço questão de mostrar o quanto valorizo esses profissionais!"

— Professor, ensino médio

"Acho a minha coordenadora de necessidades especiais muito prestativa, mas sobrecarregada. Parece que não há horas suficientes no dia para tanta demanda. Dou aulas há muito tempo e o apoio às crianças com NEE/D mudou muito ao longo dos anos. O que não mudou foi o investimento público nessa área — simplesmente não acompanha as necessidades."
— Professora, ensino fundamental

"A melhor maneira de ensinar todas as crianças é tornar a aprendizagem 'divertida' dentro do objetivo proposto. Ensinar significa permitir que o aluno goste da tarefa. Ao ensinar uma criança com NEE/D, eu explico a tarefa de várias maneiras, conforme as necessidades individuais. Em minha disciplina, acredito que a melhor forma é mostrar aos alunos. Também acho importante que entendam o que é descobrir as coisas por si mesmos. Por isso, incentivo os alunos a aprender por tentativa e erro. Pode parecer que estão 'falhando', mas é importante que façam isso de forma positiva, pois assim desenvolvem habilidades para a vida."
— Professor de educação física, ensino médio

"O que aprendi ao longo dos anos é que um único método não serve para todos. Mesmo após 15 anos como docente, ainda me deparo com alunos que me surpreendem com novos desafios. Ao adaptar meu ensino para alunos com NEE/D, tento não presumir que uma estratégia anterior funcionará novamente. É preciso entender o que motiva o aluno, o que funciona, o que não funciona, seus medos, e o que realmente conecta esse aluno ao aprendizado. Você precisa conhecer o indivíduo antes de definir como o aprendizado acontecerá. Um tema recorrente entre alunos com NEE/D, especialmente nas artes cênicas (onde o espaço é aberto e eles ficam expostos), é a confiança em si mesmos. Muitos têm baixa autoestima, então sempre crio um ambiente 'seguro', com muitos elogios e incentivo, mesmo nos menores avanços, para ajudá-los a se sentirem seguros e confiantes."
— Professora de artes cênicas, ensino médio

"Nosso departamento de NEE/D e apoio à aprendizagem é extremamente importante para mim! Eles têm muito conhecimento sobre nossos alunos e como apoiá-los. Para mim, é muito útil poder conversar com eles sobre um aluno e entender se o comportamento pode estar ligado às NEE/D, e como ajudá-lo a superar barreiras. Em alguns casos, estar em uma sala com até 29 outros estudantes pode ser algo avassalador para determinado aluno, e o departamento de NEE/D garante que essas crianças possam frequentar uma escola regular, com um currículo adaptado e personalizado."

— Professor de história, ensino médio

REFERÊNCIAS

Autism Education Trust. *Terminology Guide*. 2021. Disponível em: https://www.autismeducationtrust.org.uk/sites/default/files/2021-09/terminologyguide.pdf. Acesso em: 17 mar. 2025.

National Autistic Society. *How To Talk About Autism*. Disponível em: https://www.autism.org.uk/what-we-do/help-and-support/how-to-talk-about-autism. Acesso em: 16 jul. 2023.

Department For Education; Department Of Health. *Special Educational Needs and Disability Code of Practice: 0 to 25 years* (Ref: DFE-00205-2013). 2015. Disponível em: https://www.gov.uk/government/publications/send-code-of-practice-0-to-25. Acesso em: 10 jul. 2023. *As 4 Áreas Amplas de Necessidade podem ser encontradas nas páginas 97-98.*

Neurodiversityhub. *What Is Neurodiversity?* Disponível em: https://www.neurodiversityhub.org/what-is-neurodiversity. Acesso em: 17 mar. 2025.

CAPÍTULO 3
O quê e o por quê das abordagens relacionais

Neste capítulo, analisaremos **o que** e o **por quê** das abordagens relacionais, pois elas fornecerão a base sólida para sua sala de aula inclusiva.

Portanto, o capítulo está dividido em duas partes.

Parte 1: Explicará **o que** *são* e o que *não são* as abordagens relacionais, incluindo o apoio que elas oferecem a todas as crianças, especialmente àquelas com NEE/D.

Parte 2: Explorará **por que** as abordagens relacionais são tão importantes e **por que** precisamos usá-las, colocando-as em contexto por meio da exploração das necessidades de crianças e jovens nas salas de aula do século XXI.

Quando passarmos para o Capítulo 4, veremos **como** usá-los.

Parte 1 — O quê	Resumo:
Seu kit de ferramentas	Uma recapitulação do nosso modelo de kit de ferramentas com o qual construímos nossas salas de aula inclusivas e uma recapitulação do modelo de causa e efeito para nos ajudar a identificar e apoiar as necessidades.
Relacionamentos e abordagens relacionais	O que eles são e o que não são. Em geral, não se trata de ser "mole" com os alunos, e sim de estratégias que geram sucesso em longo prazo e que têm impacto duradouro na vida deles..
Consideração positiva incondicional	O que queremos dizer com isso? Qual é o papel desse conceito nas abordagens relacionais?

Parte 2 — O por quê	Resumo:
Confiança e a hierarquia de necessidades de Maslow	Vamos analisar a hierarquia de Maslow e, em seguida, uma versão equivalente no contexto escolar para compreender melhor os alunos em nossas salas de aula — de onde eles vêm e o que trazem consigo ao chegar à escola.
Saúde mental, emocional e social e a realidade do comportamento	Uma análise das estatísticas por trás da exclusão escolar, da prevalência das necessidades relacionadas à saúde mental, emocional e social (SEMH), e da realidade de como pode ser desafiador apoiar certos comportamentos. Também vamos refletir sobre o pensamento *"eu só quero dar aula"* e o que de fato significa "dar aula" nos dias de hoje, avançando para discutir as chamadas políticas de "assento ejetor" adotadas por algumas escolas, e os prejuízos causados pela retirada de crianças de nossas salas de aula.
E quanto aos relacionamentos fora da escola?	Tempo de tela, dispositivos, confinamentos, pandemias e interação social: como esses fatores agravaram as necessidades relacionadas à saúde mental, emocional e social.
Experiências adversas na infância Recuperação do trauma Transtornos de apego	Vamos analisar **como as experiências adversas na infância**, os **traumas associados** e os **possíveis transtornos de apego** podem se manifestar nas crianças. Também vamos refletir sobre **como nós, professores**, podemos oferecer **algum tipo de reparação emocional** para crianças que passaram por essas experiências — ou que demonstram sinais delas —, **atuando como adultos confiáveis e acessíveis** em suas vidas. Nossas discussões anteriores sobre a **hierarquia de Maslow**, **confiança**, **saúde mental, emocional e social** e **consideração positiva incondicional** se integrarão neste ponto.

PARTE 1
O "quê" das abordagens relacionais

Há dois modelos que examinamos nos Capítulos 1 e 2 e que serão mencionados ao longo deste livro. São eles:

- O projeto da sua **caixa de ferramentas** para construir uma sala de aula inclusiva; e
- Nosso modelo de **causa e efeito**.

Precisamos estar atentos a ambos para atender às necessidades em nossas salas de aula e solidificar nossa base relacional; portanto, vamos recapitulá-los e expandi-los.

Sua caixa de ferramentas

Nos Capítulos 1 e 2, estabelecemos nossa compreensão básica das NEE/D de como o ensino adaptativo é um ensino excelente para todos. Agora, no Capítulo 3, podemos passar a examinar como podemos construir nossa sala de aula inclusiva. O modelo para isso é o mostrado na Figura 3.1.

Dentro da grande comunidade que é a escola, sua sala de aula é, na verdade, sua casa. Ela é uma subcomunidade e as crianças que a compõem se desenvolverão melhor quando ela for inclusiva. Sim, existem políticas em vigor e expectativas que diferem de escola para escola, mas sua sala de aula é uma sala que você pode construir a partir de uma base relacional. Tradicionalmente, pensávamos na diferenciação à moda antiga como a criação de recursos diferentes para diferentes grupos de crianças, com menos foco na diferenciação de nossas abordagens aos alunos. O ensino adaptativo se presta mais prontamente à adaptação de nossas abordagens do que apenas ao trabalho que ocorre na sala de aula.

A metáfora da sala de aula como um lar não é nova[I], e o termo "escoramento" se refere a um apoio temporário. Mas, por baixo de tudo, sustentando toda a aprendizagem que acontecerá na sala de aula — antes mesmo que ela comece —, estão os **relacionamentos**. Isso inclui o seu relacionamento com as crianças e outros adultos na sala, bem como o relacionamento entre as próprias crianças. A chave para isso é a consistência; consistência de abordagem, de expectativa e de comportamento. Isso envolve você **conhecer os alunos**, conforme discutimos no capítulo anterior, e que **eles** também conheçam *você*.

I   Exemplos incluem o modelo de Rachel Cosgrove em seu livro (2020), *Inclusive Teaching in a Nutshell: A Visual Guide for Busy Teachers*. Inglaterra, Routledge Publishing.

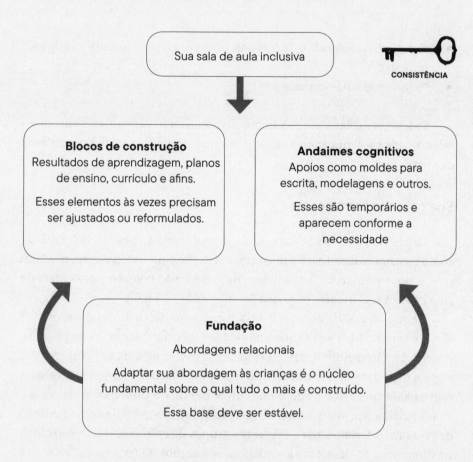

Figura 3.1 Seu modelo de sala de aula/casa inclusiva

Ao mantermos a consistência, nossos jovens sabem o que esperar; isso estabelece um limite claro para eles. Também é mais fácil falar do que fazer, especialmente quando estamos cansados, mas, se deixarmos as coisas escaparem e permitirmos que Emily dê uma olhadinha no celular embaixo da mesa, ou permitirmos que Thomas responda sem levantar a mão, mesmo indo contra as regras em vigor, então todas os outros alunos de olhos arregalados logo perceberão isso, e só dificultaremos nossa vida. Portanto, a consistência abre a porta da sala de aula, nos deixa entrar, e nossas abordagens relacionais fornecem uma base sólida sobre a qual nossa sala se sustenta. Não queremos estar em um terreno instável e inconsistente, e, mesmo que elas não percebam, as crianças também não querem.

> Todos nós já passamos por isso. Pense em uma ocasião em que você viu uma criança fazendo algo que não deveria na aula e deixou passar. Foi uma pequena perturbação? Uma criança jogou um avião de papel na sala?
> Às vezes ignorar é uma estratégia, mas às vezes pode ser desastroso. Quando é o último caso, sabemos que deveríamos ter agido. Depois de sermos inconsistentes, pode ser muito difícil retomar o controle.
> Essa consistência também se aplica aos nossos relacionamentos dentro da sala. Independentemente do nosso humor pessoal, devemos manter a consistência para mostrar que somos adultos confiáveis.

Nosso modelo de causa e efeito

Também será útil revisitar nosso modelo de **causa e efeito** que vimos no Capítulo 2 e expandi-lo. Isso nos ajuda a lembrar que devemos identificar as necessidades para atendê-las — e elas nem sempre serão óbvias ou apontadas por nosso coordenador de inclusão. Algumas necessidades são fáceis de perceber e mais típicas, como uma criança com deficiência visual sentando-se mais próxima ao quadro com iluminação adequada na sala. Outras necessidades, especialmente aquelas relacionadas à SEMH, são do tipo que ouvimos alguns professores se referirem não como "necessidades", mas como "mau comportamento". As abordagens relacionais nos incentivam a reconhecer que **todo comportamento é comunicação**; ele está tentando nos dizer algo. Se quisermos mudar o **efeito**, precisaremos descobrir qual é a **causa** e intervir com apoio.

Se pensarmos em um resfriado comum, sabemos que ele tem uma **causa** — não lavamos as mãos depois de tocar em uma superfície contaminada, alguém espirrou perto de nós, não ventilamos um determinado espaço, e assim por diante. **O efeito**, então, é que pegamos um resfriado. Como hoje entendemos a **causa**, podemos ensinar às nossas crianças algumas estratégias para reduzir o risco do **efeito**, e isso é útil.

O que *não* seria nada útil é nunca ensinarmos essas estratégias e, em vez disso, esperarmos que as crianças simplesmente saibam como lidar com a causa. Se estendermos essa analogia e punirmos a criança porque ela foi negligente com a higiene e acabou pegando um resfriado — esperando que, por conta dessa punição, ela não pegue resfriado novamente, mesmo sem entender o que causou —, será que essa criança terá melhores condições de permanecer saudável? Será que vamos evitar o efeito (resfriado) se nunca ensinarmos como lidar com a causa (germes)? É claro que não. Para efeitos duradouros e sustentáveis, é sempre melhor agir de forma preventiva sobre a causa raiz. E é por isso que as **abordagens relacionais** são tão importantes (Figura 3.2).

RELACIONAMENTOS E ABORDAGENS RELACIONAIS
O que são e o que não são as abordagens relacionais

Em primeiro lugar, abordagens relacionais não significam ser "amiguinho" dos alunos, não envolvem ultrapassar limites, nem ser permissivos demais. Muito pelo contrário.

Em segundo lugar, em 1938, a Universidade de Harvard iniciou o que acabou se tornando um dos mais longos estudos do mundo sobre desenvolvimento na vida adulta, e que ainda está em andamento. Alguns dos primeiros participantes incluíam John F. Kennedy e, desde então, os filhos desses participantes também foram incluídos na pesquisa, assim como outros grupos diversos. Curiosamente, não havia mulheres no primeiro grupo, já que a Harvard não admitia mulheres naquela época — mais um reflexo de como o mundo e, portanto, o ensino, mudou. A principal descoberta desse estudo é que, independentemente da riqueza acumulada ou dos percursos na carreira que as pessoas decidiram seguir, o fator central que realmente faz a diferença tanto na **felicidade emocional** quanto na **saúde física** é o cultivo de relacionamentos felizes e saudáveis. Mais do que dinheiro, fama, QI ou genética, *os relacionamentos felizes são a base e o núcleo da vida* (The Harvard Gazette, 2017). Faz todo o sentido, portanto, que eles também sejam a base da sua sala de aula inclusiva.

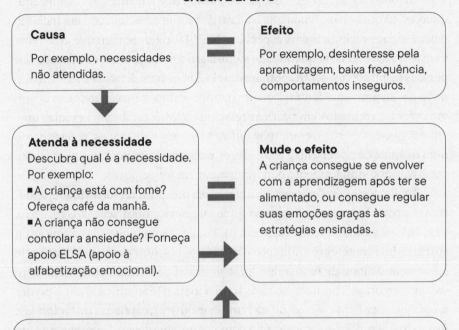

Figura 3.2 Aprofundando um pouco mais nosso modelo de causa e efeito

Ao longo da última década, as escolas em que trabalhei, o sistema educacional ao qual estive vinculada e o fato de ter me especializado em inclusão e necessidades educacionais especiais (NEE/D) fizeram com que eu tivesse a sorte de receber uma quantidade significativa de formação, ministrada por pessoas inspiradoras, sobre abordagens relacionais bem definidas. Já vi escolas onde há um ambiente fantástico entre equipe e alunos e onde todos os envolvidos foram treinados em práticas relacionais. Mas também vi escolas que, em vez disso, desenvolveram uma cultura de "nós contra eles", quase como uma disputa de poder entre professores e alunos, com políticas puramente punitivas que simplesmente não funcionam em longo prazo.

É claro que os profissionais de uma escola precisam **ter autoridade**, assim como os pais. Aplicar as abordagens relacionais não significa sermos coniventes, sermos vistos como fracos e ineficazes; não é ser "amiguinho" das crianças ou sorrir indulgentemente enquanto oferece um biscoito para uma criança de 5 anos que acabou de te mandar "para aquele lugar". Mas ser firme (ou até mesmo "rigoroso", num termo mais tradicional) não significa gritar e perder o controle. Ser firme não significa humilhar ou ser uma figura *autoritária e insensível*. Significa ser consistente com nossas abordagens, consistente com as **regras** e **limites** e consistente com nossas **consequências** (que devem ensinar um comportamento melhor). Firmeza é ter **expectativas altas.**

Às vezes, talvez precisemos ajustar ou adaptar nossas consequências ou expectativas porque precisamos ser receptivos — não se pode esperar que uma criança com síndrome de Tourette fique sentada em silêncio durante um encontro coletivo com os alunos, por exemplo, mas ela também não deve ser excluída do evento nem receber uma consequência se apresentar tiques, e certamente não deve ser "punida" por isso. Todos os professores que possuem *status* de professor qualificado concordariam com isso porque essa criança tem uma necessidade óbvia, mas alguns professores ainda concordarão que, para determinadas crianças e jovens, não há problema em usar uma linguagem como "punição" e também em implementar uma punição prática ou o que eles acreditam que as crianças "merecem". Entretanto, se estivermos pensando a partir de uma perspectiva relacional, punir as crianças (o que, sejamos francos, costumava envolver bater nelas) não resolverá a *causa* do comportamento. Consequências = sim; punição = não. Todos nós precisamos aprender que há consequências para nossos comportamentos, mas elas devem ser **consequências ponderadas** que cheguem à raiz da causa, não devem se basear na melhor forma de retaliar com medidas punitivas. Abordagens relacionais não significam que nós sejamos "moles" tentando fazer amizade com as crianças, mas sim que devemos adotar uma abordagem mais inteligente para descobrir qual é a **causa** (p. ex., uma necessidade não atendida) do **efeito** (p. ex., um comportamento) e, em seguida, implementar estratégias para apoiá-lo e, por fim, ensinar aos nossos jovens estratégias para que eles possam se ajudar.

> Você consegue pensar em um aluno que é repetidamente "punido" na escola (consequências punitivas) que não tem efeito positivo em longo prazo, mantendo-o preso em um ciclo de "mau comportamento — punição — mau comportamento — punição"?
> - Quais são essas consequências punitivas?
> - Que consequências significativas poderiam ser usadas no lugar para ajudar esse aluno a aprender melhores comportamentos e a valorizá-los?
> - Como essas consequências poderiam ser planejadas de forma a atender à **causa** (necessidade não atendida) por trás do **efeito** (o comportamento)?

As escolas em que trabalhei e onde os alunos mais demonstravam respeito pelos profissionais sempre eram aquelas em que as abordagens relacionais eram implementadas de maneira intencional e estruturada, tendo sido incorporadas no regimento escolar e no treinamento de todos os funcionários sobre o motivo pelo qual as abordagens relacionais são necessárias (e já falaremos sobre isso) e como empregar as técnicas (que veremos no Capítulo 4).

É preciso enfatizar, no entanto, que podemos ter todo o treinamento do mundo, mas, se não estivermos atentos a esse treinamento, procurando empregá-lo de forma consistente em tudo o que fazemos, então ele terá sido desperdiçado. Tudo depende de nossa disposição para aprender coisas novas e, às vezes, de desaprender práticas anteriores. É claro que, se você é um professor de sala e está lendo isto, tem pouco controle sobre o regimento da escola, mas o que você tem controle é sobre a sua sala de aula e os fundamentos sobre os quais deseja construí-la. No Capítulo 4, veremos **quatro abordagens** ou pedagogias **relacionais fundamentais** que você pode usar e mergulhar para conseguir exatamente isso.

"Sou relacional, sempre pergunto aos alunos como eles estão"

A grande maioria dos professores, pela própria natureza do trabalho, será relacional até certo ponto, mas as abordagens relacionais bem definidas vão além de um nível superficial e, em vez disso, tocam o verdadeiro alicerce. Voltamos à atenção plena novamente, mantendo em mente como estamos falando com as crianças e os jovens, o que nossa linguagem corporal está comunicando e o nosso tom de voz. Dizer apenas "bom dia" para as crianças não é uma abordagem relacional explícita. É um ótimo começo e é um modelo de boas maneiras básicas, mas as abordagens relacionais vão muito além disso e, se conseguirmos, poderemos ter um grande sucesso com os jovens e alcançar resultados brilhantes.

Precisamos ter em mente que resultados excelentes não são os mesmos para todos. Precisamos ter aspirações para as crianças e os jovens e precisamos incentivar suas próprias aspirações, mas também devemos reconhecer que nem todos os estudantes estarão prontos para o ensino superior, e nem deveria ser esse o objetivo para todas. No entanto, elas devem sair preparadas para o futuro — seja essa transição para o primeiro ano do ensino fundamental, para a próxima etapa escolar ou para o ensino médio. A principal responsabilidade de nosso trabalho é garantir que os alunos estejam prontos; prontos para o futuro de curto e de longo prazo. E relacionamentos saudáveis são a melhor base para isso.

> Você consegue lembrar de alguém que foi seu aluno e que saiu da sua turma "**pronto para o futuro**"; por exemplo, para fazer a transição para uma nova etapa ou escola?
> Como você sabia que esse aluno estava preparado para o futuro?
> Como podemos **personalizar** o que significa "pronto para o futuro" para cada criança?

Quando trabalhei em uma escola de educação alternativa (AP), frequentada por crianças que haviam sido excluídas do ensino regular, os relacionamentos eram o ponto crucial de tudo o que fazíamos. Estávamos trabalhando com algumas das crianças mais desafiadoras e altamente vulneráveis da cidade e, consequentemente, tivemos que adaptar nossas abordagens antes mesmo de iniciar a grade curricular. Enquanto construíamos esses relacionamentos, estávamos, por consequência, modelando esses mesmos vínculos, ao mesmo tempo que ensinávamos a importância dos aspectos sociais e emocionais da aprendizagem, simplesmente envolvendo os jovens em conversas e demonstrando interesse autêntico por eles; ouvindo-os, valorizando o que eles nos diziam sobre suas experiências de vida ou seus interesses.

Algumas das crianças que ensinávamos não estavam mais no ensino regular por motivos de saúde, seja física ou mental, e os jovens apresentavam uma infinidade de necessidades. Os pais ou responsáveis estavam intimamente envolvidos e, por consequência, todo o processo era mais inclusivo do que o ensino regular é capaz de ser do ponto de vista logístico. Por exemplo, a reintegração era uma especialidade nossa e, no início, chegávamos a dar aula na casa de determinada criança por trás da porta fechada do quarto (sem saber se, do outro lado, estávamos falando com a criança ou com o gato da família). Isso exigia muita conversa-fiada, fingir que você estava completamente confortável com a situação e se esforçar para mostrar ao jovem — que você ainda nem tinha visto pessoalmente — que você era gentil, acessível e confiável o suficiente para que ele acabasse mostrando seu rosto do outro lado da porta. Essa chave da consistência vale a pena; ela abre a porta para nós.

Consideração positiva incondicional

Por fim, na Parte 1, devemos refletir sobre a consideração positiva incondicional (CPI), pois ela será usada em cada uma das quatro abordagens relacionais centrais que examinaremos no Capítulo 4.

A CPI foi inicialmente desenvolvida por **Carl Rogers**, um psicólogo americano, também conhecido por suas abordagens centradas na pessoa (sinos da inclusão podem soar aqui). De acordo com Rogers, a CPI significa que aceitamos totalmente uma pessoa, **sem condições** impostas ao nosso afeto por ela ou ao nosso cuidado genuíno (Cherry 2020). Se as crianças receberem isso de suas famílias durante os primeiros anos de vida e além, é natural que seu senso de valor próprio e autoestima sejam nutridos e se desenvolvam. Entretanto, como sabemos, muitas crianças, por inúmeras razões, não são criadas dentro dessa lógica de aceitação incondicional. Como veremos na Parte 2 deste capítulo, testemunhamos na escola os impactos negativos causados por isso todos os dias. Algumas crianças também não são tratadas com a CPI na escola, mas deveriam ser.

O que devemos garantir, como professores, é que pratiquemos *sempre* a consideração positiva incondicional ao apoiar os jovens. E isso inclui os momentos em que uma criança vira uma cadeira e faz comentários impertinentes sobre sua mãe e o que ela supostamente faz na sua vida privada. Vale reiterar que, como em todas as abordagens relacionais, isso **não significa** ser permissivo ou conivente com esse tipo de comportamento. Devemos aplicar a consistência com consequências significativas. Somos nós que conduzimos a sala de aula. Devemos ensinar comportamentos melhores e mostrar por que eles devem ser valorizados, evitando, porém, a retaliação. Devemos evitar perder o controle e gritar. Gritar só nos alivia no curto prazo e não traz nenhum benefício real para a criança. Tampouco levará a melhores resultados.

É fundamental que não sejamos arrastados para provocações ou disputas verbais com crianças e jovens. A tentação existe e, como adultos, certamente temos capacidade para desmontar os argumentos deles e escalar o conflito — mas será que é isso que deveríamos modelar? É esse o comportamento que devemos ensinar? Isso estimulará o respeito? Não, não e não.

Philippa Perry, uma psicoterapeuta britânica, fala sobre como os pais acabam entrando em uma espécie de *"pingue-pongue de fatos"* com seus filhos; essencialmente uma competição de argumentos improdutivos em que cada lado tenta marcar pontos (Perry, 2019). Seja você mãe, pai ou professor, já vivenciou isso. Mal nos damos conta disso na hora, mas somos fisgados por esse jogo. Sabemos que isso não leva a nada; em vez disso, precisamos seguir em frente e fazer isso com a CPI. Entrar em disputas do tipo "toma lá, dá cá" não nos aproxima de soluções, apenas agrava os problemas ou nos distrai totalmente da questão em pauta. Ficamos presos no efeito e nos esquecemos de descobrir e apoiar a causa inicial.

Ao refletirmos sobre a CPI e também sobre políticas de comportamento baseadas na gentileza e nas relações, vale a pena mencionar o trabalho de **Dave Whitaker**, caso você esteja numa posição que permita escrever ou contribuir com esse tipo de política (Whitaker, 2021). Whitaker defende que a gentileza deve estar no centro de tudo o que fazemos com as crianças — e quem poderia discordar disso? Ele também detalha uma política de tolerância zero à exclusão, que implementou em sua escola quando era diretor. É uma leitura inspiradora para quem está em posição de provocar mudanças em um nível estratégico em toda a escola e está disposto a adotar a inclusão no centro de todas as práticas.

> Você já se viu envolvido em um **"pingue-pongue"** desses com uma criança? Ou já foi atraído para uma **discussão retaliatória**. O que aconteceu? Isso ajudou a criança ou apenas fez você se sentir melhor?
> Existem crianças com quem você **não** trata com CPI? Pode ser desconfortável admitir, mesmo em pensamento, mas há alunos de quem você não gosta? Como você os trata? Como poderia tratá-los para fazer a diferença? Você consegue identificar uma ou mais crianças específicas com quem poderia começar a praticar a CPI de forma consistente? E, nos momentos difíceis, lembrar a si mesmo por que vale a pena insistir nisso?

PARTE 1: O "QUÊ" DAS ABORDAGENS RELACIONAIS
Pontos principais

- A **consistência** é fundamental.
- Devemos procurar as **causas** (necessidades) dos **efeitos** que vemos em nossas salas de aula e apoiá-las.
- Os relacionamentos são as coisas **mais importantes** — e podem ser as mais benéficas — em nossa vida.
- O sucesso de nossas salas de aula depende do sucesso dos relacionamentos dentro delas.
- As abordagens relacionais incorporam efeitos de longo prazo, em vez de serem adesivos superficiais.
- As abordagens relacionais **nunca** são um "toque suave". Elas têm a ver com expectativas altas.
- Punições punitivas não funcionam a longo prazo; **consequências significativas** sim.
- Precisamos **criar vínculos** com as crianças e, para isso, elas precisam confiar em nós.
- Devemos sempre, **não importa o que aconteça**, tratar as crianças com Consideração Positiva Incondicional. Isso não significa tolerar o mau comportamento.

PARTE 2
O "por quê" das abordagens relacionais

Na Parte 2, vamos explorar **por que** as abordagens relacionais são tão importantes e **por que** precisamos usá-las, colocando-as em contexto por meio da exploração das necessidades das crianças e dos jovens nas salas de aula do século XXI.

Esta seção inclui:

PARTE 2 — O POR QUÊ

Confiança e a hierarquia de necessidades de Maslow
Resumo:

Vamos analisar a **hierarquia de Maslow** e, em seguida, uma versão equivalente no contexto escolar para compreender melhor os alunos em nossas salas de aula — de onde eles vêm e o que trazem consigo ao chegar à escola.

Saúde social, emocional e mental e a realidade do comportamento
Resumo:

Uma análise das estatísticas por trás da exclusão escolar, da prevalência das necessidades relacionadas à **saúde mental, emocional e social (SEMH)**, e da realidade de como pode ser desafiador apoiar certos comportamentos. Também vamos nos aprofundar na ideia de *"eu só quero dar aula"* e refletir sobre o que realmente significa "dar aula" nos dias de hoje, avançando para discutir as chamadas políticas de **"assento ejetor"** adotadas por algumas escolas, e os prejuízos causados pela remoção de crianças de nossas salas de aula.

E quanto aos relacionamentos fora da escola?
Resumo:

Tempo de tela, dispositivos, confinamentos, pandemias e interação social: como esses fatores agravaram as necessidades relacionadas à Saúde Social, Emocional e Mental.

> Experiências adversas na infância
> Recuperação do trauma
> Transtornos de apego
> Resumo:
>
> Vamos analisar **como as experiências adversas na infância**, os **traumas associados** e os **possíveis transtornos de apego** podem se manifestar nas crianças.
> Também vamos refletir sobre **como nós, enquanto professores**, podemos oferecer **algum tipo de reparação emocional** para crianças que passaram por essas experiências — ou que demonstram sinais delas —, **atuando como adultos confiáveis e acessíveis** em suas vidas.
> Nossas discussões anteriores sobre a **hierarquia de Maslow**, **confiança**, **saúde mental, emocional e social** e **consideração positiva incondicional** se integrarão neste ponto.
>
> ### Confiança e a hierarquia de necessidades de Maslow
>
> Pare por um momento e pense em quantas pessoas em sua vida você **confia plenamente**. Há uma grande chance de que o número seja muito pequeno. Em quantas pessoas na **escola** você confia dessa forma? Em qualquer pessoa? E entre os membros de sua família? Talvez você confie certas coisas a algumas pessoas — como o acesso à sua conta bancária, compartilhada talvez com um parceiro — mas não a outras, certo?

Confiar nas pessoas é uma questão delicada. Em um mundo do século XXI com notícias instantâneas e redes sociais, talvez seja ainda mais difícil. Grande parte de nossa capacidade de confiar se baseia em nossas experiências passadas ou em nossa infância. Lembre-se de que, no Capítulo 1, contei um pouco da minha infância; se você pensar na sua, talvez consiga identificar experiências que se correlacionam diretamente com os relacionamentos que você tem agora como adulto. Tudo tem **uma causa e um efeito**, e isso não é diferente para as crianças que ensinamos. A diferença para nós é que agora somos adultos, mas quando éramos crianças tínhamos muito menos controle sobre o que acontecia ao nosso redor e sobre as escolhas que podíamos fazer ou, ao contrário, sobre as coisas que eram escolhidas para nós. Esse conceito de escolha é importante e também está relacionado ao Capítulo 2, quando consideramos como as crianças com NEE/D, ou os pais dessas crianças, podem buscar algum empoderamento ao exercer controle sobre a forma como suas necessidades são abordadas e faladas. A possibilidade de escolha nos dá certa sensação de controle, especialmente quando sentimos que temos pouco ou nenhum.

Se considerarmos que nosso trabalho diário envolve receber entre 30 e várias dezenas de crianças e jovens em nossas salas de aula, temos de reconhecer que nem todos chegarão confiando em nós. Nosso sistema educacional é, na prática, construído com base na premissa de que os estudantes chegam à escola prontos para confiar nos professores e prontos para aprender. Não sei como era isso há 80 anos (embora, considerando que palmatórias eram usadas como método de controle, possa imaginar), mas hoje em dia simplesmente não é assim: nem todos os jovens entram no ambiente escolar prontos para aprender e confiar. Há inúmeras razões para isso, algumas das quais são profundamente tristes e complexas, outras podem estar relacionadas a necessidades específicas.

É bem provável que você já tenha ouvido falar da **hierarquia de necessidades de Maslow**. Ela é chamada de hierarquia porque se baseia na ideia de que todos os seres humanos têm necessidades específicas, começando com o básico absoluto (como o ar que respiramos), e avança gradualmente até o desejo de "tornar-se tudo aquilo que se pode ser"; em outras palavras, realizar nosso pleno potencial. Se considerarmos os alunos que entram em nossas escolas, podemos dizer com certeza que suas **necessidades mais básicas** foram definitivamente atendidas antes de entrarem pelos portões? Algumas dessas outras necessidades básicas incluem abrigo, alimentação e roupas. Quando consideramos o custo de vida ou as áreas de vulnerabilidade, podemos realmente dizer que todos os alunos têm acesso às necessidades mais básicas que um ser humano deveria receber? Com certeza não.

A seguir está um resumo da hierarquia de Maslow com um equivalente adaptado para o contexto escolar. Como você verá, até que o Passo 1 seja alcançado, a criança não consegue progredir para o Passo 2, e assim por diante. Em qual desses passos você acredita que a criança esteja pronta para aprender? Sugeri o Passo 4, mas sua opinião pode variar de acordo com sua experiência.

Resumo das 5 necessidades de Maslow	Equivalente no contexto escolar (Considere causa e efeito — podemos apoiar a causa raiz para nos ajudar a mitigar o efeito?)
5 Autorrealização Moralidade, criatividade, realização de todo o potencial.	A criança se envolve no aprendizado e é capaz de alcançar seu potencial máximo. Prepare-os para o futuro. Inspire-os a ter ambições. Estimule-os a sonhar.
4 Estima Confiança, respeito, autoestima, realização.	Incentive, faça elogios cuidadosos e significativos, use recompensas apropriadas, reconheça as conquistas e envolva as famílias nesse processo, quando for pertinente. Modele respeito e autoestima. Evite barganhas do tipo "se fizer isso, ganha aquilo" para induzir a criança a concluir o trabalho ou a se comportar de uma determinada maneira. Em vez disso, ensine comportamentos melhores e explique por que são importantes. A criança está pronta para aprender.
3 Amor/pertencimento Amizades, família, relacionamentos românticos.	Assim que a criança começar a confiar em você e você a conhecer melhor, passe a ser mais brincalhão (nunca sarcástico). Ensine por meio de brincadeiras, adapte o ensino por meio de atividades lúdicas (consulte o Capítulo 4). Isso pode ser tanto para adolescentes quanto para crianças pequenas. Use o humor, ria junto com a criança. Valorize as opiniões da criança, mostre a ela que você a ouviu e a escutou. Ajude-a a sentir que pertence ao grupo e que é aceita e valorizada por quem ela é. Isso é inclusão. Incentive as amizades. A criança está ficando pronta e aberta para aprender agora.
2 Segurança Segurança do corpo, família, saúde, emprego.	Construa uma relação com a criança, faça de sua sala de aula um espaço seguro. Reserve um tempo para conversar com os jovens. Pergunte sobre os interesses deles, lembre-se das coisas que eles compartilharam e faça referência a elas em momentos apropriados. Mantenha-se calmo e consistente. Use a empatia não verbal, atento à linguagem corporal. Adapte sua abordagem, bem como suas aulas. Crie confiança e não julgue a criança. Faça com que elas e sinta segura em sua sala de aula estável, baseada em relações sólidas. Aceitar quem ela é e suas origens, mantendo as expectativas elevadas. Combine grandes desafios com alto suporte. Aplique a consideração positiva incondicional. Consulte o responsável pela proteção de crianças e adolescentes e o apoio de agências externas quando necessário. É improvável que a criança esteja pronta para aprender se essas necessidades ainda não forem atendidas.

> Cada etapa deve ser cumprida antes de podermos passar para a próxima →

1 Fisiológico
Ar, alimentos, água e assim por diante.

Reconheça que a criança talvez não tenha comido em casa, não se sinta amada ou não tenha uma cama segura para passar a noite. Ela pode não ter suas necessidades básicas atendidas — informe-se sobre elas, seja curioso, busque suprir essas necessidades e investigue também a causa de elas não estarem sendo atendidas. A escola fornece uniforme? Fornece café da manhã? A comida que sobra da cantina pode ser guardada e distribuída depois do almoço para as crianças que precisarem? Elas podem ser altamente resistentes no início — possivelmente por meses/anos —, não desista. Seja persistente e consistente. Como os serviços de apoio externo podem ajudar? Você precisa consultar o responsável pela proteção de crianças e adolescentes?

É improvável que a criança esteja pronta para aprender.

> A consistência é fundamental em todo o processo

Nesse modelo, podemos ver que, até que uma das etapas da hierarquia de Maslow esteja firmemente estabelecida, não conseguimos avançar para a próxima, e podemos inclusive regredir. Precisamos ter essas necessidades básicas atendidas de forma consistente antes de estarmos prontos para seguir em frente. Não conseguimos alcançar nosso pleno potencial se estamos há dias nos alimentando de forma inadequada e não temos um local seguro para dormir. Na escola, podemos oferecer apoio à criança, mas também precisamos aceitar que isso pode levar muito tempo. Se você pensar nas pessoas em quem confia (ou não confia) em sua vida, quanto tempo levou para construir essa confiança? Não deve ter sido instantâneo, pode ter levado **anos**.

Precisamos, então, aceitar que, assim como nós, como adultos, levamos anos para confiar em alguém, o mesmo vale para muitos jovens. O fato de sermos professores não significa automaticamente que as pessoas confiarão em nós. Dependendo das experiências escolares anteriores que tiveram, pode ocorrer justamente o oposto! Isso também às vezes é evidente nas reuniões com os pais — muitos compartilham suas próprias experiências escolares e como elas moldaram suas opiniões sobre a escola ou sobre nós. Mais uma vez, vemos como construir relações é fundamental para **promover inclusão**.

> Suas próprias necessidades básicas estão sendo atendidas no momento? E se não estiverem, você sabe como e onde buscar apoio? É tão crucial que nossas necessidades sejam atendidas quanto as de nossos alunos. Falamos no Capítulo 1 sobre nossas próprias máscaras de oxigênio — sempre busque apoio quando necessário.
> Há alunos que você sabe que não estão tendo suas necessidades básicas atendidas no momento? Como a escola está apoiando essa situação? Como o modelo de **causa e efeito** pode te ajudar a agir nesses casos?

SEMH e comportamento

> Como é o comportamento dos alunos em sua escola atualmente?
> Você percebe algum **padrão** de comportamento?
> Sua escola tem uma "**política relacional**" ou uma "**política de comportamento**"? (Ou ambas?)
> Há algum aluno cujo comportamento lhe causa dificuldade ou que você teme ensinar por causa do comportamento? Você consegue encontrar uma **causa** para os **efeitos** que observa?

As abordagens relacionais, assim como o ensino adaptativo de qualidade, são excelentes para todas as crianças, com ou sem NEE, mas são especialmente úteis para as crianças que têm necessidades de SEMH. Você deve se lembrar, no Capítulo 2, que SEMH é uma das 4 grandes áreas de NEE e, consequentemente, uma das áreas para as quais um EHCP/PEI pode ser gerado e oferecer suporte específico.

É bem provável que as necessidades de SEMH em sua escola tenham aumentado, de acordo com as estatísticas. Atualmente, SEMH é a segunda categoria mais prevalente de NEE nas escolas (Special Educational Needs in England, 2023), aumentando à medida que as crianças avançam para o ensino médio (e talvez também sendo mais reconhecido e identificado nas escolas de ensino médio). Se revisitarmos o Código de Prática NEE/D do Reino Unido e as descrições das áreas de necessidade que examinamos no Capítulo 2, SEMH é descrita da seguinte forma:

6.32 — As crianças e os jovens podem ter uma ampla gama de dificuldades sociais e emocionais que se manifestam de várias maneiras. Essas dificuldades podem incluir a falta de atenção ou o isolamento, bem como a apresentação de comportamentos desafiadores, perturbadores ou incômodos. Esses comportamentos podem significar dificuldades subjacentes de saúde mental, como ansiedade ou depressão, automutilação, uso indevido de substâncias, distúrbios alimentares ou sintomas físicos sem explicação médica. Outras crianças e jovens podem ter distúrbios como transtorno de déficit de atenção, transtorno de déficit de atenção e hiperatividade ou transtorno de apego.

Vale a pena observar, que, estatisticamente, **47% das exclusões (suspensões ou expulsões) são de estudantes com NEE** e, além disso, 60% deles têm a área de necessidade identificada como SEMH (SEND Network, 2023). Você mesmo pode ter identificado um aumento significativo em sua própria escola, e, mais adiante neste capítulo, discutiremos como a pandemia e o uso de telefones celulares não contribuíram de forma positiva para esse cenário — embora o problema seja mais complexo do que apenas esses fatores. O coordenador de inclusão, a equipe gestora, os profissionais de apoio às famílias e tantos outros (incluindo você) já devem estar oferecendo algum tipo de suporte para essas crianças fora da sala de aula, mas precisamos ver o que mais pode ser feito dentro dela. E as abordagens relacionais são parte fundamental dessa resposta.

Como afirma o código de prática, as necessidades SEMH muitas vezes se manifestam por meio de comportamentos dentro da escola. Vamos ser sinceros: isso é um verdadeiro desafio para qualquer professor. Sem dúvida, você já preparou aulas incríveis no passado, que acabaram completamente desestruturadas por conta do comportamento de uma minoria dos alunos. Você pode ter dito ou ouvido outros dizerem **"Eu só quero dar aula!"**. Você pode ter ouvido, ou dito a si mesmo **"Por que essas crianças ainda estão aqui?"**. O mesmo vale para: **"Essas crianças são selvagens!"** e **"A culpa é dos pais!"**. Não há como fugir disso, são frases que todos nós já ouvimos e que alguns de nós já usamos. Por isso, vamos falar com transparência, porque a razão pela qual escrevi este livro — e a razão pela qual você o está lendo — é a mesma: queremos promover mudanças positivas para as crianças. Ninguém escolhe ser professor se não gosta de crianças (se não gosta, decerto não permanecerá nele por muito tempo, concorda?). Entramos na educação porque queremos melhorar a vida das crianças, transmitir nossa paixão, contribuir para uma comunidade melhor e, com isso, também obter realização profissional. No entanto, é extremamente difícil. É bem possível que você se machuque em uma sala de aula — mais uma vez, sejamos transparentes; qualquer coisa menos que isso seria ingênuo e passaria uma ideia distorcida da realidade. Você pode sentir medo em uma sala de aula. Nada disso é aceitável, mas, por mais que não seja aceitável, infelizmente é uma realidade. No entanto, é uma realidade que podemos **mudar**.

"Eu só quero dar aula!"

> Isso é algo que você mesmo já disse? (Imagino que muitos de nós já dissemos, sendo honestos).
> O que significa "dar aula" para você?

Quando dizemos: "Eu só quero dar aula", devemos aceitar o fato de que "dar aula" inclui a gestão do comportamento, e isso pode ser um desafio. Espera-se que sua escola seja um espaço de apoio. Tomara que, se você estiver passando por isso, a equipe gestora esteja atenta, seu coordenador esteja junto com você, e que você tenha colegas com quem contar na sala dos professores. Devem existir sistemas para que a criança tenha consequências significativas que a ensinem a se comportar melhor, para dar apoio às necessidades dela, à sua saúde mental ou à sua família, e para atender às necessidades identificadas por Maslow. Espera-se que sua escola esteja analisando o que esse comportamento está tentando comunicar e quais necessidades ainda não foram atendidas. Mas, é claro, suas próprias necessidades também precisam ser atendidas.

Como adultos profissionais, estamos, pelo menos, em uma posição melhor para atender às nossas próprias necessidades do que as crianças estão para atender às delas — pense no que foi discutido no Capítulo 1 sobre conhecer sua rede de apoio e estabelecer seus próprios limites. Mas pense também na criança que não tem um espaço seguro para dormir à noite. Ou que vive em uma casa de 2 cômodos, 6 irmãos, sem carpete ou roupa de cama limpa. Tente também não levar nada para o lado pessoal, por mais impossível que isso possa parecer. Palavras como "selvagem" são facilmente usadas em relação às crianças, mas se estivéssemos assistindo às histórias de vida de alguns dos jovens que ensinamos em um documentário — em vez de dentro de nossas salas de aula —, teríamos muito mais empatia. Entenderíamos como isso pode se manifestar em comportamentos. É claro que é mais difícil quando está acontecendo conosco, mas, por mais difícil que seja, precisamos tentar resistir à tentação de culpar, de nos referirmos às crianças com termos depreciativos e resistir a acreditar que o ensino no século XXI é o mesmo que oferecer aulas para uma turma idealizada de 30 alunos "modelo".

Devemos ter expectativas altas em relação ao nosso ensino, mas também precisamos ser realistas, caso contrário corremos o risco de sofrer uma grande queda. Quando dizemos "Eu só quero dar aula", precisamos ser honestos sobre o que é dar aula. Não é o mesmo que o ensino dos anos 1950, porque já se passaram muitas décadas desde então. **O mundo mudou e, com ele, o ensino.** Isso nos leva de volta à linguagem que usamos com os jovens, algo que enfocamos em todo o livro até agora, porque é muito importante. Sim, precisamos desabafar com os outros, mas em momentos apropriados e em lugares apropriados. Precisamos tirar isso do peito, lembrando-nos com firmeza de que cada dia é uma nova chance. Deixamos os ressentimentos em casa, voltamos e nos certificamos de que estamos prontos para recomeçar com novas estratégias e abordagens adaptativas. **Nós podemos fazer isso.**

"Por que essas crianças ainda estão aqui?" — inclusão, exclusão e o assento ejetor

Em resposta à pergunta "Por que essas crianças ainda estão aqui?", a razão para isso é — como você deve ter adivinhado — a **inclusão**. Você provavelmente sabe que a exclusão não funciona. Uma criança é excluída por um dia; ela volta no dia seguinte, comportando-se de maneira idêntica à que a levou a ser suspensa anteriormente.

Talvez sua escola tenha um sistema do tipo "**3 advertências e você será expulso da sala**", por exemplo. Na terceira advertência, a criança é retirada da sala e enviada para algum tipo de sala de exclusão interna. Mas será que essa criança voltará na próxima aula comportando-se perfeitamente e demonstrando respeito por você? Muito provavelmente não. Na verdade, ter um sistema em que as crianças são retiradas da aprendizagem acaba treinando — ainda que sem querer — tanto os professores quanto os estudantes para que não precisem estar em uma sala de aula. O que esse tipo de política definitivamente não faz é incentivar os professores a se esforçarem *mais* na construção de relacionamentos e na adaptação de seu ensino para realmente apoiar os jovens e envolvê-los. Por isso, há algumas escolas que deixam claras suas expectativas de que seus alunos permaneçam na aprendizagem (desde que não ofereçam risco); por exemplo, sendo realocados para outra aula naquele período. Outras escolas podem adotar uma remoção de curto prazo para uma "unidade de apoio adicional", onde uma equipe especializada ensina melhores comportamentos e apoia as necessidades dos alunos, ajudando a remover barreiras à aprendizagem — sempre com a expectativa de reintegração à escola, ou que quer que represente "sucesso" para aquele indivíduo, de modo que suas necessidades sejam atendidas.

É perfeitamente normal, como professor, ir para casa pensando no que aconteceu em sala, remoendo algum episódio difícil do dia, e passar a noite pensando em como corrigir o problema no dia seguinte — ou na próxima aula. Mas às vezes você não precisará praticar a gestão do comportamento apenas por causa dos sistemas da escola em que trabalha, e isso seria uma tragédia. Afinal, se treinarmos a nós mesmos e às crianças para acreditar que, se elas não estiverem se comportando, podemos simplesmente nos livrar delas, quem não escolheria essa opção mais fácil? É a natureza humana. Seria como ter um **assento ejetor** no *cockpit* da sala de aula.

Políticas que tiram crianças da aprendizagem

Se algo deu errado em uma aula, pergunte a si mesmo: o que posso fazer diferente na próxima vez? Sempre há uma nova chance para recomeçar. Você consegue identificar a **causa** do problema, para mudar positivamente o **efeito**?
Que **recursos** você pode usar ou alterar?
Que **adaptações** poderia fazer?
Que **apoio externo** você pode buscar?

Políticas que envolvem tirar alunos da sala de aula

Políticas que envolvem tirar alunos da sala de aula podem até ter funcionado quando foram implementadas em contextos nos quais o esperado — e praticado — era que todos permanecessem na sala de aula. A vergonha de ser subitamente retirado da aula por um funcionário com *walkie-talkie*, ser levado para uma sala de exclusão monótona, receber uma detenção e ainda ter os pais informados poderia sim causar um choque em certos alunos, levando-os a obedecer. No entanto, a obediência — se pensarmos no nosso **modelo de causa e efeito** — não equivale a atender às necessidades da causa principal e, portanto, é apenas um **curativo provisório**, enquanto precisamos pensar em longo prazo.

No início, esse tipo de política pode até levantar o moral dos professores, que passam a sentir que podem "apenas dar aula" sem se preocupar tanto com disciplina. Porém, com o tempo, quando o recurso do "assento ejetor" começa a ser usado com mais frequência para situações menores e não apenas para emergências, instala-se uma cultura perigosa — tanto os alunos quanto para os professores — de que basta não se comportar para sair da sala. Ironicamente, o aumento inicial do moral da equipe se baseia em uma ilusão: a de que o comportamento melhorou, quando na verdade só foi empurrado para longe dos olhos. Com o tempo, os alunos removidos da sala, que já estavam desmotivados, passam a acreditar que também não precisam permanecer nas salas de exclusão. Começam a vagar pelos corredores, invadem outras salas, atrapalham o andamento das aulas que costumavam frequentar, podem provocar mostrando o dedo pela janela ou fazer coisa pior. Afinal de contas, eles não têm respeito algum pelo professor que os expulsou da sala diversas vezes. Por que deveram ter? Quando um funcionário retira um aluno da sala, ele depois não vai devolver essa criança comportando-se impecavelmente como um passe de mágica. Na verdade, como a criança terá perdido ainda mais conteúdo durante sua ausência, se antes ela não tinha lacunas de conhecimento e compreensão, certamente terá agora — e isso, por si só, não é uma receita para o sucesso.

Esse desejo por uma **solução rápida para o comportamento** fazendo uso do assento ejetor é compreensível — semelhante aos pais que entregam um celular a um bebê chorando porque isso facilita a vida deles naquele momento, mas cobra seu preço mais adiante. Os pais deixam de interagir, os filhos deixam de aprender a lidar com frustrações. Com os professores, é parecido: quando deixam de enfrentar desafios de comportamento, perdem a prática — e acabam perdendo os próprios alunos. O perigo que enfrentamos, então, é o desenvolvimento de alunos que vivem nos corredores, professores que nunca praticam e tampouco aprimoram suas habilidades de gerenciamento de comportamento ou ensino adaptativo; consequentemente, se tornam incapazes de lidar até mesmo com situações básicas. Isso acaba gerando relacionamentos ruins, marcados pela falta de respeito mútuo. É verdade que, com a saída de certos alunos da sala, os demais — com ou sem necessidades especiais — têm uma experiência de aprendizagem melhor. Mas esse não é o cenário ideal. O ideal é que os jovens permaneçam no processo de aprendizagem. **O ideal é que sejamos inclusivos**. É por isso que nos esforçamos.

O que não conseguimos com o uso do assento ejetor é ensinar a ter um comportamento melhor, ou incentivar a vontade de aprender, ou como e por que fazer escolhas melhores. Detenções com caráter restaurativo — nas quais o professor responsável se encontra com a criança durante o período de sanção — são uma excelente proposta, mas será que sempre causam impacto? Não se não forem gerenciadas de forma significativa, com acompanhamento do professor da sala durante a aprendizagem, quando os relacionamentos são construídos e incorporados.

Existe um **sistema de detenção** na sua escola?
Há detenções após as aulas, no intervalo ou em ambos?
Quem **supervisiona** essas detenções?
Existe algum esforço para que o professor que aplicou a sanção participe do processo **restaurativo** com o aluno?
São sempre os **mesmos** alunos que passam por essas medidas?
E, afinal, o sistema funciona? O que significa "**funcionar**" no seu contexto?

Funcionaria se fôssemos pais?

Vamos imaginar que somos pais (e talvez você seja). Suponha que seu filho pequeno te respondesse de forma grosseira e falasse para "calar a boca", por exemplo; a maioria de nós tentaria lidar com isso de forma firme, porém calma. Procuraríamos ensinar ao nosso filho por que aquele comportamento específico não é aceitável e analisar o que levou a ele — a causa — e como podemos melhorá-lo. Faríamos isso por conta própria, porque nos importamos com o relacionamento com nosso filho. Reforçaríamos nossos limites quando necessário, sempre com respeito, modelando a forma como devemos nos dirigir uns aos outros. Faríamos isso com firmeza, consistência, mas com gentileza e respeito.

O que *não* faríamos seria chamar outra pessoa para levar nosso filho embora por algumas horas ou dias, esperando que ela "conserte" o comportamento e nos devolva alguém obediente, educado e transformado (por mais tentador que isso pareça, às vezes). Talvez até funcionasse no susto, mas só por um tempo. Na verdade, nosso filho perderá o respeito por nós porque verá que não somos capazes de lidar com ele nem nos **importamos** o suficiente para investir nisso. Para que nosso filho nos respeite, precisamos respeitá-lo, e o ponto de partida para isso é a relação que construímos com eles. Com nossos alunos, não é diferente.

Outro adulto não pode criar esse vínculo por você. Isso precisa vir de você.

E as relações fora da escola?
Tempo de tela, isolamento e interação social

Já que estamos falando de comportamento e saúde mental, emocional e social (SEMH), vale a pena trazer para a conversa o uso de telas e os impactos do isolamento. Não há dúvida de que você e seus colegas conversam sobre isso com bastante frequência! Estatisticamente, sabemos que as crianças que retornam à escola após períodos de isolamento, em especial escolas de ensino fundamental, demonstram comportamentos mais difíceis e maiores desafios emocionais (Blanden et al., 2021). Qualquer pessoa que lecionou antes de 2020, e que vem dando aula desde então, provavelmente já identificou como a pandemia afetou de forma negativa as crianças — sua saúde mental, suas habilidades sociais, na adaptação escolar e seu comportamento. O estresse da pandemia afetou todos nós, e desde então tem sido diferente dar aulas em comparação ao que era antes dela.

É claro que o ensino precisou — e precisa — se transformar. E, muitas vezes, com razão; precisamos nos adaptar de modo contínuo. Quem é realmente inclusivo sabe que **rigidez não combina com sucesso** na sala de aula. Não é fácil para quem gosta de estar no controle de tudo (e sabemos que nossos jovens podem ser um pouco imprevisíveis), mas ser flexível não significa perder o controle da situação — afinal, nossas regras e limites são inflexíveis —, mas nosso ensino deve se adaptar para atender às necessidades. Se esperamos que grupos inteiros de crianças ou adolescentes passem por nossas salas todos os dias e se comportem da mesma forma, estamos fadados à frustração.

Ainda assim, as mudanças mais recentes superaram até os piores pesadelos de volta às aulas (aqueles que começamos a ter por volta do final de janeiro de cada ano). Essas mudanças pouco têm a ver com novas diretrizes curriculares, reformulações de provas ou infindáveis mudanças na educação por parte do governo. Elas têm mais a ver com a mudança do mundo. Tivemos *lockdowns* mundiais, que chegaram junto com um fenômeno inédito: estamos ensinando a primeira geração que não só cresceu com celulares como foi criada por uma geração que tem celulares. Isso criou um cenário novo, incluindo o fato de que as taxas de frequência nas escolas permanecem consistentemente mais baixas do que antes da pandemia, com a ausência afetando o aprendizado, o envolvimento, o desempenho e a saúde mental (Commons Library, 2023). Os relacionamentos e as interações das crianças mudaram drasticamente, tanto entre elas quanto com suas famílias.

> Com que frequência você olha para o **seu celular**?
> Quanto tempo você passa nas redes sociais?
> Você olha o celular ou rede social enquanto está na escola?
> Sente aquela inquietação para pegar o celular logo depois de deixá-lo de lado?

Obviamente, pandemia e celulares não são as únicas causas dos problemas no mundo (a maioria dos professores ainda acredita que esse título pertence a Michael Gove... bricandeira),[II] mas, para o nosso propósito aqui, são os dois fatores nos quais vou focar — porque provavelmente estão nas conversas do seu ambiente escolar também. Se você já tentou, na escola ou em casa, tirar o celular de um adolescente, entenderá por que estou focando nisso. Se você é educador do ensino fundamental, também já deve ter percebido que até elas falam cada vez mais sobre coisas que viram em uma tela, nem sempre conteúdos apropriados para a idade. O vício em dispositivos móveis e seus picos de dopamina faz com que muitos fiquem inquietos só de deixar o aparelho de lado por 5 minutos. Isso tem gerado uma série de desafios nos corredores e dentro das salas de aula.

Se você atualmente leciona em uma escola, especialmente de ensino médio, a lista a seguir lhe será familiar:

Você já presenciou algum destes casos?

- Alunos trocando mensagens entre si de diferentes pontos da escola para se encontrarem, inclusive durante aulas.
- Crueldade e *bullying* nas redes sociais.
- Pornografia circulando nas redes sociais.
- Fotos inapropriadas sendo tiradas e/ou compartilhadas.
- Danos à saúde mental e à autoestima causados pelas redes sociais.
- Acesso permanente a conteúdos inadequados ou angustiantes sobre guerra, mudanças climáticas e saúde nas redes.
- *Fake news*.
- Conteúdo misógino que influencia visivelmente na maneira como os alunos falam, usam a linguagem corporal e se comportam.
- Alunos colocando telefones embaixo da porta do banheiro enquanto outros usam o vaso sanitário — um problema gravíssimo de segurança antes mesmo de analisarmos as consequências emocionais.
- O rápido compartilhamento de material inadequado por meio do celular, feito assim que este é divulgado.
- Gravações de professores feitas com celulares!

[II] Michael Gove foi Secretário de Educação do Reino Unido (2010–2014) e é uma figura frequentemente associada a reformas controversas na educação — incluindo mudanças no currículo, avaliações e abordagem mais tradicionalista. Por isso, é comum vê-lo citado (às vezes com sarcasmo) como responsável por muitos dos problemas enfrentados nas escolas até hoje.

- Gravação de outros alunos ou de brigas, depois postadas nas sociais.
- Incitação a protestar por meio das redes sociais.
- Falta de sono por conta do uso do celular.
- Gravação de vídeos para o TikTok nos banheiros/corredores.
- Carregar o celular usando as tomadas da escola.
- Criação de contas falsas e prejudiciais com nomes de funcionários nas redes sociais.
- Alunos sendo verbal ou fisicamente agressivos quando o celular é confiscado.

A lista poderia continuar. Tentar implementar uma política de proibição total de celulares em uma escola com milhares de alunos é algo praticamente inviável. As escolas precisam de políticas claras e consistentes em relação aos celulares, onde eles sejam removidos quando vistos. E **todos os** funcionários devem colaborar com isso. Se as regras não forem seguidas, os celulares podem se tornar um grande pesadelo, como qualquer educador sabe bem. No entanto, pior ainda é o **dano físico e emocional** real causado pelo tempo de exposição das crianças às telas, além dos danos às suas habilidades de interação social.

Telas e relacionamentos

Hoje vemos bebês sendo criados por telas, enquanto seus pais estão grudados em suas próprias telas. As interações esperadas entre os bebês e seus cuidadores não são apenas brincadeiras: elas são *fundamentais* para o desenvolvimento infantil — sem elas, corremos o risco de causar danos reais aos nossos filhos. O acesso frequente e irracional às telas faz com que os bebês não estabeleçam conexões entre, por exemplo, expressões faciais e emoções. Isso faz com que as principais **conexões neurais** não aconteçam em seus cérebros. Eles não aprendem a regular as emoções e, em vez disso, acumulam frustração (Unicef). Pior: não estabelecem conexões relacionais/vínculo afetivo com seus pais ou cuidadores.

Com que frequência você vê **bebês ou crianças pequenas** em carrinhos segurando um celular?

> Você já viu famílias inteiras usando seus celulares quando saem para tomar um café, almoçar ou jantar?
> Já viu casais em encontros românticos, mas cada um preso à própria tela em vez de **conversar**?
> O que você vê com mais frequência: bebês e crianças pequenas sendo entretidos pelos pais usando livros, chocalhos e brinquedos ou com aparelhos eletrônicos?

Nada disso é dito com julgamento, apenas com sinceridade — afinal, quase todos nós já fizemos isso em algum grau. E evitar a culpa é importante. Um dos pilares da educação é a empatia (tema que será aprofundado no Capítulo 4). Criar filhos é difícil, e todos nós buscamos formas de facilitar a vida. Muitas vezes, é fácil cair em hábitos ruins mesmo sem intenção, ou até mesmo sem saber o resultado desses hábitos. Como professores, precisamos dar o máximo de apoio possível às famílias. Mas também precisamos ser francos — e não condescendentes — ao admitir que a situação pode ser *muito difícil*. Isso porque, estando de fora, conseguimos enxergar o que muitas vezes os pais não conseguem ver. E, assim, podemos identificar algumas medidas de apoio. Pode ser frustrante quando a família não colabora, mas ainda temos que evitar a culpa, que só leva à vergonha.

Culpar, no curto prazo, só *nos* faz sentir melhor, é um tipo de desabafo. O que isso não faz no longo prazo é melhorar as coisas para o *aluno* e, se algo não o ajuda, então não faz muito sentido se envolver com isso. O que podemos fazer é garantir que nós mesmos construamos e sirvamos de modelo para relacionamentos saudáveis com as crianças e os jovens em nossas salas de aula.

O EXPERIMENTO DO "ROSTO NEUTRO" (SERVIR E RESPONDER)

Você já assistiu ao experimento "Rosto neutro" com o Dr. Edward Tronick? O vídeo mostra um conceito chamado "servir e responder", em que o bebê "serve" (talvez aponte para um objeto) e o cuidador — nesse caso, a mãe — "responde" (olha na direção apontada, faz carinho, conversa). Então, o vídeo mostra a mãe respondendo com um "rosto neutro", sem reação, e o bebê fica cada vez mais frustrado e chateado, desnorteado e desesperado para voltar a interagir com a mãe. É uma visão incômoda, mas poderosa, e que abre bastante os olhos. Dura apenas um ou dois minutos, mas só de pensar que é isso o que alguns de nossos alunos vivenciam constantemente em casa é assustador. O "rosto neutro" acontece quando o cuidador está distraído com seu celular, ignorando o bebê. E, quando somamos a isso o uso precoce e excessivo de telas pelas próprias crianças — e consideramos os efeitos visíveis disso dentro da escola — aonde vamos parar? Some-se a isso o fato de termos passado por um *lockdown*, isolados, com apenas nossos aparelhos eletrônicos como companhia, sem interação social, e não é de se admirar que agora estejamos vendo um aumento significativo dos desafios de saúde mental, emocional e social (SEMH) em crianças, agravamento da saúde mental de pais e responsáveis, e consequências sérias em nossas salas de aula e escolas.

Referência: Mind Your Class. (2016) *Experimento com o rosto imóvel*. [vídeo on-line] Disponível em: www.youtube.com/watch?v=YTTSXc6sARg

Experiências adversas na infância e recuperação de traumas

Para muitas crianças, passar pela pandemia pode não ter sido uma experiência adversa na infância. Não foi o cenário ideal, claro, mas não necessariamente causou um impacto traumático. No entanto, para muitas outras, a pandemia foi sim uma experiência profundamente assustadora.

Foi quando eu ensinava e atuava na liderança da escola de ensino alternativo que recebi, pela primeira vez, uma formação sobre a teoria de Maslow, sobre experiências adversas na infância, traumas e as abordagens relacionais práticas que vamos explorar no Capítulo 4. Fiquei surpresa, ao retornar para uma escola de ensino regular, ao descobrir que pouquíssimas pessoas na época conheciam esses temas.

Esse conhecimento nos permite entender mais sobre os jovens em nossas escolas e conhecê-los de verdade, o que é muito importante quando se trata de inclusão e, principalmente, de crianças com NEE/D. Quando consideramos Maslow e a hierarquia das necessidades, ele nos ensina que devemos estar atentos ao que está acontecendo com essa criança fora dos portões da escola. Temos de considerar o que elas estão trazendo para nós em termos de experiência e em termos de possíveis traumas. Ultimamente, há muito mais treinamentos sendo oferecidos por secretarias locais e instituições do ensino regular do que havia quando voltei para esse contexto há alguns anos — um reflexo direto das mudanças no ensino e na sociedade que já discutimos, além do fato de que as abordagens relacionais têm se mostrado altamente eficazes.

As experiências adversas na infância (ACEs) incluem, mas não se limitam a:

- Abuso físico.
- Abuso sexual.
- Abuso emocional.
- Conviver com um membro da família que tenha alguma doença mental ou transtorno psicológico.
- Conviver com um membro da família com problemas de abuso de substâncias (álcool, drogas, medicamentos etc.).
- Conviver com um membro da família que tem vícios, como jogos de azar, que afetam as relações familiares e as finanças.
- Ter um membro da família que está preso ou envolvido com atividades criminosas.
- Não ter um lar estável para viver.
- Estar exposto à violência doméstica.
- A morte de um dos pais.

Estatisticamente, pessoas que sofreram **4 ou mais ACEs** têm um risco muito maior de, por exemplo, ter problemas com uso indevido de substâncias, depressão, gravidez na adolescência, desemprego e (em razão do impacto em seus comportamentos, estilo de vida e saúde mental, emocional e social — SEMH), morte precoce. Quanto mais ACEs uma pessoa tiver, piores poderão ser seus resultados. Há ainda dados que mostram que essas crianças, por um **efeito cíclico**, ter mais chances de criar filhos que também estarão expostos a um número elevado de ACEs (Bellis et al. 2014).

Por conta da natureza de nossa profissão, estamos na linha de frente para essas crianças e, por isso, podemos fazer algo a respeito para melhorar suas vidas e seus futuros. É claro que nem sempre sabemos necessariamente que as crianças estão sofrendo, por exemplo, abuso, e você já deve ter recebido formação sobre como a proteção infantil é responsabilidade de todos. Isso reforça, mais uma vez, o motivo pelo qual devemos tratar todos os jovens com **gentileza**. Mais uma vez, isso não significa ser permissivo. Trata-se de ser firme, com limites claros e altas expectativas, sem perder a calma, demonstrando respeito e, ao mesmo tempo, confrontando os comportamentos inadequados. Além disso, é fundamental *tentar compreender e apoiar* as **causas por trás desses comportamentos, ajudando, assim, a mudar** positivamente seus efeitos.

Adultos confiáveis acessíveis (somos nós!)

Em meio à reflexão sobre as experiências de vida desafiadoras que algumas de nossas crianças e jovens enfrentam, há uma notícia animadora. Outras pesquisas demonstraram que, quando alguém que passou por diversas ACEs (experiências adversas na infância) tem ao menos *um adulto de confiança* que acredita nela, que a incentiva e ajuda a acreditar em *si mesma,* isso pode transformar completamente sua perspectiva e seus resultados de vida.

Obviamente, o melhor cenário é que esse adulto seja um dos pais ou, de preferência, ambos, mas, pela própria natureza dos ACEs, esse geralmente não é o caso. Por isso, a reparação, muitas vezes pode vir dos professores. Você, nós, todos nós estamos numa posição em que podemos, de fato, mudar não só apenas a vida uma criança, mas também a vida dos filhos que ela possa ter no futuro. Afinal, como os dados nos mostram, essas próximas gerações poderiam ser afetadas negativamente pelas experiências traumáticas da infância de seus pais.

> Você tem na sua sala de aula crianças que sofreram ACEs. É bem possível que elas se apresentem de forma diferente umas das outras, dependendo do apoio que recebem, de quem cuida delas e do vínculo que têm com você. Todas as crianças precisam de adultos de confiança por perto. Você consegue lembrar de um adulto de confiança de sua própria infância que o apoiou ou fez a diferença em sua vida?
> O que o tornava diferente dos outros adultos? Como você sabia que podia confiar nele?

De acordo com um estudo realizado em 2017, ter um adulto de confiança aumentava a resiliência nos jovens — o que, por sua vez, os ajudava a neutralizar parte dos efeitos tóxicos de determinadas ACEs e experiências traumáticas (Ashton et al., 2021). Mesmo as pessoas que sofreram mais de 4 ACEs mostraram ter quase 6 vezes mais chances de formar relações saudáveis e de apoio e de desenvolver as habilidades de vida necessárias para ter sucesso quando tinham um **adulto de confiança** à disposição. Vemos novamente o elemento crucial da confiança, que está relacionado à **consideração positiva incondicional**, pois, se uma criança ou um jovem não for tratado com esse tipo de respeito e acolhimento, será que vai confiar em nós? Não. E se não confiarem em nós e não tiverem acesso a um adulto de confiança, será que terão a mesma probabilidade de sucesso na vida? Acho que sabemos a resposta para essa pergunta.

Comecei este livro mencionando minhas próprias experiências com a perda de um dos meus pais, mas essa não foi a única experiência adversa na infância pela qual passei e com a qual convivi quando criança. No entanto, o fato de minha mãe e meu avô acreditarem verdadeiramente em mim, e minha total confiança neles na infância, fizeram uma diferença imensa na forma como lidei com as experiências adversas na infância e em quem me tornei.

Talvez você esteja lendo isso e reconhecendo experiências da sua própria infância. Talvez, assim como aconteceu comigo quando ouvi falar pela primeira vez sobre "ACEs" em uma formação, você tenha tido aquele momento de revelação: "Nossa... isso aconteceu comigo". Quando passamos por momentos como esse na vida adulta, pode ser chocante. Se tivermos tido a sorte de desenvolver resiliência e chegar à vida adulta com saúde, especialmente sem nenhuma intervenção no caminho, pode ser muito impactante perceber que aquilo que vivemos tem nome, foi estudado, e hoje embasam práticas informadas por trauma nas escolas. Isso pode tanto gerar identificação e também nos deixar emocionalmente abalados. Por isso, vale sempre lembrar: seu próprio bem-estar é importante. Você precisa ter suas necessidades atendidas antes de poder atender às dos outros. *Cuide de si mesmo.*

Como professores, estamos na posição privilegiada de poder apoiar crianças e jovens e fazer a diferença — aquela diferença pela qual muitos de nós entramos na educação. Pode parecer clichê, mas quem se importa? Porque, como todo bom clichê, isso é pura verdade.

E os transtornos de apego?

Para começar a concluir o Capítulo 3, se voltarmos ao código de Prática sobre NEE (necessidades educacionais especiais), veremos que o termo "transtorno de apego" aparece incluído na categoria SEMH. Trata-se de um termo guarda-chuva que engloba uma variedade de condições emocionais ou comportamentais ligadas à capacidade (ou dificuldade) de uma criança ou jovem de formar vínculos emocionais saudáveis com seus cuidadores ou pais na infância. Agora que entendemos o que são ACEs, traumas infantis, o processo de "oferecer e responder" e temas correlatos, esperamos ser capazes de compreender de que forma os problemas de apego têm origem nessas interações precoces — ou na ausência delas. Mais uma vez, tudo gira em torno dos **relacionamentos**.

Algumas abordagens teóricas sugerem diferentes tipos de transtorno de apego. Outras o abordam de forma mais simples, classificando os vínculos como "apegos seguros" ou "apegos inseguros". É bastante autoexplicativo o fato de que o primeiro é o tipo de apego mais positivo e ideal para os bebês criarem, e o segundo é aquele que pode levar a criança a apresentar angústia, ansiedade e incapacidade de se envolver com outras pessoas ou formar relacionamentos saudáveis e confiáveis. Os bebês que criam vínculos inseguros têm maior probabilidade de não terem sido estimulados a se sentirem seguros e protegidos por seus cuidadores — lembremos do processo "oferecer e responder" —, ou dos pais e cuidadores que sofreram ACEs, mas não tinham um adulto de confiança por perto. Vamos considerar o impacto da pandemia e como ela mudou a maneira como interagimos ou nos socializamos, ou o fato de que muitos de nós agora passam o tempo atrás de telas. Vamos nos lembrar de Maslow e das necessidades básicas das crianças que estão sendo atendidas.

Fizemos nosso trabalho de base aqui para que possamos colocar os transtornos de apego nesse contexto — e podemos ver como os relacionamentos são cruciais tanto para a criança ao longo de sua infância quanto para a criança na escola e para o adulto que ela se tornará. Tudo gira em torno de relacionamentos. E tudo o que abordamos até agora nos direcionou para o entendimento de que **os relacionamentos são o ponto de partida**. Eles são o nosso alicerce e seus relacionamentos na escola serão a base sobre a qual você construirá sua sala de aula.

Portanto, vamos passar para o Capítulo 4 e examinar mais detalhadamente **as quatro pedagogias relacionais** que o ajudarão no processo.

PARTE 2: O "POR QUÊ" DAS ABORDAGENS RELACIONAIS
Principais aprendizados

- As **necessidades mais básicas** das crianças nem sempre estão sendo atendidas antes de entrarem em nossas salas de aula.
- Precisamos considerar **as causas e os efeitos** para nos ajudar a identificar e apoiar essas necessidades, de modo que as crianças possam estar prontas para aprender.
- As necessidades relacionadas à saúde mental, emocional e social (SEMH) estão aumentando.
- A confiança deve ser **construída e conquistada**.
- Retirar as crianças do processo de aprendizagem **não** gera confiança, **não** as apoia nem promove mudanças positivas.
- As realidades das salas de aula no século XXI tornam a **modelagem e o fortalecimento de vínculos** mais importantes do que nunca.
- O tempo excessivo em frente às telas, os dispositivos digitais e os períodos de isolamento afetaram **negativamente** as crianças e prejudicaram seu desenvolvimento de habilidades sociais, emocionais e relacionais.
- Fatores externos à escola, muitas vezes fora do nosso controle, podem fazer com que certas crianças precisem com urgência de um **adulto de confiança acessível** em suas vidas.
- Fazer essa diferença na vida de uma criança também pode muito bem significar fazer a diferença na vida de suas **futuras gerações**.

A SEGUIR

O Capítulo 4 abordará o "como" das abordagens relacionais, detalhando quatro pedagogias a serem usadas como base para sua sala de aula inclusiva, incluindo ideias e orientações práticas.

DEPOIMENTOS

"A covid parece ter impactado as habilidades sociais das crianças. A maneira como elas falam com os colegas é, às vezes, muito agressiva. Estão acostumadas a se esconder atrás das telas, e fizeram muito isso durante a pandemia. Isso acabou levando algumas delas a não saberem mais interagir socialmente. Acho que o aspecto das habilidades sociais foi a maior consequência — houve definitivamente um declínio, causado tanto pelo uso de celulares quanto pela covid."
— Coordenador de inclusão, ensino médio

"Acho que o maior impacto da covid-19 foi sobre a resiliência e as habilidades sociais dos alunos. Temos visto muitos problemas nas amizades e na maneira como as crianças falam umas com as outras. Isso está fortemente ligado à capacidade de lidar com desafios e situações difíceis. Como resultado, vimos um aumento nas necessidades relacionadas à saúde mental, emocional e social (SEMH)."
— Professor, escola de ensino integral (todos os ciclos)

"Acho que uma das melhores coisas que você pode fazer pelas crianças é garantir que sua sala de aula seja um espaço seguro. Modele o respeito, reconheça que você precisa conquistá-lo. Perceba que gritar não leva a lugar nenhum. Essas crianças não chegam até nós prontas para confiar, como se estivéssemos nos anos 1950. Elas estão expostas a todo tipo de coisa nas redes sociais.

Elas não se importam automaticamente com o fato de sermos 'professores'. Precisamos antes de tudo ser reconhecidos como seres humanos — e fazer o mesmo com elas."
— Professora, ensino fundamental

"Estamos com um problema sério com alunos fumando vape (cigarro eletrônico) nos banheiros. Somos uma escola ótima, em uma área arborizada, com famílias ótimas e sem grandes desafios comportamentais — mas o vape virou uma grande questão.

Eles parecem brinquedos, o que não ajuda em nada. Não disparam nossos alarmes (ainda bem, senão ficaríamos fora da sala 90% do tempo), e é muito mais fácil para os jovens usarem vape do que cigarro. Eles até cheiram a desodorante.

Sinceramente, não faço ideia de como vamos resolver isso."

— Vice-diretora, ensino médio

REFERÊNCIAS

Ashton, K. et al. Adult support during childhood: A retrospective study of trusted adult relationships, sources of personal adult support and their association with childhood resilience resources. BMC *Psychology*, v. 9, n. 1, p. 101, 2021. Disponível em: http://doi.org/10.1186/s40359-021-00601-x. PMID: 34176519; PMCID: PMC8237477.

Bellis, M. et al. Adverse childhood experiences: Retrospective study to determine their impact on adult health behaviours and health outcomes in a UK population. *Journal of Public Health*, v. 36, n. 1, p. 81–91, 2014. Disponível em: https://doi.org/10.1093/pubmed/fdt038.

Blanden, J. et al. School closures and children's emotional and behavioural difficulties [online]. 2021. Disponível em: https://mkonuffieldfounpg9ee.kinstacdn.com/wp-content/uploads/2020/10/School-closures-and-childrens-emotional-and-behavioural-difficulties.pdf.

Cherry, K. Unconditional positive regard in psychology. 2020. Disponível em: www.verywellmind.com/what-is-unconditional-positive-regard-2796005.

Commons Library. 2023. Disponível em: https://commonslibrary.parliament.uk/research-briefings/cbp-9710/.

Maslow, A. A theory of human motivation. *Psychological Review*, v. 50, n. 4, p. 370–396, 1943.

Mind your class. Still-face experiment [vídeo online]. 2016. Disponível em: www.youtube.com/watch?v=YTTSXc6sARg.

Perry, P. The book you wish your parents had read (and your children will be glad that you did). Penguin Life, 2019.

Send Network. Social, emotional and mental health needs. 2023. Disponível em: https://send-network.co.uk/posts/policy-context-social-emotional-and-mental-health-needs.

Special Educational Needs In England. 2023. Disponível em: https://explore-education-statistics.service.gov.uk/find-statistics/special-educational-needs-in-england#dataBlock-b88fbba0-6fbe-4100-1661-08da47b0392d-charts.

The Harvard Gazette. Over nearly 80 years, Harvard study has been showing how to live a healthy and happy life. 2017. Disponível em: https://news.harvard.edu/gazette/story/2017/04/over-nearly-80-years-harvard-study-has-been-showing-how-to-live-a-healthy-and-happy-life/.

Unicef. Babies and screen time. Disponível em: https://www.unicef.org/parenting/child-development/babies-screen-time#:~:text=Exposure%20to%20screens%20reduces%20babies,and%20interacting%20with%20other%20children.

Whitaker, D. the kindness principle: Making relational behaviour management work in schools. Independent Thinking Press, 2021.

CAPÍTULO 4
O "como" das abordagens relacionais

QUATRO ABORDAGENS PRINCIPAIS COM AS QUAIS VOCÊ PODE CONSTRUIR SUA BASE

Simplesmente não seríamos professores se não começássemos este capítulo repassando nosso aprendizado anterior.

No Capítulo 3 nós vimos:

- O **"quê"** das abordagens relacionais — o que são e o que não são —, além de analisar o apoio que elas dão a todas as crianças, especialmente àquelas com necessidades de saúde mental, emocional e social (SEMH).

E também examinamos:

- O **"por quê"** das abordagens relacionais — por que elas são importantes e por que são *necessárias* —, contextualizando as razões por meio da exploração das necessidades das crianças e dos jovens nas salas de aula do século XXI.

Este capítulo detalhará:

- O **"como"** das abordagens relacionais, apresentadas em quatro partes, enquanto passamos a considerar como você pode usá-las para construir a base sólida da sua sala de aula inclusiva. As quatro pedagogias são:

	Pedagogia relacional	**Resumo**
Parte 1	Inteligência emocional	Como usar a inteligência emocional em nossas salas de aula e em nossas escolas.
Parte 2	Cuidado	Os 6 princípios do cuidado e como incorporá-los a nossas salas de aula, com base na inteligência emocional.
Parte 3	Prática restaurativa (ou relacional)	Como a prática restaurativa (ou relacional) pode mudar a cultura e o *éthos*, com base na inteligência emocional.
Parte 4	PACE (ludicidade, aceitação, curiosidade e empatia)	Como o emprego de uma abordagem PACE permite que os jovens se sintam seguros em nossas salas de aula e se desenvolvam, com base na inteligência emocional.

Ao analisarmos esses aspectos, você verá que pode incorporá-los à sua prática para construir essa base relacional sólida. Essas quatro pedagogias o ajudarão a adaptar suas respostas e abordagens a diferentes crianças com necessidades distintas, e, com a ajuda dos conceitos que exploramos até agora, você também saberá e entenderá **por que** precisa fazer isso. Tudo o que discutimos e examinamos até agora no livro começará a se unir para formar o alicerce inabalável de sua sala de aula inclusiva. Lembre-se de que a chave da consistência permitirá que você entre, e, à medida que avançarmos, vamos nos lembrar do nosso modelo de **causa e efeito**.

> Lembre-se de **por que** essas abordagens são necessárias.
> Todas as crianças chegam à escola **confiando** automaticamente em nós?
> As **necessidades mais básicas** de todas as crianças foram atendidas antes de elas se juntarem a nós?
> As crianças são sempre tratadas com **Consideração Positiva Incondicional** na escola, independentemente de quem são, de como se comportam e do lugar de onde vêm?

PARTE 1
Inteligência emocional

Vamos começar, como todas as coisas deveriam, pela inteligência emocional. Esta será a mais curta das quatro seções, mas ela é fundamental para tudo o mais que será incorporado à sua base relacional sólida.

Tudo em sua sala de aula deve **ter como base** a inteligência emocional. Sei que algumas pessoas podem suspirar e fazer cara feia ao ouvir esse termo, mas, se não estivermos em contato com a maneira como nós e os outros **nos sentimos**, uma vez que nossos sentimentos são parte integrante do ser humano e orientam muitos de nossos comportamentos, seremos uma causa perdida. Não podemos valorizar ou ter empatia por uma criança que simplesmente não consegue acessar o trabalho em nossa sala de aula se não tivermos noção de como ela pode se sentir nesse caso (infeliz), ou como ela pode nos fazer sentir (alegres) se pudermos apoiá-la. Nossas **ações são motivadas por nossas emoções**, e as crianças e os jovens ainda mais.

> Você consegue pensar em **colegas** de sua escola que são emocionalmente inteligentes?
> Você consegue pensar em alguns que **não são**?
> **Como** você sabe que eles são ou não são?
> Que **efeito** isso exerce sobre você e os alunos?

E quanto à inteligência emocional nas escolas?

Em um mundo ideal, sua escola será liderada por pessoas emocionalmente inteligentes. (**Sua equipe gestora se apresenta dessa forma?**) Na melhor das hipóteses, a liderança incorpora e se baseia em uma variedade de estilos. A liderança bem-sucedida nunca é apenas autocrática (Deus nos livre), ou apenas colaborativa, ou apenas autoritária. Sem dúvida, todos nós já trabalhamos para um líder totalmente autocrático, seja no magistério ou antes de entrarmos na profissão. Aquele que estalava os dedos em sua direção e lhe ordenava aonde ir e o que fazer. Aquele que se empenhava em fazer coisas apenas *para a* equipe e nunca *com a* equipe, devido ao seu próprio ego extremamente inflado. Aquele que provavelmente só inspirou você a inventar apelidos espirituosos sobre ele pelas costas e a manter o *site* de busca de empregos aberto em seu celular.

Um líder precisa inspirar positivamente, e, se ele não for emocionalmente inteligente, as chances são de que o máximo que ele encorajará serão alguns xingamentos furtivos, murmurados às escondidas em salas de funcionários infelizes. O líder totalmente autocrático nunca constrói relacionamentos com sua equipe porque acha que não precisa fazê-lo; ele não é emocionalmente inteligente. Ele acredita que as pessoas devem simplesmente fazer o que ele manda. O mesmo vale para o professor autocrático, que tem tão pouco sucesso em sua subcomunidade da sala de aula quanto o chefe autocrático, a longo prazo, na comunidade mais ampla da escola.

Essa ideia de fazer coisas — das quais, às vezes, podemos discordar moralmente — só porque nos mandaram fazer é, por si só, confusa. Se pensarmos no infame (e profundamente antiético) experimento de **Stanley Milgram**, que analisou a disposição das pessoas para realizar tarefas às vezes horríveis apenas porque alguém com **autoridade** as instruiu a fazê-lo, isso lembra o modelo de punição corporal das salas de aula do passado. Os voluntários de Milgram acreditavam realmente que estavam aplicando choques elétricos de alta voltagem em pessoas (que, na verdade, eram atores fingindo levar choques) e, apesar de alguns dos voluntários ficarem preocupados ao fazer isso, eles obedeciam, mesmo quando os atores gritavam.

Antigamente, durante o ensino, os funcionários podiam jogar o apagador nas crianças. Eles podiam bater nelas, golpeá-las com bengalas, réguas ou chinelos. É impensável, agora, fazer coisas como essas; imagine fazer porque alguém mandou. Atualmente nós damos apoio a crianças traumatizadas, mas certamente não tentamos traumatizá-las nós mesmos. Lembro-me de ter ficado apavorada aos 4 anos, quando comecei a ir à escola, por causa dos boatos sobre bengalas e bastões que circulavam até mesmo na pré-escola. Surpreendentemente, foi só em 1986 que a punição corporal foi legalmente abolida nas escolas mantidas no Reino Unido.[1] É claro que isso não curou todos os doentes da sociedade. É curioso. Portanto, se bater em crianças com bengalas e aterrorizá-las para que obedeçam às regras — a própria definição de fazer *para* em vez de *fazer com* — não "funcionava", então já sabemos que **a punição punitiva** também não funcionará.

> Os professores aplicavam castigos físicos nas crianças em decorrência do **temperamento** delas ou para gerar obediência por medo?
> Eles só tentavam manter a ordem dessa maneira porque a **equipe gestora** mandava?
> Quem assumia a **responsabilidade moral** pela punição corporal nas escolas? E qual era o **efeito emocional** em todos os envolvidos?

Definitivamente, a inteligência emocional tem a ver com *trabalhar com*. **Daniel Goleman**, respeitado internacionalmente por seu trabalho com liderança e inteligência emocional, defende que *trabalhar com* é o fio condutor que atravessa a inclusão (Goleman, 2011). Sem isso, então, corremos o risco de que todo o conjunto — nossa sala de aula, nossa escola, nosso *éthos* — se desfaça. O trabalho de Goleman sobre liderança pode ser aplicado da mesma forma ao ensino em sala de aula e, particularmente, ao **ensino adaptativo**. Temos de adaptar nossas abordagens à nossa visão atual e àquilo que queremos alcançar, em relação às circunstâncias.

Se simplesmente dissermos aos alunos para "fazer o que dizemos porque estamos mandando e porque somos professores", vamos ter sucesso? Sejamos honestos. Para a maioria dos alunos que cumprem as expectativas, sim, por causa da ordem — embora, se for puramente para manter a ordem, não será especialmente significativo. Para os alunos com necessidades diversas, isso é muito menos provável. Para os alunos com necessidades de SEMH, ou mesmo apenas com hormônios descontrolados, absolutamente não. As crianças precisam entender o motivo das regras para que possam valorizá-las e fazer escolhas informadas e melhores, dentro e fora da escola. E, de qualquer modo, só porque você **pode** fazer uma coisa não significa que **deva**. Para todos os alunos, é melhor trabalhar com eles do que fazer coisas com eles. Sempre haverá momentos em que teremos de dizer a um aluno o que fazer — especialmente para segurança dele ou a dos outros —, mas colocar as pessoas e seus sentimentos em primeiro lugar, usar a Consideração Positiva Incondicional e incentivá-las a vir conosco por sua própria capacidade de fazer boas escolhas é muito melhor para todos os envolvidos. Para conseguir isso, veremos mais adiante neste capítulo o trabalho de Mark Finnis, Marshall Rosenberg e Daniel Seigel.

Bons líderes e bons professores fazem mudanças onde elas são necessárias, refletindo na ação, e não apenas sobre a ação. Esse é um "método extremamente eficiente de reflexão" que nos permite refletir durante um evento e, posteriormente, alterar o resultado à medida que o evento ocorre (Cambridge Assessment). Isso, quando combinado com uma abordagem afiliativa, pode ser altamente produtivo. Por exemplo, quando você está em reuniões desafiadoras e é capaz de acompanhar a necessidade e o humor da sala, antecipando resultados e trabalhando para o sucesso. Também pode ser altamente produtivo como professor de turma porque, nessa condição, você está liderando a sala. *Esse* é o seu cotidiano — é parte integrante do ensino adaptativo. Usar sua inteligência emocional não apenas para liderar, mas para ler a sala. Ler a linguagem corporal tão bem quanto lemos a palavra escrita e reagir adequadamente a ela é como adaptamos a aula ao longo de sua duração, mudando, assim, o sucesso do aprendizado dos jovens que estão ali dentro.

Em essência, **não tenha medo** da inteligência emocional. Assim como em todas as abordagens relacionais, não se trata de ser permissivo. **Gentileza não é fraqueza.** Mas ter empatia (como veremos ao analisar o **PACE** um pouco mais adiante) é absolutamente crucial para entender e conhecer as crianças em nossas escolas, responder às suas necessidades e adaptar nosso ensino e nossas abordagens de acordo com elas.

O "COMO FAZER"

Como usar a inteligência emocional em sua sala de aula

Tente isto:	Fazendo isto:
Incorporar os aspectos sociais e emocionais da aprendizagem em sua sala de aula. As cinco vertentes dos aspectos sociais e emocionais da aprendizagem são: Autoconhecimento Gerenciamento de sentimentos Motivação Empatia Habilidades sociais	**Tente obter um resultado de aprendizagem baseado em aspectos sociais e emocionais e também um resultado acadêmico.** **Isso pode ser feito em toda a turma ou de maneira personalizada e discreta.** **Normalize as emoções.** "Hoje vamos sentir orgulho de nosso trabalho e mostrar isso!" "No fim da aula, cada um de nós terá ouvido atentamente um ao outro." "Vou conseguir identificar quando estiver me sentindo frustrado."
Seja explícito com a linguagem corporal.	**Por exemplo, uso cuidadoso da expressão facial — o que você está tentando transmitir?** Desaprovação silenciosa para gerenciar gentilmente o comportamento, alegria para nutrir orgulho, energia para motivar, simpatia para incentivar o envolvimento emocional. Esteja atento. Faça contato visual, incentive os outros quando eles conseguirem algo. Sorria com sinceridade!
Incentive a empatia de maneira explícita.	**Seja explícito em relação a uma situação que exija empatia e deixe o motivo claro, mostrando como isso pode ser sentido.** Quando você assiste a um noticiário sobre um desastre natural, como as pessoas no vídeo se sentem? Como nos sentimos ao assistir ao vídeo? O que a empatia nos motiva a fazer? Atos de caridade, por exemplo? A empatia é sempre confortável? Gostaríamos que as pessoas sentissem empatia por nós? Por quê?
Uso cuidadoso da linguagem.	**Use a linguagem do "nós" e do "nosso".** Dê aos alunos alguma propriedade sobre a sala de aula, sobre o trabalho em equipe, sobre a gentileza. Estamos juntos nisso. Eles são tão dignos de respeito quanto os professores. Todos nós somos valiosos.

Modelo de calma, modelo de respeito.	**Lembre-se de nossa Consideração Positiva Incondicional.** Seja um modelo. Use sua voz, mas não a perca — nunca grite; confie na entonação quando necessário. Seja sempre educado, respeitoso e faça as crianças se sentirem seguras, mesmo quando estiverem lidando com situações complicadas.
Atividades de fala e audição.	**Garanta que os alunos se sintam escutados e valorizados, e que escutem e valorizem uns aos outros.** Isso faz com que as pessoas se sintam apreciadas, valorizadas e saibam que o trabalho delas é importante. As opiniões têm valor. Planeje atividades que permitam isso.
Ofereça *tempo*.	**Mostre aos alunos que eles valem seu tempo.** Às vezes é fácil mandar os alunos saírem de perto. Já vi alguns irem procurar os professores na hora do almoço apenas para vê-lo, por trás do vidro da porta da sala, dizer à criança que você está almoçando e que ela deve ir embora — sem nenhum "volte daqui a cinco minutos" ou "volte às três horas", simplesmente "vá embora". Ofereça seu tempo às crianças.

PARTE 1: INTELIGÊNCIA EMOCIONAL
Conclusões

- Ser emocionalmente inteligente não é uma fraqueza; é uma **força**.
- Ser emocionalmente inteligente significa fazer coisas **com** as pessoas, não para elas.
- Lembre-se de uma ocasião em que você foi tratado sem inteligência emocional e desvalorizado. Como você se **sentiu**? Isso foi motivador?
- Podemos obter **melhores resultados** de todas as pessoas, crianças e adultos, se usarmos nossa inteligência emocional.
- Daniel Goleman é um dos principais defensores da inteligência emocional como um **princípio central** da inclusão.
- A incorporação dos **aspectos sociais e emocionais da aprendizagem** a nossas salas de aula modela explicitamente a inteligência emocional para as crianças e os jovens que as frequentam.

PARTE 2
Nutrir
Pergunta: Você cuida dos jovens em sua sala de aula?

Suspeito que a maioria de nós diria que sim. Espero que sim. Não é tão difícil supor que, quando cuidamos de algo ou de alguém, esse algo ou alguém tem mais chances de florescer do que de murchar. É possível que haja uma tendência em algumas escolas de Ensino Médio de presumir que cuidar é mais o papel de nossos especialistas do Ensino Fundamental e da Educação Infantil. Ou, indo um pouco mais longe, talvez seja o papel dos pais, com menos consideração pelo fato de que nós, como professores, também deveríamos cuidar daqueles jovens de 16 anos, com um metro e oitenta de altura e às vezes mal-humorados, tanto quanto cuidamos dos pequenos. "Cuidar" significa, é claro, se importar com algo, zelar por alguém. De acordo com outra definição, também significa *valorizar* (OED 2016).

Outra pergunta: Você valoriza os jovens em sua sala de aula?

Se você estiver sendo 100% honesto consigo mesmo, consegue responder afirmativamente? Estou disposta a apostar que menos de nós diríamos que *valorizamos* ativamente *as crianças* e não que *cuidamos delas* — mas esses termos são sinônimos. Se concordarmos que devemos cuidar delas, então, por definição, devemos valorizá-las. Vou deixar esse pensamento aqui. Se juntarmos isso à Consideração Positiva Incondicional, a coisa começa a fazer mais sentido. Menos quando estamos tentando tirar uma criança especialmente teimosa de um banheiro no qual ela escolheu se esconder, mas talvez esse também seja o momento exato para estarmos atentos ao nosso carinho e empregar essa consideração?

> Você consegue pensar agora em alguns alunos que tem **dificuldade** em cuidar? **Por que** você acha isso difícil? (Por exemplo, eles irritam você, são difíceis e você acaba sendo sarcástico.)
> **Como**, então, você pode lidar com isso e superar essa dificuldade, a fim de sempre tratar esses jovens com a Consideração Positiva Incondicional? (Mantra silencioso, respirações profundas, estar atento ao motivo pelo qual você deve fazê-lo.)

> Por outro lado, você consegue pensar em alunos de quem cuida **de maneira ativa**? Qual é a diferença? Por que é mais fácil cuidar de alguns do que de outros? O que precisamos mudar para sermos mais consistentes?

E QUANTO AO CUIDADO NAS ESCOLAS?

É possível que você, especialmente se for um especialista em Ensino Fundamental, trabalhe ou tenha trabalhado em escolas que tenham um Nurture Provision (em português, Apoio ao Desenvolvimento ou Provisão de Nutrição). Isso pode ser menos provável, embora certamente não seja inédito, se você estiver em uma escola de Ensino Médio. De fato, em algumas áreas do Reino Unido, por exemplo, as escolas de Ensino Médio desenvolveram uma abordagem de todo o ciclo de ensino para o conceito de Nurture. Antes de analisarmos isso, vamos ver o que de fato é o Nurture[I].

Tradicionalmente, o conceito de "Nurture" na educação está ligado a **Marjorie Boxall** e a seu trabalho, que teve origem na década de 1970 e se baseia no SEMH e nos aspectos sociais e emocionais da aprendizagem. Boxall fundou os Nurture Groups (Grupos de Apoio ao Desenvolvimento) em resposta a áreas empobrecidas da sociedade, por isso é fundamental que, ao sugerir que as crianças possam se beneficiar do acesso a um Nurture Group, seja mantida uma comunicação cuidadosa com os pais e que, quando isso for bem-sucedido, os pais possam reconhecê-lo como uma experiência positiva. Também é importante reconhecer que a falta de bens materiais e de dinheiro não equivale, obviamente, à falta de Nurture.

Os Nurture Groups são essencialmente uma intervenção. As crianças são encaminhadas a eles pelos professores de turma, e a equipe especializada do Nurture preenche o que é conhecido como **Boxall Profile** sobre a criança, fornecendo uma base de avaliação, se preferir, de suas necessidades, o que significa que o progresso dela pode ser medido. Agora, com certeza, para

---

I   Refere-se a um enfoque que prioriza o bem-estar social, emocional e mental dos alunos, integrando-o com o processo de ensino e aprendizagem. No Brasil, algumas escolas e instituições adotam essa abordagem, oferecendo recursos e estratégias para apoiar o desenvolvimento integral dos estudantes, incluindo o seu bem-estar emocional.

aqueles que gostam de dados concretos, uma intervenção baseada em SEMH não equivale ao que uma intervenção em termos de dados numéricos propaga. Entretanto, isso não significa que não possamos (ou não devamos) apoiar as necessidades emocionais das crianças. Assim como no caso da inteligência emocional, essa é uma linguagem que alguns de nós podemos achar tolerante demais, mas simplesmente não podemos ignorar o fato de que nossas emoções alimentam nossas ações e nossos pensamentos. Elas são uma força motriz.

O Nurture como provisão foi revisado positivamente por inspetores não identificados (Ofsted 2011), e uma revisão das intervenções SEMH que foi publicada pelo Babcock LDP em 2018 reconhece que é útil reunir uma variedade de abordagens, como o Nurture, como parte de nosso "kit de ferramentas" educacional (Babcock LDP 2018).

O objetivo de analisarmos o Nurture aqui é porque você pode usar os chamados **6 Princípios do Nurture** para sustentar sua sala de aula inclusiva. Esses princípios foram desenvolvidos pelas educadoras **Eva Holmes** e **Eve Boyd** em 1999, em resposta ao trabalho de Boxall, e podemos fazer bom uso deles em nossas salas de aula. Se considerarmos nossas discussões anteriores, no Capítulo 3, sobre crianças com distúrbios de apego ou que sofreram traumas, também é útil observar que o conceito de Nurture (e, portanto, o acesso a provisões, escolas ou salas de aula que são sustentadas por ele) é visto como especialmente favorável para crianças com **necessidades complexas de apego**.

O "COMO FAZER"

Como usar o Nurture em sua sala de aula

Se quisermos aplicar esses 6 princípios em nossas salas de aula, precisaremos ter uma noção de como eles funcionam. Mencionei que, em várias áreas do Reino Unido, as autoridades locais implementaram o Nurture nas escolas. Para tanto, elas desenvolveram ferramentas de auditoria, estruturas e orientações de apoio; por exemplo, a Royal Society for the Arts (RSA), com o apoio do prefeito de Londres, produziu um kit de ferramentas em 2021 para "Inclusão e Educação" que trabalhou para reduzir as exclusões (RSA 2021). Na Escócia, foi desenvolvida uma estrutura para usar o Nurture como abordagem para toda a escola, de modo que vamos além do Nurture Group, estabelecendo esses princípios em escolas inteiras, em cada sala de aula (Applying Nurture as a Whole-School Approach 2017).

Vamos discutir, portanto, o que isso significa para você. De acordo com o *site* www.nurtureuk.org [em inglês], os princípios são apresentados a seguir. Incluí alguns descritores e reservei espaço para que você faça uma miniauditoria de sua própria prática:

Princípio do Nurture	Do que se trata	Como você pode incorporar? Como você já está fazendo?
O aprendizado das crianças é compreendido de acordo com o desenvolvimento.	Responder ao **progresso do desenvolvimento** das crianças e não apenas aos seus níveis tradicionais de desempenho. Você se lembra de quando analisamos Maslow e o fato de estarmos **prontos para o futuro**, não necessariamente para sermos geniais? Lembre-se disso agora. **Aceitar** quem a criança é (e isso está relacionado às abordagens PACE, que veremos um pouco mais adiante neste capítulo). **Evite julgar** as crianças, **evite culpar** alguém. Seja um modelo de **respeito**. Manter expectativas altas, mas garantir que elas sejam **realizáveis e relativas** à criança e a quem ela é.	

A sala de aula oferece uma base segura.	Lembre-se da chave da **consistência**. Tenha rotinas claras que sejam visíveis sempre que possível e sejam estruturadas para que os alunos as conheçam e se sintam seguros dentro desses limites. Considere a possibilidade de ter uma **rotina** de "ponto de partida" e de visualizá-la, por exemplo, estabelecendo expectativas altas para a entrada em sua sala (cumprimentar na porta, ficar atrás das cadeiras, retirar o equipamento e assim por diante — fazendo o inverso no fim da aula). Use a Consideração Positiva Incondicional que discutimos e tenha cuidado ao fazer isso. Seja uma fonte de confiança para os jovens. Seja um exemplo disso. **Nunca** humilhe os alunos; use sua inteligência emocional. Lembre-se de trabalhar *com* e não *faça para*. Conheça as crianças e preste **atenção** nelas, **conhecendo suas necessidades**. **Não considere que nada está garantido antes de terminar**; lembre-se de Maslow e da confiança, lembre-se de nosso modelo de "**causa** e **efeito**" mencionado anteriormente neste capítulo. Reconheça se você está prestes a agravar uma situação — não há problema em pedir a outro adulto para promover uma breve "mudança de atitude", se necessário. Seja aquele **adulto de confiança prontamente disponível** — trabalhe para merecer essa confiança. Mostre que você é digno disso.
A importância do cuidado para o desenvolvimento do bem-estar.	Você se lembra do Capítulo 1, quando falamos sobre nosso próprio bem-estar? Não é diferente para o aluno, e, como estamos conduzindo nossas salas de aula a partir de uma posição de inteligência emocional, sabemos disso. É o **fio condutor** da inclusão. **Valorize** as crianças, ouça-as e garanta que elas saibam que estão sendo ouvidas. Analise a maneira como você fala com elas — Consideração Positiva Incondicional — e pense no modo como o que sai de sua boca vai "**cair**" sobre elas. Use a linguagem de "**nós, todos nós, juntos**", crie uma vibração de apoio, uma sala na qual você trabalhe *com* e não *faça para*. Pergunte às crianças. Conheça os interesses delas. Lembre-se de **Maslow** — você está atendendo às necessidades, a criança confia em você? Alguém pode ajudá-lo a fazer isso? Evite o **assento ejetor**. Observe e tente apoiar as **causas** dos **efeitos**. Reconheça e comemore o sucesso de forma **personalizada**; se um aluno não gosta de chamar a atenção, faça isso discretamente e assim por diante.

O idioma é um meio vital de comunicação.	Esteja ciente de sua **linguagem corporal** e de que você está definindo um tom não apenas por meio de sua voz, mas por toda a sua expressão corporal na sala de aula. Esteja atento à linguagem corporal das crianças. Esteja ciente do que o comportamento delas está **comunicando**, especialmente se a fala e a linguagem forem uma necessidade. Use **a hora do círculo** com todas as faixas etárias (falaremos mais sobre isso no Capítulo 5). Dê o exemplo do que você espera ver — quando algo for entregue, diga "Obrigado". Depois, se o aluno não disser, por exemplo, "De nada", incentive-o **gentilmente** a fazer isso. Segure as portas abertas e mostre boas maneiras quando alguém passar por elas. Faça isso **explicitamente** também **com a equipe**. Quando o sinal tocar ou na troca de aula, se você estiver em um ambiente de Ensino Médio, fique no corredor cumprimentando os alunos; seja **uma presença positiva**, modelando o uso positivo da linguagem na comunicação.
Todo comportamento é comunicação.	Essa questão pode ser complicada, porque os professores podem passar horas discutindo se o comportamento é uma necessidade ou uma escolha. Dependendo de quem é o aluno e de quais são suas necessidades, pode ser qualquer um dos dois. O importante, entretanto, é que ***todo o nosso comportamento comunica algo***. Pense novamente na **inteligência emocional**; nossos comportamentos são guiados pelo que sentimos. Se estivermos com raiva (**emoção**), podemos bater uma porta (**comportamento**). Se nosso diretor sempre faz coisas *para* nós em vez de trabalhar *conosco*, podemos sentir uma raiva silenciosa (emoção) e demonstrar isso fazendo um gesto mal-educado enquanto ele se vira para sair da sala (comportamento). A diferença é que, como adultos, há uma expectativa de que tenhamos mais controle sobre nosso comportamento, daí o fato de não fazermos gestos feios na cara do diretor da escola, mas sim de maneira mais controlada e discreta do que uma criança de 10 anos irritada. Lembre-se de Maslow e da confiança, lembre-se de nosso modelo de **causa e efeito** e de que devemos chegar à causa principal e apoiá-la, e lembre-se de que devemos responder com a Consideração Positiva Incondicional. Além disso, ignore o assento ejetor. Se não lidarmos com isso nós mesmos, do **ponto de vista relacional**, o problema nunca progredirá e não poderemos apoiar verdadeiramente o que quer que seja que a criança está tentando comunicar para nós.

| | | Dê aos alunos a chance de explicar o que aconteceu, tenha empatia, deixe a criança se acalmar antes de começar a falar, lembre-se de sua linguagem corporal, use a **empatia não verbal** quando puder, use a **distração** se a situação estiver se agravando, **mantenha a regulação** para a criança no **espaço seguro** de sua sala de aula (diga claramente que você está lá para apoiá-la, que você está lá para ajudar). | |
| A importância da transição na vida das crianças. | Isso é fundamental. Muitas das crianças que você ensina não gostam de mudanças, não importa se tenham necessidades específicas ou não, mas desde a pandemia elas tiveram de se adaptar e tentar lidar com **mudanças monumentais**. Houve mudanças que nós, como adultos, consideramos desafiadoras.
Além disso, é claro, muitos de nós, como adultos, achamos horrível sermos arrastados na montanha-russa da pandemia, e o mesmo aconteceu com os pais e responsáveis. As crianças viram os adultos ao seu redor assustados e inseguros, o que as deixou inseguras em relação às mudanças. Portanto, podemos ter empatia com os jovens de nossas escolas.
O **mundo inteiro mudou**, não apenas nosso grupo ou nosso professor — e lembre-se de que alguns de nossos jovens não gostam nem mesmo da mudança de uma sala para outra.
Portanto, mantenha **o espaço seguro** de sua sala de aula, continue girando a chave da consistência e lembre-se novamente de manter os limites e as expectativas.
Se uma criança precisar de apoio **para gerenciar as transições**, fale também com o departamento de apoio à aprendizagem. Ser **preventivo** e não reativo é muito útil, assim como buscar o apoio dos pais ou responsáveis quando for necessário. | |

Assim, construímos nossa sala de aula inclusiva como um espaço de aprendizagem seguro e consistente, onde as crianças são compreendidas segundo seu **progresso de desenvolvimento** e não apenas segundo seu desempenho acadêmico. Fazemos isso usando e modelando nossa inteligência emocional, bem como nosso conhecimento mais tradicional do assunto — porque, afinal de contas, estamos ensinando seres humanos, não robôs —, e não fazemos suposições sobre as crianças antes de elas se juntarem a nós. Não presumimos que elas confiam em nós, que aprenderam como e por que se comportar adequadamente ou que têm algumas de suas necessidades mais básicas atendidas. Estamos abertos a adaptar nossas **abordagens** e não apenas nossas aulas.

PARTE 2: NURTURE
Conclusões

- Há **6 princípios** de Nurture.
- Os **Nurture Groups** ocorrem como intervenções programadas em que as necessidades são "avaliadas" usando um perfil Boxall.
- O **conceito** de nutrição tem sido usado como uma **abordagem de todo o ciclo de ensino** em vários estudos bem-sucedidos.
- O conceito de nutrição é **facilmente empregado** em nossas salas de aula.
- **Todas as crianças**, independentemente de terem passado por experiências adversas na infância (ACE), por exemplo, ou não, ou de terem necessidades educacionais especiais e/ou deficiência (NEE/D) ou não, serão beneficiadas por essa abordagem.
- Nurture significa usar nossa **inteligência emocional** e ser **centrado na criança**.

PARTE 3

Prática restaurativa (ou relacional)

Prática restaurativa e prática relacional são a mesma coisa e formam uma parte essencial da base sólida de sua sala de aula inclusiva. Vamos chamá-las de PR para facilitar.

Nesta seção, analisaremos três estratégias práticas para criar uma cultura restaurativa e relacional em sua sala de aula:

1. A janela de disciplina social
2. Comunicação Não Violenta e conversa com as crianças
3. Nomear para domar — como ajudar as crianças a gerenciar as emoções

Antes de fazermos isso, é essencial conhecer um pouco mais sobre a PR, o que proporciona uma visão fascinante de como ele funciona.

A PR é a **antítese do assento ejetor** (consulte o Capítulo 3). É o oposto da exclusão. Algumas pessoas podem pensar que a PR é a opção fácil, suave e fraca, mas na verdade essa é a opção mais difícil. A PR tem a ver com **grandes desafios** — não se trata de deixar as crianças soltas e de tentar ser amigo delas. Mas também envolve um **alto nível de suporte**. Leva muito mais tempo para mudar uma cultura do que para expulsar as crianças das salas de aula. Mas isso torna as crianças e os jovens que ingressam no mundo prontos para o futuro, compreendendo melhor a si mesmos e o que os motiva, o que os regula e como aspirar a ser o melhor que podem ser. O assento ejetor, por sua vez, é uma solução de curto prazo e, francamente, antiética.

Já estabelecemos que os relacionamentos são nosso ponto de partida. O estudo de Harvard mencionado anteriormente (Capítulo 3) descobriu não apenas que relacionamentos fortes e saudáveis nos tornam mais felizes (óbvio), mas também que eles levam a uma melhor saúde *física* — mais do que dinheiro, fama e poder. Isso nos diz que ter dinheiro para ter acesso a um melhor tratamento de saúde, por exemplo, não afeta positivamente nossa saúde física na mesma medida que os relacionamentos que estabelecemos ao longo do caminho. Muito provavelmente, isso se deve ao fato de esses relacionamentos resultarem em níveis mais baixos de estresse, conexões emocionais mais fortes, melhor cuidado conosco e com os outros e assim por diante. Em essência, o relacionamento é **a causa**, e uma vida mais longa e feliz é o **efeito**. Para progredir e alcançar qualquer outra coisa na vida, temos que construir relacionamentos sólidos. Em um mundo em que nossas conexões sociais foram um pouco prejudicadas devido à pandemia e em que muitos de nossos jovens agora vivem suas vidas atrás de telas em vez de se conectarem pessoalmente, isso é mais importante do que nunca.

> Os relacionamentos fazem toda a diferença em nossa vida.
> Você consegue descrever um relacionamento **saudável**?
> Você pode descrever um relacionamento **que não seja saudável**?
> Que relacionamentos na escola **apoiam você**?
> Você consegue **identificar os alunos** com os quais tem um relacionamento forte em comparação com alguns com os quais não tem? O que está fazendo a diferença e o que você pode fazer a respeito? Na verdade, o que você está disposto a fazer a respeito?

Relacionamentos e dinâmica familiar

Quando eu era adolescente, em um mundo muito, muito distante dos adolescentes de hoje, só podia sair em determinadas noites da semana. (Eu podia escolher as noites, então acho que me sentia parte do processo.) Isso foi em uma época em que o telefone fixo ainda era a única forma de telecomunicação dentro de casa. Eu saía da escola à tarde, pegava o ônibus com minha amiga Cath e, assim que chegava em casa, ligava imediatamente para Cath do telefone fixo mencionado. Sem perceber, eu estava praticando minhas habilidades de falar e ouvir, minhas habilidades sociais e emocionais, minha capacidade de levar uma conversa adiante e de responder adequadamente aos pontos de vista e opiniões de outra pessoa. Obviamente, nossas mães reclamavam de ambos os lados, dependendo da conta do telefone, questionando por que sentíamos necessidade de ligar uma para a outra depois de um dia inteiro na escola e uma viagem de ônibus para casa juntas (o mistério interminável do que poderia "possivelmente faltar falar"), mas elas faziam isso com um carinho provocador.

Nessas noites, havia então a expectativa tácita de que eu faria a lição de casa, comeria com minha adorável mãe, conversaria sobre o dia que tivemos e talvez me aconchegasse e assistisse TV às 21 horas de uma quarta-feira. Portanto, por mais que houvesse uma tela envolvida no fim do dia, havia, antes disso, um dia inteiro de estudo, refeições em família, socialização e relaxamento em família e socialização e relaxamento com os amigos. Avançando para o século XXI, enquanto trabalhava com um grupo de crianças de 10 anos recentemente, 6 dos 10 me disseram que **não comiam junto** à família à noite. Cada um ia para um cômodo da casa após as refeições, para assistir às suas próprias TVs, usar seus celulares ou jogar. Outros disseram que se sentavam juntos... mas cada um com seu celular. E essa é uma imagem comum. Não estou fazendo um julgamento; é um fato.

> Você sabe quantos de seus alunos se sentam e comem **com suas famílias** à noite?
> Não tenha medo de sugerir isso gentilmente para as famílias que não o fazem, usando sua inteligência emocional, ou de pedir ao departamento de apoio à aprendizagem que o ajude a fazer isso. Estudos mostram que **fazer refeições juntos** faz diferença.

A mudança na dinâmica relacional nas últimas duas décadas, portanto, é enorme. Um estudo de 2015 deduziu que refeições familiares frequentes levam a uma melhor **autoestima** e ao **sucesso escolar**, enquanto a falta delas foi associada à alimentação desordenada, ao uso indevido de substâncias e à depressão (Harrison et al. 2015). (Lembre-se das experiências adversas cíclicas na infância.) O simples ato de comer em grupo, quer tenhamos uma mesa para isso ou não, estimula esse sentimento de cuidado, de calor e de união. Se pensarmos no conceito de Nurture e nos Nurture Groups, uma parte importante deles é o ato de fazer refeições juntos. As crianças arrumam a mesa, fazem torradas, compartilham pacientemente a manteiga, e os adultos ensinam a conversar, como se portar à mesa e habilidades sociais. Considerar que muitos dos nossos jovens de hoje estão carentes disso é incrivelmente triste — e nós, mais uma vez, somos essa **reparação** na sala de aula. Como professores, podemos ser o adulto de confiança prontamente acessível. Podemos manter nossas salas de aula firmes na prática restaurativa (ou relacional) e nas expectativas altas.

E quanto à prática restaurativa (ou relacional) nas escolas?

A prática restaurativa (ou relacional), você não ficará surpreso ao saber, é baseada na **consistência**. Não se trata de um sistema de gerenciamento comportamental, mas de uma **mudança de cultura** — e essa cultura é o que queremos incorporar em nossa sala de aula inclusiva. Caberá à equipe gestora decidir se a PR será incorporada como prática em toda a escola, mas todos nós podemos incorporá-la pessoalmente. É uma prática excelente para apoiar a SEMH em todas as escolas, mas, assim como o ensino adaptativo, também é uma prática excelente para apoiar todos os alunos — e adultos. A PR se baseia na teoria segundo a qual as abordagens punitivas, aquelas "punições" de que falamos anteriormente, apenas contêm o comportamento. Elas não o *modificam* — pense em nosso modelo de **causa e efeito** aqui. A prática restaurativa (ou relacional) é uma forma de trabalhar *com as* pessoas e não fazer *para elas*, um tema que perpassou tudo o que examinamos até agora.

Às vezes, parece que compreendemos "ensino" como conceito de "gerenciamento de comportamento". Em vez disso, eu diria que o "ensino" deveria incorporar automaticamente o ensino de comportamentos melhores. Não se trata de resultados puramente acadêmicos. Voltamos àquele grito de "só queremos ensinar!" — mas o que queremos ensinar? Se for apenas *insira o resultado acadêmico aqui*, então não é isso que é "ensinar". Quando é isso que pensamos que é, e é isso que permitimos que se torne em nossas salas de aula, as coisas começam a dar errado. O ensino é **holístico**: melhor comportamento, conhecimento da matéria e conjuntos de habilidades, paixão, habilidades sociais, relacionamentos e assim por diante.

> O que **ensinar** significava para você antes de se tornar um professor?
> O que significava quando você *se tornou* professor?
> Dependendo do tempo pelo qual você leciona e onde, o significado é diferente para você *agora*?

Crime e castigo (e por que o último não funciona)

Nosso sistema de justiça criminal segue um padrão semelhante ao de nossos sistemas de comportamento nas escolas. Há uma escala móvel, ou uma escada, de **consequências graduais** para ações e comportamentos. Quando consideramos o assento ejetor condenado no Capítulo 3, também consideramos, de maneira correspondente, o sistema "3 erros e você *está fora*" que algumas escolas empregam — e chegamos ao motivo por que isso não funciona a longo prazo. Procuramos não confundir "consequências plenas de significado" com "castigos", embora muitas escolas o façam e muitos professores acreditem que as crianças merecem os castigos. Mas será que esse pensamento e a prática resultante funcionam?

Em nosso sistema de justiça criminal, sabemos que, se cometermos um crime, receberemos uma punição, e, se cometermos um crime novamente, a punição aumenta. Se precisamos dessa escala de aumento, então certamente o que ela nos diz é que a punição não funciona. Ela contém o problema, mas não o resolve. Se não descobrirmos e não apoiarmos a **causa**, não poderemos evitar ou negar o **efeito**. O objetivo da punição no sistema de justiça criminal é a mudança de ideia, a reabilitação, a retribuição, a incapacitação e a reparação. Será que a punição, por si só, alcança algum desses objetivos? Não.

Se levarmos o conceito de punição ao *extremo*, poderíamos viver em um dos 27 estados americanos que aplicam **a pena de morte**, onde os presos são executados após passarem algum tempo no corredor da morte. No entanto, o simples fato de 27 estados terem a pena de morte aponta para o fato de que ela não pode ser tão dissuasiva assim: há aproximadamente 2.500 presos no corredor da morte a qualquer momento.[2] Na verdade, de acordo com a Anistia Internacional, os estados que *não* têm pena de morte têm taxas de homicídios mais baixas do que os que têm, e o *New York Times* relata que 83% dos 23 estados sem pena de morte têm taxas de homicídios mais baixas.[3] Na essência, então, a punição e a ameaça não funcionam como solução eficaz e de longo prazo.

> Quando eu estava na universidade e nós analisamos o propósito do castigo, um professor discutiu o conceito do que aconteceria se o Reino Unido introduzisse a **pena de morte para as pessoas que estacionassem em local proibido**. Ele argumentou que isso seria para um **bem maior**. Com uma punição tão severa, mais vidas seriam salvas graças ao fato de os veículos de emergência não serem bloqueados por alguém que estacionasse em local indevido — afinal, quem arriscaria a vida fazendo isso? Mas aposto que algumas pessoas ainda fariam.
>
> Algumas pessoas correriam o risco de não serem pegas, ou pensariam que a lei não se aplica a elas porque acham que é ridícula, ou estacionariam ali por causa do que consideram ser sua própria emergência. No entanto, se, em vez disso, elas fossem **claramente ensinadas** sobre os motivos pelos quais não deveriam estacionar ali porque, afinal de contas, a maioria de nós provavelmente acha que a proibição de estacionar existe apenas para nos cercear e arrecadar dinheiro por meio de multas, em vez de existir para ajudar na nossa segurança, isso poderia ajudar a resolver o problema. Certamente queremos que os jovens tenham uma **moral melhor**, e não que sejam obedientes pura e simplesmente.

O "COMO FAZER"

Como usar a prática relacional/restaurativa em sua sala de aula

Os três exemplos a seguir são ótimas práticas e o ajudarão a incorporar a PR.

1. A janela de disciplina social

Um conhecido defensor da prática relacional/restaurativa é **Mark Finnis**, e, se você leciona em uma escola que tem uma política comportamental relacional, é bem provável que o coordenador de sua equipe gestora tenha lido o trabalho de Finnis (2021) e incorporado grande parte dele às políticas e práticas correspondentes. Ao longo deste livro, consideramos a importância de fazer as coisas uns *com os* outros, e não uns *para os* outros. Esse conceito é proposto por **Ted Wachtel**, fundador do Instituto Internacional de Práticas Restaurativas.

As pessoas com autoridade podem ser líderes, professores ou os atores que Milgram usou em seu experimento. É o modo como usamos essa autoridade que faz a diferença — **agimos com** ou **agimos para**?

Isso é senso comum. Você se lembra de quando analisamos a inteligência emocional e os estilos de liderança, e como nos sentimos quando somos liderados por pessoas que fazem coisas para nós e não conosco? Lembra a que isso leva? Finnis pega a versão de Wachtel (1999) da **"janela de disciplina social"** e a usa para demonstrar isso na prática — e sobre isso você pode refletir a fim de incorporá-lo à base relacional de sua sala de aula; veja a Figura 4.1.

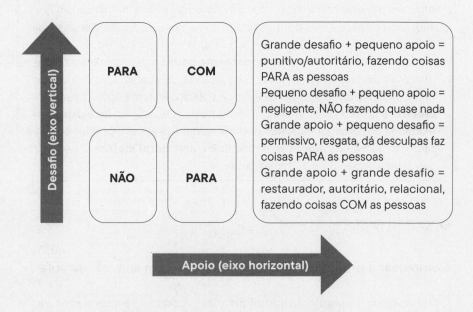

Figura 4.1 A janela de disciplina social. Finnis, M. (2021) *Independent Thinking on Restorative Practice*. Carmarthen: Independent Thinking Press.

Se levarmos essa noção adiante e considerarmos como o conceito se apresenta em nossas salas de aula:

Grande desafio + pequeno apoio = punitivo/autoritário, fazendo coisas **PARA** as pessoas
Como acontece:
Castigos que não identificam ou não atendem às necessidades (causa) e, portanto, têm resultados negativos (efeitos), alunos ansiosos cujo aprendizado é afetado, sentindo-se inseguros.

Pequeno desafio + pequeno apoio = negligente, **NÃO** fazendo quase nada
Como acontece:
Ocupar ou "tomar conta" dos alunos. Assistir DVD, colorir, conversar sem objetivo para passar o tempo, conter as crianças, alunos passivos.

Grande apoio + pequeno desafio = permissivo, resgata, dá desculpas, faz as coisas **PARA** as pessoas
Como acontece:
Concluir tarefas para os alunos, expectativas baixas, nunca remover o andaime, tarefas diferenciadas, mas com os alunos classificados em um estilo de aprendizagem de baixa habilidade, pouca aspiração, alunos passivos.

Grande apoio + grande desafio = restaurativo, relacional, fazendo coisas **COM** as pessoas.
Como acontece:
Altas expectativas, consistência, consequências claras, desafio acadêmico, rigor, rotinas, confiança, ensino adaptável, envolvimento na aprendizagem, conhecimento real de nossas crianças e jovens, incluindo suas necessidades, identificando, apoiando e atendendo às necessidades (**causa**) e, portanto, alterando positivamente os resultados (**efeito**).

Seguindo um modelo de **grande desafio e grande apoio**, podemos trabalhar com os alunos e nos esforçar para obter mudanças sustentáveis. As soluções rápidas que contêm as crianças ou os modelos que não atendem às suas necessidades, nem ensinam comportamentos melhores, não são úteis em longo prazo nas salas de aula.

Queremos que nossa sala inclusiva seja construída para durar. Ocasionalmente, teremos de fazer algo por ou para um aluno — por exemplo, se uma criança pequena estivesse lambendo os dedos e se preparando para inseri-los nos orifícios irresistíveis de uma tomada, nós entraríamos em ação e a puxaríamos para um lugar seguro. Não permitiríamos que levasse um choque para "aprender a lição". E, em vez de puni-la depois, ensinaríamos quais poderiam ser as consequências a longo prazo, para que, no futuro, ela pudesse se manter segura. Sem dúvida, precisaríamos nos repetir e fazer algumas coisas *para* (tampas de tomadas e coisas do gênero) até que a criança conseguisse entender, mas, a longo prazo, ela precisaria ter essas habilidades por si mesma. O mesmo vale para a sala de aula; isso faz sentido.

> Você consegue se lembrar de uma ocasião em que usou "pequeno desafio e pequeno apoio"? Todos nós já passamos por isso, talvez você estivesse doente ou suas necessidades pessoais, por qualquer motivo, não estivessem sendo atendidas. Esses dias em que achamos que a escola tem sorte de nos ter lá em corpo, mas não em espírito, apenas para evitar que precisem chamar um substituto. Damos aos jovens uma tarefa fácil e tentamos ficar sentados segurando nosso paracetamol, desejando que eles simplesmente sigam em frente e fiquem quietos.
> **Como você se sentiu?**
> Há turmas em que isso foi desastroso? Há turmas em que isso é aceitável de vez em quando? Como seria se você sempre trabalhasse dessa forma? Você consegue imaginar os resultados a longo prazo?

2. Comunicação Não Violenta (CNV) e conversas com as crianças

Como parte integrante do grande desafio e do grande apoio que podemos colocar em prática, também precisamos considerar **Marshall Rosenberg** e seu trabalho em torno da **Comunicação Não Violenta**, ou CNV (2015). Finnis (2021, p. 72) se baseia no trabalho de Rosenberg e, se você tiver a sorte de receber algum treinamento sobre prática restaurativa (ou relacional) ou, por exemplo, escrever planos de apoio familiar, sem dúvida a pessoa que o estiver treinando também fará referência a ele, pois uma série de agências externas reconhece os benefícios de incorporar esse modelo em conversas desafiadoras ou naquelas nas quais se busca mudança.

Rosenberg era psicólogo e desenvolveu a CNV em resposta à tentativa de **resolver conflitos e apoiar relacionamentos**. Há 4 **elementos** nesse modelo, e você pode usá-los na escola para falar com os alunos ou, na verdade, com qualquer parte interessada, mas também pode experimentá-los em casa com sua própria família ou parceiro (falo por experiência própria!). Rosenberg nos diz que eles podem ser usados para expressar nossos próprios sentimentos e necessidades ou para falar empaticamente sobre os de outras pessoas. A premissa de não julgar e evitar a culpa é fundamental para isso. As 4 partes são: **observação, sentimentos, necessidades** e **pedidos**, e devemos ser **explícitos** em cada uma delas. Podemos aplicar isso na prática em nossas salas de aula da seguinte forma:

4 partes da CNV	*Isso pode ser feito do seu ponto de vista ou empaticamente sobre o que aconteceu com outra pessoa*	O que dizer (Permaneça calmo, seja transparente e não culpe. Seja claro, específico e explícito, não exija e não rotule as pessoas.)
Observação	O que foi visto, por exemplo, um comportamento específico Quando eu vejo/quando você...	*1) Quando você gritou comigo...* *2) Quando você não compareceu à nossa reunião...* *3) Quando o vi deixar a toalha molhada e a calça no chão...* Seja explícito, direto, calmo e não faça julgamentos. Não use termos absolutos como "sempre", por exemplo, *"Você está sempre deixando a toalha molhada e a roupa suja espalhadas por aí!".*
Sentimentos (Novamente, a inteligência emocional!)	O impacto de como isso fez a outra pessoa ou você se sentir Eu me sinto... Isso me faz sentir... Você se sentiu...	(Exemplo do grito) ... isso me deixou com medo... (Exemplo da reunião) ... isso me chateou... (Exemplo da roupa) ... isso me fez sentir desvalorizado... Evite rotular, por exemplo, *"Você é sempre tão preguiçoso que não consegue cuidar da sua própria roupa suja!* **Você me fez..."** ou **"Isso me faz..."** — tente evitar qualquer coisa que soe **acusatória ou provocativa**.

Necessidades	O que você ou alguém precisa ou valoriza *O que eu preciso é...* *O que eu preciso de você é...*	(Exemplo do grito) ... preciso me sentir seguro... (Exemplo da reunião) ... preciso sentir que posso confiar em você... (Exemplo da roupa) ... preciso me sentir respeitado... Seja calmo, transparente e evite divagações. Portanto, não diga: *"Não preciso sair catando as suas roupas só porque você passou por ali e simplesmente foi largando"*.
Pedidos	As ações que você ou outra pessoa precisa realizar agora *Você estaria preparado...?* *O que você acha de...?* *Você está disposto a...?*	(Exemplo do grito) ... então, eu gostaria de saber se você estaria disposto a trabalhar com o apoio à alfabetização emocional para ajudá-lo a controlar sua raiva. (Exemplo da reunião) ... você estaria preparado para me ligar na próxima vez para cancelar? (Exemplo da roupa) ... você está disposto a colocar sua calça no cesto de roupa suja? Evite exigências como: *"Basta colocar a calça no maldito cesto, não precisa ser um gênio!"*.
Então, em resumo, o "exemplo da roupa" diz o seguinte:		
Quando o vi deixar a toalha molhada e a calça no chão, isso me fez sentir desvalorizado. Preciso me sentir respeitado. Você está disposto a colocar sua calça no cesto de roupa suja?		

Não se trata de um método robótico roteirizado para falarmos uns com os outros; é uma ferramenta incrivelmente útil para falar com (estou tentando não dizer falar "para"!) qualquer pessoa — especialmente os jovens na escola — de uma maneira que **não seja conflituosa**, que **permita que** as pessoas expressem seus sentimentos e necessidades e **resolvam problemas**. É calmo, direto ao ponto, não é culpabilizante e incentiva a empatia.

A concisão da linguagem significa que não há enrolação nem perda de significado. Todos nós já ficamos presos no ciclo do falatório e podemos ver os olhos das crianças se arregalarem com um suspiro de "lá vem ele de novo". Evite isso tanto quanto evita o pingue-pongue de fatos. Não se deixe levar, isso não é produtivo. Concentre-se na **solução** e mantenha a **clareza**.

> **Resumindo o uso da Comunicação Não Violenta:**
>
> Faça:
> - Usar uma linguagem clara e concisa
> - Ser direto e explícito
> - Ser honesto
> - Manter a calma e uma linguagem corporal tranquila
>
> Não faça:
> - Generalizar com absolutos (sempre/nunca etc.)
> - Rotular as pessoas (malcriadas/preguiçosas/ruins etc.)
> - Demandar (solicite)
> - Culpar (você me faz/por causa de você)

> Você consegue imaginar agora um cenário em que possa usar a CNV? Você consegue pensar em uma situação que poderia ter sido **diferente** se você tivesse usado a CNV?
> Há alguém em casa com quem você possa **tentar** fazer isso a título de teste para ver qual é o efeito? Fiz isso com uma filha adolescente e os resultados foram surpreendentemente bons (antes eu era bem cética!).
> Da próxima vez que estiver em sala de aula ou em qualquer lugar da escola e surgir uma situação, **lembre-se** dessa abordagem e experimente-a.

"Nomear para domar" — como ajudar as crianças a gerenciar as emoções

Da mesma forma, o neuropsicólogo Daniel Seigel, em seu livro escrito com Tina Bryson *O cérebro da criança*, defende uma abordagem na qual devemos **nomear as emoções** (2012). Lembre-se da nossa inteligência emocional aqui.

Seigel sugere que devemos tentar *usar o* conflito quando ele acontece — o que é inevitável periodicamente — para ensinar habilidades relacionais, ver outras perspectivas, ter empatia, fazer as pazes e assim por diante.

De acordo com Seigel, devemos **"nomear para domar"**, o que significa essencialmente que, ao nomear e reconhecer as emoções **explicitamente** com nossos filhos, permitimos que eles **se apropriem da sua emoção**, saibam que está tudo bem e que isso vai passar. Em vez de simplesmente dizer a uma criança que está preocupada que "vai ficar tudo bem", somos explícitos sobre como ela está se sentindo e a incentivamos a ser assim também. A ideia é que, no final, isso beneficiará o SEMH da criança, pois ela reconhecerá sua emoção, compreenderá o que a causou e aprenderá estratégias para lidar com ela. Por exemplo:

> **Em vez de:**
>
> *Vai ficar tudo bem, basta superar e pronto.*
> Tente:
> **Percebo** que **você está nervoso** para apresentar seu seminário. **Eu estava tão nervoso** quando dei uma aula pela primeira vez que fiquei com a boca seca. **Talvez ajude** se você olhar para o fundo da sala em vez de fazer contato visual direto com a turma no início e se tiver sua garrafa de água por perto. Estarei aqui para apoiá-lo.

Assim, podemos ver as ligações com o modelo de **Rosenberg**: o que **vimos**, como nos **sentimos**, o que **precisamos** e **como** isso pode ser abordado. Eu também sugeriria que essa é uma ferramenta útil para ensinar pais e responsáveis a usar e para modelar com nossos jovens. Ser pai ou mãe é extremamente difícil, ninguém nos pressiona tanto quanto os pequenos seres humanos que nós mesmos criamos, mas, se os pais também tiverem algumas dicas sobre como falar com crianças e jovens, será melhor.

Essencialmente, nos sentimos melhor quando estamos com alguém com quem nos sentimos seguros (pense em **Maslow**, **na consistência**, na **consideração positiva incondicional**), e nos sentimos ainda melhor quando essa pessoa é capaz de identificar como nos sentimos e nos ensina a fazer o mesmo. Mesmo depois de adultos, sabemos o que acontece quando nosso parceiro ou um amigo nos diz coisas banais e sem sentido, seja em resposta a algo que estamos temendo ou quando estamos nos sentindo sobrecarregados. Simplesmente nos dizer, com toda a boa vontade do mundo, "vamos lá" ou "você dá conta, não se preocupe" não ajuda em nada. Pior ainda se eles ignorarem o que estamos sentindo e o substituírem por alguma provocação própria — e voltaremos a esse assunto quando analisarmos o **PACE** e a empatia em breve.

> ### Chame a atenção para o que é bom!
>
> Concluiremos esta seção com um lembrete para nós mesmos de que é igualmente importante chamar a atenção para o bem que vemos. Seja direto quanto a isso e quanto à maneira como isso nos faz sentir, assim como fazemos com os aspectos mais desafiadores da vida em sala de aula.
> Use o modelo de Rosenberg para ser explícito sobre os aspectos positivos — diga como eles nos fazem sentir, diga o que precisamos, peça mais!
> **Quando vejo você colaborando com o Sam desse jeito e ajudando-o a resolver essa equação, fico muito feliz. Preciso me sentir assim com mais frequência em uma tarde de sexta-feira! Você estaria disposto a colaborar com outras pessoas da turma que estão achando o processo um pouco mais complicado?**
> Às vezes é bom inverter as coisas e se adaptar — afinal de contas, adaptar-se é a essência de tudo! E, finalmente, com relação a esse ponto e a toda essa conversa sobre "com" e "para", quando estiver conversando com uma criança, em vez de dizer (como todos nós fazemos) "Estou falando com você!" para atrair a atenção dela, por que não tentar "Estou falando *com* você, não estou falando *para* você".
> Seja explícito e explique por que está enfatizando a inclusão. A inclusão tem a ver com o fato de se sentir incluído e com o senso de pertencimento.
> Na verdade, por que não usar o método de Rosenberg completo e dizer como você se sente? **Percebo que você revira os olhos para o Tommy enquanto converso com você. Isso me deixa triste. Preciso sentir que estamos discutindo isso juntos. Você estaria disposto a ouvir?**

> **PARTE 3: PRÁTICA RESTAURATIVA (OU RELACIONAL)**
> **Conclusões**
>
> - A PR tem a ver com a cultura que criamos em nossas salas de aula, **nossa própria cultura de sala de aula**.
> - Ela não é, portanto, um sistema de gerenciamento de comportamento, e precisamos reconhecer que as abordagens punitivas não trazem benefícios de longo prazo para ninguém.
> - Podemos incorporar a PR à nossa base relacional, assegurando que haja um grande desafio e um grande apoio, tendo em mente e aproveitando a adaptação de Finnis da janela de disciplina social para nos ajudar. Isso nos permitirá adaptar nosso ensino.
> - Devemos estar atentos à maneira como apoiamos os incidentes e como falamos com os jovens. Podemos usar os modelos de Rosenberg (CNV) e de Seigel (nomear para domar) para nos ajudar a fazer isso.
> - A consistência é fundamental.
> - Esteja atento à **causa** (buscando-a, encontrando-a, apoiando-a) para influenciar positivamente o **efeito**.

PARTE 4

PACE: ludicidade, aceitação, curiosidade e empatia

Vou ser sincera: para mim, esse é o ponto crucial das abordagens relacionais. Eu adoro o PACE. Também vou ser totalmente transparente e direi que, quando esse método me foi apresentado pela primeira vez como um conceito explícito, há vários anos, achei tudo um pouco óbvio. Talvez pelo fato de eu estar trabalhando em uma instituição alternativa na época, todos nós estávamos usando isso de forma implícita até certo ponto. Hoje, fazendo um retrospecto, eu acho que é exatamente isso o que acontece com muitos treinamentos que recebemos — se não estivermos conscientes e atentos exatamente ao que estamos fazendo e aos motivos, e atentos ao impacto disso, nunca atingiremos o potencial máximo.

Quando voltei a trabalhar em um ambiente regular sob a mesma autoridade local, fiquei muito surpresa com o fato de que ninguém até aquele momento tinha ouvido falar do PACE. No entanto, o diretor da instituição alternativa em que eu havia trabalhado começou a implantá-lo em toda a cidade como um conceito por meio de treinamento. Se você pesquisar o PACE no Google, verá que outras áreas fizeram o mesmo. Deve-se observar que, assim como no caso da prática restaurativa (ou relacional), o PACE é um trabalho de longo prazo e é uma abordagem. Você não pode "aplicar o PACE em alguém". Certa vez, um professor me disse, em relação a uma criança com necessidades significativas, que havia "usado o PACE uma vez e não funcionou". Você verá exatamente por que isso aconteceu quando continuar a ler (embora, sem dúvida, já possa adivinhar!).

> Tente pesquisar sobre o **PACE** na internet — você obterá muitos resultados e conselhos práticos de várias fontes diferentes.
> Dê uma olhada em algumas políticas relacionais (ou comportamentais) de escolas de diferentes localidades — algumas delas também incluirão o PACE. Que diferenças de **linguagem** você consegue identificar entre as que promovem e as que não promovem a prática relacional/restaurativa explícita?
> Pesquisas na internet sobre pessoas que falam sobre a prática relacional/restaurativa explícita também produzirão resultados que você poderá ler e inserir no contexto deste capítulo. Dê uma olhada em como diferentes pessoas e lugares tentam adaptar as abordagens.

Que tal o PACE nas escolas?

O PACE foi apresentado pela primeira vez por Dan Hughes, um psicólogo cujo trabalho incluiu a análise de **transtornos de apego** e **trauma**. Ele foi desenvolvido inicialmente como um modelo para a terapia familiar e para os cuidadores adotivos usarem com crianças e jovens, mas nos últimos anos tem sido cada vez mais adotado como abordagem relacional para apoiar os jovens por meio de relacionamentos fortes que são construídos em salas de aula e escolas. O PACE é **holístico** e trata da criança como um todo, e de todas as crianças. Com o passar dos anos, começou a ser usado em ambientes educacionais porque, é claro, os ambientes educacionais são frequentados pelas mesmas pessoas — crianças — para as quais ele foi inicialmente desenvolvido.

Como abordagem explícita, o PACE une todas as **linhas relacionais** que examinamos até agora. Ele nos permite construir relacionamentos, apoiar os jovens que não estão bem no primeiro degrau da escada de Maslow, alcançar a criança que se apresenta como a própria definição de estar em recuperação de trauma, ou que nunca conseguiu formar vínculos saudáveis com adultos de confiança. Isso nos ajuda a nos **conectarmos** com os jovens — todos os jovens, independentemente de terem sofrido experiências adversas na infância ou não e de terem necessidades educacionais especiais e/ou deficiência (NEE/D) ou não —, especialmente com aqueles que têm necessidades ou aqueles que passaram por coisas pelas quais todos nós gostaríamos que as crianças nunca tivessem passado.

Talvez você já tenha ouvido o termo "**conexão antes da correção**". Essa conexão pode ser de longo prazo; por exemplo, uma vez que você construir um relacionamento, terá mais chances de ensinar comportamentos melhores a uma criança. Ou pode ser de curto prazo (dizer um alegre "bom dia" para se conectar antes de pedir para tirar os fones; melhor ainda se você usar um toque de **Rosenberg** para enquadrar esse pedido). De qualquer forma, já sabemos que precisamos criar conexões com os jovens se quisermos ter sucesso, e o PACE nos ajuda a fazer isso.

O "COMO FAZER"

Como criar o PACE em sua sala de aula

O PACE é uma abordagem que tem tudo a ver com o fortalecimento das conexões, portanto vamos dar uma olhada em cada aspecto dela.

1. **Ludicidade**

> Talvez associemos a **ludicidade** mais ao Ensino Fundamental do que ao Ensino Médio, mas ela é igualmente importante em todos os estágios da educação. Ela pode ser dividida em duas partes, atitudes lúdicas e recursos lúdicos, e a segunda será analisada no Capítulo 5 como um componente do ensino adaptativo em termos de planejamento de aulas e recursos.

- "Lúdico" é exatamente o que parece. Algumas das crianças que ensinamos não se divertem com seus cuidadores fora da escola. Algumas perderam todo o **senso de alegria**.
- Ludicidade não significa ser gozador, nunca, mas — depois de se conectar com uma criança e conhecê-la de verdade — você pode ser divertido.
- Assim como no **Nurture**, não tomamos nada como garantido em relação à criança ou ao jovem; garantimos apenas que somos consistentes para que as crianças se sintam seguras.
- Usamos a **Consideração Positiva Incondicional** e mostramos que gostamos de estar e trabalhar com as crianças.
- Riam juntos, sejam alegres. Se erros acontecerem, seja atencioso e use **tons objetivos e claros** em vez de ríspidos.
- Use o que aprendeu sobre emoções (**Rosenberg**, **Seigel** e **Goleman**) para garantir que não menospreza o que as crianças estão sentindo e leia a sala, adaptando-se a ela, mas garantindo que seja divertido. Isso também pode ajudar a **desescalar** as situações quando for apropriado — somos todos adultos sensatos aqui, sabemos o que é apropriado —, e você também pode usar sinais não verbais.
- Pense na aparência do seu rosto, pense em como está usando seu rosto. Use sua **voz** de maneira eficaz, não fale em tom monótono, fale como se estivesse contando uma história, seja envolvente.
- Para alguns professores, isso é natural. Se esse for o seu caso, você pensará que isso parece óbvio. No entanto, dê uma volta pela sua escola e garanto que ficará surpreso com a falta de bom humor de alguns funcionários.
- Talvez você esteja lendo este texto e reconhecendo que não é muito afetuoso. Pode ser que você tenha muito medo de usar brincadeiras, pois isso pode resultar em mau comportamento, mas lembre-se: **grande desafio, grande apoio**. Você ainda pode ser firme e conter uma situação com uma variedade de técnicas (expressão facial, tom, mão levantada etc.), mas sempre contraponha isso, quando apropriado, com o lúdico. Se nunca formos afetuosos, então os alunos não prestarão tanta atenção quando sacarmos as armas grandes do descontentamento. Se formos afetuosos e mostrarmos o desagrado quando necessário, eles saberão que estamos falando sério.

2. **Aceitação**

> Todos nós queremos ser **aceitos** como seres humanos, pelo que somos. Isso é tão verdadeiro para crianças e jovens quanto para adultos. Às vezes podemos nos sentir menos dignos de aceitação, e, como professores, devemos nos esforçar para incutir esse senso de autoestima.

- É preciso aceitar quem a criança é e quem ela não é. Isso não significa que não tenhamos grandes expectativas em relação a ela ou que aceitemos comportamentos inseguros.
- Lembre-se novamente: **grande desafio, grande apoio**. Temos que garantir que as crianças se sintam seguras em nossa sala de aula.
- Temos de usar a **Consideração Positiva Incondicional** — mostrar à criança que somos **consistentes**, que não lhe daremos as costas e que, seja qual for o motivo pelo qual ela nos procurou, vamos tratá-la de forma positiva e com respeito.
- Não julgue a criança; a culpa só leva à vergonha. Trate-a com **bondade incondicional**. Isso inclui quando ela nos manda ir à m* toda vez que olhamos para ela. Você pode levar anos para construir um relacionamento com essa criança, mas a consistência é fundamental.
- É importante (como se diz aos pais com frequência) separar a criança de seu comportamento, para que não julguemos a criança como "sendo" a soma de seu comportamento. Nós aceitamos a criança, não precisamos aceitar o comportamento ruim. Se nunca aceitarmos a criança, como ela se sentirá? Isso parecerá um assento ejetor contínuo: você não é bom o suficiente, fique longe de mim, eu não o aceito nem o valorizo. Gera apenas ressentimento e resultados ruins. Em vez disso, use o modelo de Comunicação Não Violenta de Rosenberg para reagir ao fato de que lhe mandaram à m* e analise mais profundamente a necessidade (**causa**) que está resultando no comportamento (**efeito**).
- Continue a ser um **adulto disponível e confiável**, e isso pode acabar resultando no fato de você ser o adulto de confiança dessa criança e, consequentemente, ser aquele que faz toda a diferença para ela. Sabemos, por

meio dessas **experiências adversas cíclicas da infância**, que às vezes estamos fazendo a diferença para as futuras gerações dessa criança também: um verdadeiro privilégio e uma diferença extremamente impactante.

3. Curiosidade

> Com que frequência você se sente **curioso** em relação a uma criança? Com que frequência tem a chance de descobrir o que realmente a motiva? Isso é muito importante, parte essencial da **conexão** professor-aluno. Todos queremos que as pessoas tenham algum nível de interesse em nós como humanos.

- Tenha **curiosidade** sobre a criança ou o jovem. Conheça-os de verdade. Descubra seus gostos e desgostos e lembre-se de todos que puder.
- Quando os encontrar na escola, pergunte sobre o time favorito deles, como foi a competição de dança ou se eles conseguiram assistir ao filme que queriam ver.
- Use os **interesses** deles para explorar e planejar recursos em torno deles, descubra o que os instiga.
- Ajude a criança a se sentir valorizada, como se valesse a pena conhecê-la. É bem possível que ela resista por algum tempo — até mesmo anos —, mas, como estamos sendo **incondicionais** com nossa **consideração positiva**, seja consistente. Não desista.
- Pense na **causa** e no **efeito**. O que fez a criança não gostar de algo, ou reagir mal a uma coisa ou muito positivamente a outra?
- Tenha curiosidade sobre as necessidades deles e peça **apoio externo** para descobri-las e saber como atendê-las.
- Converse com o aluno sobre como você pode atender às necessidades dele. Não faz muito sentido, como todos que trabalharam com crianças sabem, perguntar "por que você fez isso?". Eles não saberão, ou não serão capazes de articular a resposta, portanto não perca tempo perguntando. Em vez disso, use sua **inteligência emocional** e associe

possíveis emoções a comportamentos. Você pode fazer isso explicitamente, de acordo com Seigel.
- Quando tiver tempo ("Ter tempo?!", estou ouvindo você gritar!), procure a criança **fora** do seu horário de aprendizado com ela. Dê um olá para dizer que ela se saiu bem em alguma coisa ou para ver como ela está, e perguntar como andam as coisas.
- Quando lecionei na instituição alternativa, e especialmente quando estava atrás de uma porta inicialmente fechada, eu e outros funcionários nos tornamos incrivelmente hábeis em basicamente conversar **com nós mesmos**. Foi preciso muito tempo para nos acostumarmos com isso no início, pois era muito diferente de uma sala de aula comum. Alguns de nós já se depararam com situações semelhantes quando dávamos aulas pela internet durante a pandemia, principalmente quando as câmeras e os microfones estavam desligados ou não funcionavam. No entanto, tagarelar consigo mesmo, expressar perguntas e dúvidas que não estão sendo direcionadas a uma criança — ou feitas a ela — às vezes pode abrir portas e incentivar respostas. (*"Eu me pergunto por que..."*, *"Você acha que... porque eu acho que pode ser"*, *"Talvez você esteja achando difícil... ou estou errado? Muitas vezes estou!"*, *e assim por diante*).

4. Empatia

> A **empatia** é um elemento-chave em nossa inteligência emocional — ficamos sabendo disso ao analisar o trabalho de Daniel Goleman na Parte 1 deste capítulo. Ela desempenha um papel fundamental em todas as conexões significativas que fazemos como seres humanos.

- A empatia é **absolutamente fundamental** para tudo o que fazemos na educação, *para todas as partes interessadas*.
- Ouvir de verdade, sentir de verdade, apreciar de verdade. Pode ser profundamente irritante tentar conversar com alguém e ver que a pessoa está tentando interromper (porque ela não está ouvindo, está apenas pensando no que quer dizer em seguida). Mas, assim como nós queremos

ser ouvidos, as pessoas ao nosso redor também querem. Isso é fundamental para a **inclusão**.
- É bem provável que você já tenha assistido ao vídeo de **Brené Brown** sobre empatia. Se não, por favor, assista. Ele é curto, agradável e tem um impacto contundente se realmente o ouvirmos (RSA 2013). Brown discute **a verdadeira empatia** e como ela se parece. Ela vai além de nos colocarmos no lugar do outro e analisa o fato de que a verdadeira empatia é uma **sensação incômoda**. É quando assumimos um pouco do que a outra pessoa está sentindo, e isso não é agradável. Quantos de nós podemos dizer que realmente sentimos empatia e assumimos um pouco do que um aluno sentiu ou passou? Ou como suas necessidades os afetam? Especialmente se for um aluno que recentemente nos mordeu com tanta força no braço que deixou marcas profundas o suficiente para que pudéssemos fazer um molde da sua arcada dentária.
- Brown também menciona que a verdadeira empatia **nunca** começa com "pelo menos". Isso me marcou nos anos que se passaram desde que assisti ao vídeo pela primeira vez. Lembro-me de um amigo que se afastou do seu pai e me disse que "pelo menos" o meu não tinha me abandonado de propósito, porque tinha morrido. Foi um consolo insensível. As pessoas procuram o lado bom da história porque querem nos fazer sentir melhor, mas o que é realmente melhor é simplesmente *ouvir*, sem julgar, e usar nossa empatia não verbal, nossas expressões faciais, nosso tom, e simplesmente estar ao lado de alguém.
- Para as crianças e os jovens em sua sala de aula, demonstre compaixão, empatia e cuidado, independentemente da necessidade ou circunstância.

Assim, o PACE nos permite nos *conectarmos* com os jovens e criar um senso de **pertencimento e comunidade** em que eles se sintam seguros. Por sermos consistentes em nossas abordagens, por não desaparecermos ou realmente irmos à m* quando instruídos a fazê-lo, eles sabem que estamos sempre lá para apoiá-los; somos dignos de sua confiança. Mesmo que eles não reconheçam isso, não expressem ou não consigam expressar seu apreço por isso, nós estamos lá. Você está lá.

Não é fácil, **portanto parabéns**.

Pense na última vez em que você **realmente sentiu empatia** por alguém. Pode ser qualquer pessoa; uma história na televisão, uma foto em um jornal, um amigo, um desastre natural em algum lugar. Como você **se sentiu** quando assumiu um pouco do sofrimento dessa pessoa?

Você consegue se lembrar de uma ocasião em que realmente sentiu empatia **por uma criança** na escola e **pela** situação dela?

Você se lembra de algum jovem que você **aceita completamente**, com todas as suas dificuldades? A empatia nos ajuda a fazer isso? Existem algumas crianças pelas quais você poderia se esforçar mais para fazer isso?

Somos ocupados, parar para pensar por um minuto pode ser difícil, mas também pode fazer toda a diferença em nossas abordagens e na autenticidade delas.

PARTE 4: PACE
Conclusões

- O PACE reúne cada de nossas 4 pedagogias relacionais.
- Ele nos permite **estabelecer** e **desenvolver conexões** com crianças e jovens.
- O PACE pode ser aplicado com a mesma facilidade em nossos relacionamentos com os **adultos** na escola — e em nossos relacionamentos com outros adultos fora da escola.
- O PACE abre naturalmente a porta para o **respeito mútuo**.
- A "ludicidade" do PACE é excelente para o **ensino adaptativo** — vamos nos concentrar nisso no Capítulo 6.

Existem abordagens que compartilham princípios semelhantes ao PACE no Brasil que também enfatizam a importância das relações e do ambiente emocionalmente seguro para o aprendizado e desenvolvimento dos alunos. Alguns exemplos:

- Educação Inclusiva e práticas Restaurativas: A educação inclusiva no Brasil, conforme estabelecido pela Política Nacional de Educação Especial na Perspectiva da Educação Inclusiva, busca criar um ambiente escolar que acolha e respeite a diversidade dos alunos. As práticas restaurativas, que têm ganhado espaço nas escolas brasileiras, também focam em construir e manter relações positivas e resolver conflitos de maneira colaborativa.

> - Abordagem Socioemocional: programas como o "Programa Semente" e iniciativas que seguem a BNCC (Base Nacional Comum Curricular), que inclui competências socioemocionais, buscam desenvolver habilidades como empatia, autoconhecimento e resiliência. Esses programas têm como objetivo criar um ambiente escolar onde os alunos se sintam emocionalmente seguros e apoiados.
> - Teoria do apego e educação: embora não seja uma abordagem formalmente nomeada como PACE, a aplicação da Teoria do Apego na educação é uma prática crescente no Brasil. Educadores buscam criar vínculos afetivos seguros com os alunos, promovendo um ambiente onde eles se sintam aceitos e compreendidos (N. Rev).

UM RESUMO DO CAPÍTULO 4

O "como" das abordagens relacionais

Ao começarmos a concluir o Capítulo 4, vamos nos lembrar de tudo o que estivemos discutindo:

- Os relacionamentos são fundamentais para *tudo*.
- As abordagens punitivas *não funcionam*, especialmente em **longo prazo**. Ensinar um comportamento melhor, sim.
- As abordagens relacionais criam uma **cultura e um** *éthos* **positivos**.
- A **inteligência emocional** é a base de tudo.
- Os **6 princípios do Nurture** fornecem uma base sólida para salas de aula inclusivas.
- **Grande desafio e grande apoio** = excelentes resultados.
- **A Comunicação Não Violenta** e o **nomear para domar** nos ajudam a conversar com crianças e jovens de uma forma que proporcione resultados positivos para **todos**.

EXEMPLO 1: A GARRAFA DE REFRIGERANTE

Há um exercício de treinamento usado por algumas agências externas que envolve sentar-se em círculo e entregar uma garrafa de refrigerante fechada. A pessoa da agência dá um nome à garrafa — digamos, Thaibah — e conta que Thaibah acordou cedo, pois passou frio a noite toda, já que o custo da luz elétrica subiu muito nos últimos tempos e sua avó não tem dinheiro para pagar. A garrafa é sacudida com alegria e passada adiante.

A próxima pessoa deve continuar a história. Ela pensa sozinha e diz que Thaibah encontrou seu uniforme no chão, mas a saia está na máquina de lavar, molhada. A avó não tem dinheiro para comprar uma secadora de roupa, então Thaibah põe sua *legging*, que está apertada. A garrafa de refrigerante recebe sua segunda sacudida forte em um curto espaço de tempo e é passada adiante.

A terceira pessoa nos conta que Thaibah é disléxica e tem dificuldade para administrar seu tempo de forma eficaz. Antes que perceba, ela está atrasada e sai de casa correndo, então pisa no cocô de cachorro na calçada.

Você já deve ter percebido aonde isso vai levar. Antes mesmo de Thaibah passar pelo portão da escola, ela já ultrapassou obstáculos suficientes para enfurecer até mesmo o cérebro adulto mais regulado. Portanto, quando Thaibah entra na escola e a primeira coisa que um adulto diz a ela é: "Você não está com o uniforme correto. Onde está sua saia? Precisa ficar de castigo, não pode ficar andando assim pelo prédio o dia todo!", a tampa da garrafa de refrigerante, que ficou acumulada e efervescente a manhã toda, explode. Bem em cima do membro da equipe que a corrigiu sem considerar a possibilidade de se conectar com ela primeiro. Não há avaliação de humor ou leitura de sinais não verbais, como expressões faciais etc., apenas a correção (e a prática altamente questionável, mas às vezes real, de crianças que perdem o aprendizado devido a um acidente com o uniforme).

Se você for **relacional** em sua abordagem, primeiro estará **modelando** uma saudação agradável, usando sua **inteligência emocional**. Primeiro você ficará **curioso** sobre a manhã de Thaibah. Você será **empático**. Quando descobrir qual é o problema com a saia (a necessidade ou a causa), você **aceitará** e procurará a coordenação para encontrar uma saia ali mesmo na escola. Se você for o professor com quem Thaibah explodiu, porque às vezes todos nós agravamos uma situação por sermos humanos, assim como as crianças, você usará **o modelo CNV de Rosenberg** para conversar com Thaibah e **resolver** o conflito. Como alternativa, pode ser um **rosto diferente** que aparece e facilita a conversa entre Thaibah e o funcionário encharcado de refrigerante. Você será **relacional** e, portanto, por padrão, a vida de Thaibah e suas experiências de aprendizagem naquele dia serão **melhores**.

EXEMPLO 2: O TRAUMA E A CIÊNCIA DA NEGLIGÊNCIA

Abordamos a **recuperação de traumas** ao longo deste capítulo, e todas as abordagens relacionais são informadas sobre traumas. O trabalho de David Taransaud é fundamental nessa área e apresenta um olhar profundamente perspicaz sobre as crianças que sofreram traumas (Taransaud 2011). Taransaud é um conselheiro psicoterapêutico que trabalhou com ex-soldados-mirins no norte de Uganda, onde criou um departamento de arteterapia em um orfanato, portanto tem mais experiência com os impactos do trauma na infância do que a grande maioria de nós que trabalhamos com educação no Reino Unido (isso quer dizer que vale a pena ouvi-lo!).

Taransaud identifica dois "eus" opostos para a criança traumatizada. O "**eu onipotente**" (aquele que protege a criança) e o "**eu vulnerável**" (aquele que é ferido). O "eu onipotente" é o que vemos em atos, por exemplo, de agressão na escola, e busca proteger os aspectos vulneráveis do jovem que foram tão feridos e negligenciados. O eu vulnerável busca relacionamentos, mas é raro vermos esse lado a menos que tenhamos sido pacientes, empregando os princípios de **Nurture** e adotando uma abordagem **PACE**. Em seu trabalho, Taransaud detalha algumas atividades excelentes que podem ser usadas com jovens traumatizados, e certamente vale a pena empregá-las se você estiver em condições de fazê-lo. Mesmo que não esteja em condições de organizar intervenções na escola que envolvam esses jovens, você certamente pode empregar aspectos em sua sala de aula, como o uso de histórias, filmes, imagens e música (Taransaud 2011). Eu recomendaria muito que você fizesse isso.

Em termos da ciência da negligência, sabemos, a esta altura do capítulo, que **não** devemos fazer **suposições** sobre o que aconteceu ou não com as crianças e os jovens que entram em nossas salas de aula. Devemos usar o **PACE**, conhecê-los, buscar ajuda do departamento de apoio à aprendizagem quando necessário e tratar as crianças com **consideração positiva incondicional**, de forma consistente. O que também vale a pena fazer é ter em mente a ciência da negligência. Para aqueles de nós que não gostam tanto da linguagem das emoções e que preferem um pouco de ciência, saber um pouco disso pode apoiar nossa capacidade de sentir empatia pelas necessidades da criança. De acordo com a **Universidade de Harvard** e uma infinidade de outros estudos científicos de renome, o cérebro de crianças que sofreram negligência se desenvolve de forma diferente do cérebro de seus colegas que tiveram vínculos saudáveis na infância, **aumentando** assim **o risco** de necessidades cognitivas, emocionais, atencionais e comportamentais.[4] O desenvolvimento do cérebro também é afetado **fisicamente** (Perry 2002). Em exames de tomografia computadorizada realizados em crianças que foram negligenciadas ou que não tiveram interação adequada com seus cuidadores, foi demonstrado que as áreas de seus cérebros não apenas eram menores como também **quiescentes**, ou seja, essencialmente dormentes. O lobo frontal pode se apresentar **menor**, desenvolvendo-se **lentamente**, e essa é a área responsável pela solução de problemas, memória e linguagem, controle de impulsos, comportamento, expressão emocional e assim por diante.

Se pensarmos no **Experimento Rosto Neutro**, "servir e responder" e assim por diante, que examinamos no capítulo anterior, veremos um quadro preocupante, que deve nos encher de **empatia** pelos jovens com quem trabalhamos.

A **notícia positiva** aqui é que você, nós, todos nós como professores, podemos e fazemos a diferença todos os dias para essas crianças. Por mais difícil que seja, e por mais que possamos nos enfurecer silenciosamente, nossa paixão continua nos impulsionando. Pare por um momento e tenha isso em mente. Não fique apenas balançando a cabeça, suspirando ou revirando os olhos diante da lendária "diferença". Pelo menos uma vez, tenha um **momento de autovalorização**, porque, na verdade, nós, professores, somos incríveis. As pressões do que acontece fora de nossas salas de aula antes mesmo de entrarmos nelas, sem falar nas inspeções, observações ou avaliações, são imensas. Mesmo assim, nós as enfrentamos de frente. Voltamos dia após dia, sacudimos a poeira e tentamos novamente. E muitas vezes — provavelmente mais do que imaginamos — *conseguimos*. Em algum lugar por aí, enquanto você está lendo isto, haverá crianças, jovens e adultos que se lembram de você. Que se lembram de que você foi a pessoa que os apoiou, que possibilitou a mudança, que tornou as coisas **melhores**.

- **O PACE une tudo isso.**

Para colocar isso firmemente em contexto antes de avançarmos para o Capítulo 5, vamos ver dois exemplos, **A garrafa de refrigerante** e **Trauma e ciência da negligência**. Ambos demonstram por que nossa base relacional é tão importante, e ambos são úteis para lembrarmos quando estivermos na escola e tivermos um dia difícil.

> **A SEGUIR**
>
> - Agora que sabemos como "chegar às crianças antes de ensinar as crianças", o **Capítulo 5** examinará duas abordagens claras e baseadas em evidências para garantir um ensino adaptativo de alta qualidade (**Princípios de Instrução de Rosenshine** e **Relatório de Orientação NEE/D da EEF em escolas regulares**), com **ideias práticas** para o ensino adaptativo em sua sala de aula inclusiva.

DEPOIMENTOS DA EQUIPE

"Minha experiência mais desafiadora — e mais gratificante — como professora até hoje foi quando tive um pequeno grupo de alunos do nono ano que haviam sido retirados das aulas regulares por causa do comportamento.

Foram meses de persistência, consistência e muito esforço até que confiassem em mim. Eu me recusei a permitir que fossem excluídos da aprendizagem — eles já estavam na "última chance" definida pela liderança escolar.

Todas as noites eu ia para casa pensando em estratégias. Usei a abordagem PACE e abordagens relacionais (incluindo uma aula em que nos sentamos em um círculo e lemos *Romeu e Julieta* enquanto eu resolvia a situação de um menino que não queria usar o casaco porque a mãe havia lavado e "estragado").

Eu tinha expectativas altas, mas também era realista. Essa aula foi um sucesso, e minha postura acolhedora com o casaco, incluindo aceitar o quanto aquilo incomodava um aluno com TOC, funcionou muito bem para estabelecer a confiança.

Todos eles fizeram as provas do Ensino Médio e tiraram nota 2 ou superior. Sabendo que alguns deles vinham direto da custódia policial, considerei isso uma vitória enorme. Eu tinha um carinho especial por eles, mesmo que a sala estivesse sempre cheia de fumaça de maconha, gritos, palavrões e móveis virados.

Eu aceitei o que eles demonstravam externamente, mas também estava ensinando comportamentos.

Penso neles com frequência e torço para que estejam bem. Gosto de imaginar que, de vez em quando, eles também se lembram de mim".
— Professora de Inglês, ensino médio

"Quando comecei a dar aulas, lembro de uma jovem cujo irmão havia falecido. Ele era mais velho e já havia saído da escola. Eu me aproximei com cuidado, disse que sentia muito e quis saber mais sobre ele. A partir daí, mantive contato regular com ela e com a equipe de apoio escolar.

Mais tarde, ela enfrentou desafios relacionados à saúde mental e emocional (SEMH), mas sempre foi gentil e educada comigo. Acredito que o apoio emocional e o reconhecimento são cruciais — podem construir ou destruir a experiência escolar de uma criança. Essa aluna se tornou professora do ensino primário e me disse que suas experiências — tanto as boas quanto as difíceis — na escola a inspiraram a seguir esse caminho".
— Professora, Ensino Fundamental 1

"Já trabalhei com uma diretora que literalmente estalava os dedos para indicar a direção que queria que você seguisse.

Você era mandado de um lado para outro para realizar tarefas diferentes (geralmente sem autonomia), e às vezes nos diziam que não podíamos nem conversar com outros adultos. Era autoritária, e ela não demonstrava nenhuma inteligência emocional.

A equipe era infeliz e não a respeitava.

Em contraste, trabalhei em uma unidade de referência escolar. Lá, a equipe atuava sob pressão, mas a liderança se preocupava com o nosso bem-estar. Por exemplo, era garantido um dia de folga por trimestre. Você podia sair para fazer compras de Natal com seus filhos, sem culpa. E-mails só podiam ser enviados durante o expediente — eram bloqueados após as dezoito horas —, o que forçava quem quisesse escrever fora do horário a agendar o envio para a manhã seguinte ou a enviar rascunhos não finalizados.

O ambiente de trabalho era muito mais desafiador — atendíamos crianças excluídas do ensino regular —, mas a liderança tinha uma inteligência emocional genuína.

A equipe era mais feliz, o bem-estar era melhor, os alunos prosperaram e o absenteísmo caiu. Isso mostra que corações e mentes engajados fazem toda a diferença".

— Especialista em Educação Infantil

"Trabalhei com uma família para apoiar as necessidades de uma criança e, no final, tudo o que foi necessário para mudar o comportamento da criança na escola foi: o pai preparar algumas torradas pela manhã, conversar com a filha antes da escola, deixar o uniforme pronto na noite anterior, e a família se reunir à noite para jantar e conversar sobre o dia.

Parece simples — e às vezes é mesmo! Não devemos assumir que todas as famílias funcionam como "esperamos". Às vezes os pais não conseguem enxergar o essencial no meio da confusão".

— Coordenador de educação inclusiva, Ensino Fundamental 1

"Certa vez tivemos um aluno na turma que, quando ficava frustrado, batia com a régua na colega sentada ao lado dele. A princípio estávamos usando medidas punitivas e, claro, os pais da menina ficaram irritados com a situação e exigiram que o menino fosse "punido".

Com o tempo, percebemos que as punições não estavam surtindo efeito — ele simplesmente não compreendia por que não deveria agir assim. Nem mesmo mudá-lo de lugar ajudou.

Então, mudamos de abordagem. Explicamos separadamente aos pais de ambos os alunos o que estávamos fazendo. Após ouvir com atenção e mostrar compreensão, seguimos em frente com o plano.

Desafiamos o comportamento dele, mas com apoio estruturado. Isso incluiu apoio à alfabetização emocional e conversas restaurativas entre as crianças, em vez de punição.

Tivemos que desconstruir nossas próprias suposições — como a ideia de que "todo mundo sabe como se comportar" — quando, na verdade, nem todo mundo sabe. Foi só com estratégias cuidadosas que ele percebeu por que não deveria bater na colega e também como aquilo a fazia se sentir, além de aprender a lidar com suas frustrações.

Foi a partir dessa experiência que percebi que é mais importante ensinar bons comportamentos do que apenas punir os ruins".

— Professora, Educação Infantil

NOTAS

1. Disponível em: https://endcorporalpunishment.org/reports-on-every-state-and-territory/uk/#:~:text=prohibition%20in%20law.-,Schools,in%20Northern%20Ireland%20in%202003.

2. https://deathpenaltyinfo.org/death-row/overview.

3. https://humanrights.brightblue.org.uk/blog-1/2016/4/22/does-the-death-penalty-deter-crime#:~:text=A%20number%20of%20studies%20have,states%20with%20the%20penalty%20death.

4. Disponível em: https://developingchild.harvard.edu/science/deep-dives/neglect/#:~:text=Studies%20on%20children%20in%20a,%2C%20cognitive%2C%20and%20behav-ioral%20disorders.

REFERÊNCIAS

Applying Nurture as a Whole-School Approach. 2017. Disponível em: https://education.gov.scot/improvement/documents/inc55applyingnurturingapproaches120617.pdf. Acesso em: 18 mar. 2025.

Babcock, L. D. P. *Toolkit of Evidence Based Interventions to Promote Inclusion of Children with SEMH Needs*. 2018. Disponível em: https://www.semanticscholar.org/paper/Toolkit-of-evidence-based-interventions-to-promote/fdb1f9a612320af27511d06246b1e61b7b8ad959. Acesso em: 18 mar. 2025.

Ellis, P. *Cambridge Assessment International Education. Getting Started with Reflective Practice*. s. d. Disponível em: https://www.cambridge-community.org.uk/professional-development/gswrp/index.html. Acesso em: 18 mar. 2025.

Finnis, M. *Independent Thinking on Restorative Practice*. Carmarthen: Independent Thinking Press, 2021. Disponível em: https://l30relationalsystems.co.uk/school-services/. Acesso em: 18 mar. 2025.

Goleman, D. *Working with Emotional Intelligence*. Nova York: Bantam Books, 2011.

Harrison, M. E.; Norris, M. L.; Obeid, N.; Fu, M.; Weinstangel, H.; Sampson, M. Systematic Review of the Effects of Family Meal Frequency on Psychosocial Outcomes in Youth. *Can Fam Physician*, v. 61, n. 2, p. e96-106, fev. 2015. PMID: 25676655; PMCID: PMC4325878.

Ofsted. *Supporting Children with Challenging Behaviour Through a Nurture Group Approach*. 2011. Disponível em: https://www.gov.uk/government/publications/supporting-children-with-challenging-behaviour. Acesso em: 18 mar. 2025.

Oxford English Dictionary. 2016. Disponível em: https://en.oxforddictionaries.com/definition/nurture. Acesso em: 18 mar. 2025.

Perry, Bruce. Childhood Experience and the Expression of Genetic Potential: What Childhood Neglect Tells Us About Nature and Nurture. *Brain and Mind*, v. 3, p. 79-100, 2002. 10.1023/A:1016557824657.

Rosenberg, M. *Nonviolent Communication: A Language of Life*. 3. ed. Encinitas: Puddle Dancer Press, 2015.

RSA. *Brené Brown on Empathy* [vídeo online]. 2013. Disponível em: https://www.youtube.com/watch?v=1Evwgu369Jw. Acesso em: 18 mar. 2025.

RSA. *Inclusive and Nurturing Schools Toolkit*. 2021. Disponível em: https://www.thersa.org/reports/inclusive-nurturing-schools-toolkit. Acesso em: 18 mar. 2025.

Seigel, D.; Bryson, J. *The Whole Brain Child: 12 Proven Strategies to Nurture Your Child's Developing Mind*. Robinson, 2012.

Taransaud, D. *You Think I'm Evil*. Inglaterra: Worth Publishing, 2011.

Wachtel, T. *Restorative Justice in Everyday Life: Beyond the Formal Ritual*. Paper presentation. Reshaping Australian Institutions Conference: Restorative Justice and Civil Society. The Australian National University, Canberra, Austrália, 1999. Disponível em: https://www.iirp.edu/eforum-archive/4221-restorative-justice-in-everyday-life-beyond-the-formal-ritual. Acesso em: 18 mar. 2025.

Why Nurture Matters. Disponível em: https://www.nurtureuk.org/what-we-do/whole-school-approach-to-nurture/. Acesso em: 18 mar. 2025.

CAPÍTULO 5
Ensino adaptativo baseado em evidências e como fazê-lo

Agora que construímos nossa base relacional, alcançando e ensinando os jovens em nossas salas de aula inclusivas, vamos voltar a atenção para esse ensino. Depois de **adaptar nossas abordagens**, como vamos **adaptar nosso ensino**?

Neste capítulo, há três partes:

	Capítulo 5	Resumo:
Parte 1	Recomendações baseadas em evidências para o ensino adaptativo	Na Parte 1, examinaremos duas abordagens baseadas em evidências para um **ensino de alta qualidade**.
		Em primeiro lugar, abordaremos **os 10 Princípios de Instrução de Rosenshine** (2012), que fornecem orientações claras e concisas.
		Em segundo lugar, consideraremos o ensino de alta qualidade especificamente para crianças com necessidades adicionais, examinando o trabalho mais recente da **Education Endowment Foundation** (EEF) e seu Relatório de Orientação para crianças com NEE/D em escolas regulares (Education Endowment Foundation 2020).
Parte 2	Ideias práticas para o ensino adaptativo	A Parte 2 lhe dará ideias práticas, com base nas **5 estratégias** aconselhadas pelo EEF:
		Agrupamento flexível;
		Estratégias cognitivas e metacognitivas;
		Instruções explícitas;
		Uso da tecnologia para apoiar os alunos com NEE/D; e Andaime.

Parte 3	Usando a ludicidade (PACE) para adaptar o planejamento e os recursos.	Na Parte 3, veremos como usar nosso entendimento da **prática relacional** (especificamente **PACE**) para adaptar nossos recursos e planejamento para as crianças e jovens em nossa sala de aula inclusiva.
		Consideraremos **por que** precisamos fazer isso (embora, a esta altura, já saibamos disso de fato!) e **como** fazer isso.
		Isso incluirá ideias práticas e envolventes e o incentivo à *criatividade*! Incluirá também uma análise da **aprendizagem pela experiência e de histórias** que podem ser um excelente complemento ao nosso kit de ferramentas de ensino para todas as crianças e, especialmente, para aquelas com necessidades de SEMH.

AS PORTAS DA PERCEPÇÃO

A chave para a porta de nossa sala de aula inclusiva é, como sabemos, **a consistência**. A consistência da abordagem relacional, das expectativas altas e dos métodos de ensino adaptáveis. Essa chave pode abrir as portas entre o que as crianças sabem e o que não sabem.

Há muito tempo, na introdução deste livro, citei William Blake:

> Se as portas da percepção fossem limpas, tudo apareceria ao homem como é: Infinito.
>
> (Blake 1975)

Se perdoarmos Blake pelo modo androcêntrico de se expressar, poderemos reconhecer que, como professores, somos os **guardiões das chaves dessas portas**. Estamos na posição única e privilegiada de pais e da sociedade que colocam as crianças sob nossos cuidados até que se tornem jovens adultos, e podemos inspirar os jovens a perceber que suas habilidades perceptivas são infinitas. O fato de as crianças seguirem uma rota de estudos acadêmicos ou vocacionais não deve importar nem fazer diferença, desde que o que elas estejam seguindo seja o certo para elas, sempre orientado por expectativas altas.

Podemos ajudá-las a abrir suas portas pessoais para grandes aspirações e a ser o melhor que podem ser, prontas para o futuro, com muita autoconfiança.

> Se você fosse um pai ou mãe (talvez seja), o que **esperaria** da escola de seu filho? Se você tivesse que sugerir **três coisas importantes** que esperaria ou desejaria dessa escola, quais seriam?
> Essas três coisas estão disponíveis hoje na **sua** escola? Em caso afirmativo, que diferença elas fazem? Se não, que diferença faz a ausência delas?

Para ajudar as crianças a abrir essas portas da percepção, precisamos garantir que as necessidades delas serão atendidas em nossa sala de aula inclusiva. Estamos falando das crianças com NEE/D, mas também daquelas crianças que simplesmente acham complicados certos aspectos particulares do aprendizado ou de matérias específicas. Já vimos que nem toda criança que considera uma matéria desafiadora tem necessidades adicionais. Todos nós achamos que algumas coisas são mais fáceis ou mais difíceis de entender do que outras. Seja qual for o motivo, como professores, devemos tornar o aprendizado acessível a todos os jovens em nossa sala.

Este capítulo detalhará a orientação baseada em evidências para o ensino de alta qualidade, especificamente, é claro, o ensino de alta qualidade para crianças com necessidades adicionais. Durante todo o capítulo, precisamos estar atentos à nossa base de **abordagens relacionais** e lembrar que o ensino adaptativo tem tudo a ver com a **capacidade de resposta**.

O uso da avaliação formativa

Se voltarmos à orientação o setor de apoio ao professor iniciante do Departamento de Educação do Reino Unido para o ensino adaptativo que examinamos no Capítulo 1, veremos que ela aconselha o uso da *avaliação formativa*. Isso significa que estamos continuamente identificando — e apoiando os alunos para que também identifiquem — seus pontos fortes e fracos. Isso, por sua vez, nos permite ver onde é necessário oferecer ajuda extra, o que resulta em sabermos quando adaptar nosso ensino. Como professores, estamos avaliando os alunos o tempo todo, e isso nos permite reconhecer quando precisamos reagir para apoiar o aprendizado das crianças e remover as barreiras ao aprendizado. Lembre-se de nosso modelo de **causa e efeito**: desvendamos as causas para podermos apoiar os efeitos.

> **Os métodos de avaliação formativa incluem:**
>
> - Perguntas de diagnóstico.
> - Testes — inclusive os improvisados e adaptáveis, atrelados àquilo que você está identificando na aula.
> - Votar e fazer pesquisas.
> - Escrever respostas em miniquadros brancos.
> - Pensar, reunir-se, compartilhar e, em seguida, dar *feedback* oralmente.
> - Peça aos alunos que pensem e compartilhem um equívoco comum.
>
> Você já conhece muitos deles, e a internet está repleta de ideias se você achar que precisa de algumas. A essência disso é avaliar o que as crianças entendem e o que não entendem e, em seguida, **responder com ensino adaptável**.

PARTE 1

Recomendações baseadas em evidências para o ensino adaptativo

Com nossa **base relacional** estabelecida e nossa **chave de consistência** abrindo as portas, vamos voltar ao nosso modelo do **kit de ferramentas** para construir nossa sala de aula inclusiva, a fim de que possamos nos lembrar do que merece nossa atenção agora para adaptar nosso ensino (veja a Figura 5.1).

Quais recomendações baseadas em evidências nós temos?

Poderíamos dar uma olhada em centenas de estudos diferentes, ou organizações, ou recomendações para o ensino de crianças com NEE/D, mas não queremos nem precisamos nos prender a eles.

Obviamente não existe uma solução mágica para o ensino, mas há excelentes conselhos respaldados por pesquisas e evidências. Por isso, escolhi **dois desses modelos de orientação**, e ambos também nos darão um contexto útil para quando analisarmos as estratégias práticas para o ensino adaptativo mais adiante neste capítulo. Você não precisa decorar essas recomendações nem segui-las cegamente — o que importa é a *adaptação flexível*; elas simplesmente fazem sentido. Use-as como abordagem holística e como lembrete.

A principal orientação que vamos considerar é o trabalho mais recente do Relatório de Orientação NEE/D da Education Endowment Foundation's (EEF) em escolas regulares (2020). Antes, porém, voltaremos nossa atenção rapidamente para os **Princípios de Instrução de Rosenshine**, a fim de saber que o trabalho anterior desse autor fornece uma excelente base para o ensino de alta qualidade, incluindo algumas das recomendações recentes da EEF, e também para o ensino adaptativo em si.

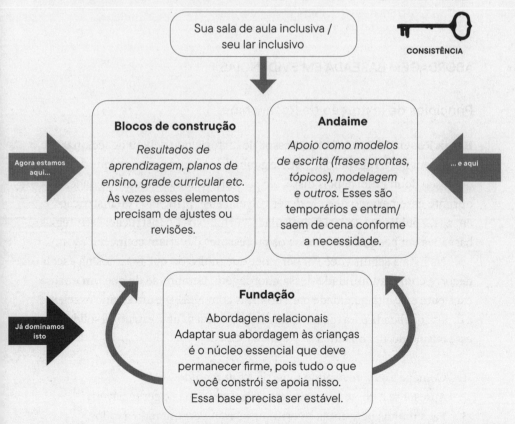

Figura 5.1 Um modelo para sua sala de aula inclusiva

> **Blocos de construção e Andaime**
>
> Como podemos ver, nossa base sólida está estabelecida, e agora estamos prontos para considerar como o **ensino adaptativo** desempenha seu papel em nossa construção contínua, ajustando nossos blocos de construção e erguendo (e desmontando, quando necessário) nosso andaime.
>
> Nosso currículo (o **"que"** é ensinado) às vezes muda, assim como as atividades (o **"como"** ensinamos esse conteúdo).
>
> Ao nos **adaptarmos**, abrimos portas para o *conhecimento* de informações e conceitos factuais e também ensinamos *as habilidades* que permitem que a criança aplique esse conhecimento a situações específicas.
>
> **As recomendações baseadas em evidências para um ensino adaptativo de alta qualidade** nos ajudam a obter o melhor para as crianças, e, se voltarmos ao nosso mantra, um ensino excelente para crianças com NEE/D é um ensino excelente para todos.

ABORDAGEM BASEADA EM EVIDÊNCIAS 1

Princípios de Instrução de Rosenshine

Barak Rosenshine era um professor de história que deixou de lecionar em escolas em 1963. Não porque tivesse ganhado na loteria, mas porque desejava obter seu doutorado; depois disso, ele passou a lecionar em universidades. Foi durante esse período que ele desenvolveu seus "princípios de instrução" e, em 2012, publicou um artigo intitulado "Princípios de Instrução: estratégias baseadas em pesquisa que todos os professores deveriam conhecer"(2012).

Na lista a seguir você vai perceber que muito do que fazemos na escola decorre com tranquilidade dessa abordagem. Lembre-se de que um ensino excelente e de alta qualidade para crianças com NEE/D é um ensino excelente e de alta qualidade para todos, e estes itens fornecem uma estrutura sólida para esse ensino de alta qualidade:

1. Comece a aula revisando o que já foi aprendido.
2. Apresente o conteúdo novo em etapas pequenas e gerenciáveis.
3. Faça muitas perguntas e verifique se está perguntando a todos.

4. Forneça modelagem e dê exemplos práticos.
5. Pratique o uso do conteúdo novo.
6. Verifique a compreensão com frequência e corrija os erros.
7. Trabalhe para que a taxa de sucesso entre os alunos seja alta.
8. Ofereça o andaime para tarefas desafiadoras e complicadas.
9. Forneça oportunidades de prática independente.
10. Inclua os alunos nas revisões mensais e semanais.

Quando vemos as coisas expostas assim, tudo fica bastante lógico, não é?

Recapitulação explícita com as crianças para que elas saibam onde a lição se situa em relação ao **aprendizado anterior**. Avanço em **pequenos passos** consolidados. **Questionamento** excelente e cuidadoso. Modelagem (incluindo a modelagem de **não exemplos**, que veremos defendida pela EEF). **Prática**. Verificação consistente e frequente: há compreensão ou **equívoco**? Avanço somente quando há **certeza** de que os alunos entenderam. **Andaime**. Envolvimento das crianças em um trabalho **independente**, com o andaime e sem ele. Revisão frequente.

Isso é ensino adaptativo. Trata-se de ser sensível às necessidades de aprendizagem que temos diante de nós, reconhecendo quem consegue e quem não consegue, sabendo como ajudar e onde apoiar. Não avançar até **ter certeza** de que não está deixando ninguém para trás. As estratégias de ensino adaptativo decorrem desse modelo de instrução, e, ao aplicar os 10 princípios, nós **automaticamente** nos adaptamos às necessidades. Isso faz sentido.

Com esse modelo em mente, vamos considerar o trabalho da **EEF** — você reconhecerá as sobreposições e conexões. No entanto, se você quiser explorar Rosenshine mais a fundo, com o desejo de se envolver em alguma investigação e ponderação pedagógica, e se gostar de *podcasts*, vale a pena ouvir os pensamentos da Dra. Susie Nyman no *SENDCast* [em inglês].[1] Nyman discute Rosenshine e o motivo de seus princípios serem uma excelente prática para ensinar crianças com necessidades especiais em nossas salas de aula inclusivas. Lembre-se de que você pode entrar e sair desses princípios; não é preciso se ater rigidamente a um conjunto de "regras": o melhor é se adaptar e responder com flexibilidade.

> Você já se deu conta de ter mudado de assunto em alguma aula sem que **todas** as crianças tivessem "entendido" o conteúdo?
> Em caso afirmativo, **por que** isso acontece? Por que às vezes fazemos isso, mesmo reconhecendo que estamos fazendo e sabendo que não deveríamos fazer?
> Será que é porque achamos que a criança **nunca** vai "entender"? Será que é por causa da pressão do **tempo** ou por causa da pressão para passar o **conteúdo**?
> O que você pode fazer em relação a isso no futuro? Se a(s) criança(s) parecer(em) estar com dificuldades reais, não adianta simplesmente seguir em frente sem preencher essa lacuna: isso só levará a algo pior. Talvez seja nesse momento que você precise considerar **uma intervenção**. (Veja as recomendações da EEF na próxima seção.)

ABORDAGEM BASEADA EM EVIDÊNCIAS 2

Relatório de Orientação da Education Endowment Foundation (EEF) sobre NEE/D em escolas regulares

A EEF, uma instituição beneficente com sede no Reino Unido, é uma fonte de boas práticas reconhecida nacionalmente. Seu objetivo é "romper o vínculo entre a renda familiar e o desempenho educacional", apoiando as escolas para que mudem a vida de alguns de nossos alunos mais carentes e vulneráveis.[2]

O Relatório de Orientação da EEF para o ensino de NEE/D em escolas regulares no Reino Unido passou a ser produzido em 2020 e oferece **5 recomendações claras baseadas em evidências**.

As 5 recomendações são:

1. **Criar um ambiente positivo e de apoio para todos os alunos, sem exceção**;
2. **Desenvolver uma compreensão contínua e holística de seus alunos e das necessidades deles**;
3. **Garantir que todos os alunos tenham acesso a um ensino de alta qualidade**;

4. Complementar o ensino de alta qualidade com intervenções cuidadosamente selecionadas em pequenos grupos e individualmente; e
5. Trabalhar com assistentes de ensino de maneira efetiva.

Se desejar, você pode ler o relatório para obter mais detalhes[I], mas as recomendações estão resumidas na tabela a seguir.

Dependendo de sua posição na escola, você não terá um papel ativo no desenvolvimento da visão de inclusão que ela adota. Entretanto, **todos nós desempenhamos um papel** nesse processo, construindo nossa sala de aula inclusiva para fortalecer nossa escola inclusiva, e essas 5 recomendações são úteis para nos mostrar como podemos fazer isso. Vamos nos concentrar na terceira recomendação, "Garantir que todos os alunos tenham acesso a um ensino de alta qualidade".

[I] A EEF trabalha para:
- Melhorar a educação básica: concentra-se em melhorar a educação básica, especialmente em áreas como leitura, escrita e matemática.
- Reduzir desigualdades: busca reduzir as desigualdades educacionais, apoiando escolas e professores para que possam oferecer oportunidades iguais para todos os alunos.
- Desenvolver práticas baseadas em evidências: promove a utilização de práticas baseadas em evidências e pesquisas para melhorar a educação.
A EEF também é conhecida por produzir relatórios e guias para professores e escolas, oferecendo recomendações práticas e baseadas em evidências para melhorar a educação. Esses relatórios frequentemente abordam temas como ensino adaptativo, apoio a alunos com necessidades educacionais especiais e estratégias para melhorar a aprendizagem (N. Rev).

Relatório de Orientação da Education Endowment Foundation (EEF) sobre NEE/D nas escolas regulares do Reino Unido 5 recomendações		
5 recomendações da EEF para NEE/D	**Criar um ambiente positivo e de apoio para todos os alunos, sem exceção.**	**Desenvolver uma compreensão contínua e holística de seus alunos e das necessidades deles.**
Os descritores da EEF para cada recomendação	Uma escola inclusiva **elimina as barreiras** ao aprendizado e à participação, oferece uma educação **adequada** às necessidades dos alunos e promove **padrões elevados**, além de **suprir o potencial** para todos os alunos. As escolas devem: ▪ promover **relacionamentos positivos**, **envolvimento ativo** e **bem-estar** para todos os alunos;	As escolas devem procurar entender as necessidades de aprendizado de cada aluno usando a **abordagem gradual** da abordagem "avaliar, planejar, fazer, revisar". ▪ A avaliação deve ser **regular e objetiva** e não um evento único, e deve buscar a contribuição dos pais e responsáveis, assim como do próprio aluno e de profissionais especializados.
	▪ garantir que todos os alunos tenham acesso ao **melhor ensino possível**; e ▪ adotar uma **abordagem positiva e proativa em relação ao comportamento**.	▪ Os professores precisam se sentir **capacitados e confiáveis** para usar as informações obtidas a fim de tomar decisões sobre as próximas etapas do ensino dessa criança.

Relatório de Orientação da Education Endowment Foundation (EEF) sobre NEE/D nas escolas regulares do Reino Unido
5 recomendações

Garantir que todos os alunos tenham acesso a um ensino de alta qualidade.	Complementar o ensino de alta qualidade com intervenções cuidadosamente selecionadas em pequenos grupos e individualmente.	Trabalhar com assistentes de ensino de maneira efetiva.
Em grande parte, **um bom ensino para alunos com NEE/D é um bom ensino para todos**. ■ A busca por uma "solução mágica" pode impedir os professores de focar as **estratégias poderosas** que eles geralmente já têm. ■ A pesquisa sugere **um grupo de estratégias de ensino que os professores podem priorizar para os alunos com NEE/D**. Os professores devem desenvolver um repertório dessas estratégias, que poderão ser usadas com flexibilidade em resposta às necessidades de todos os alunos: — **agrupamento flexível**;	Intervenções em pequenos grupos e individuais podem ser uma poderosa ferramenta de apoio, mas devem ser usadas **com cuidado**. O uso ineficaz de intervenções pode criar uma barreira para a inclusão de alunos com NEE/D. ■ O ensino de alta qualidade deve **reduzir** a necessidade de apoio adicional, mas é provável que alguns alunos precisem de intervenções **de alta qualidade, estruturadas e direcionadas** para progredir. ■ A intensidade da intervenção (de universal a direcionada e especializada) **deve aumentar de acordo com a necessidade**.	A **atuação eficaz** dos assistentes de ensino é essencial. Os líderes escolares devem prestar muita atenção às funções dos assistentes de ensino e garantir que eles tenham um impacto positivo sobre os alunos com NEE/D. ■ Os assistentes de ensino devem **complementar**, e não substituir, o ensino do professor na sala de aula.
— **estratégias cognitivas e metacognitivas**; — **instruções explícitas**; — **uso da tecnologia para apoiar os alunos com NEE/D**; — **e andaime**.	■ As intervenções devem ser cuidadosamente direcionadas por meio da **identificação e avaliação das necessidades**.	

Na Parte 2 deste capítulo nós vamos nos concentrar na terceira recomendação, "Garantir que todos os alunos tenham acesso a um ensino de alta qualidade", mas você pode encontrar orientações ao longo deste livro sobre cada uma das 5 recomendações mencionadas. Se quiser dar uma olhada em uma tabela que apresenta explicitamente onde e em quais capítulos você pode encontrar suporte vinculado a cada aspecto da orientação da EEF, veja o Apêndice, onde as indicações estão apresentadas em uma tabela para consulta rápida.

A terceira recomendação da EEF

Em seguida, a EEF nos fornece uma visão geral das 5 recomendações para o ensino de crianças com NEE/D em escolas regulares. A terceira recomendação, **"Garantir que todos os alunos tenham acesso a um ensino de alta qualidade"**, contém **5 estratégias para um ensino de alta qualidade** que podemos usar em nossa sala de aula inclusiva:

1. Agrupamento flexível;
2. Estratégias cognitivas e metacognitivas;
3. Instruções explícitas;
4. Uso da tecnologia para apoiar os alunos com NEE/D; e
5. Andaime.

Podemos usá-las como um ponto de partida claro para adaptar nosso ensino. Então, avançando para a Parte 2, vamos examinar as estratégias práticas para fazer isso.

PARTE 1: RECOMENDAÇÕES BASEADAS EM EVIDÊNCIAS PARA O ENSINO ADAPTATIVO
Conclusões

- Rosenshine nos oferece 10 princípios de instrução que proporcionam uma base sólida para uma prática excelente, e podemos ver reflexos desses princípios no *Relatório de Orientação para crianças com NEE/D em escolas regulares* da EEF.
- No relatório da EEF, observamos que a terceira recomendação, **"Garantir que todos os alunos tenham acesso a um ensino de alta qualidade"**, contém **5 estratégias** que podemos usar em nossa sala de aula inclusiva. São elas:
1. Agrupamento flexível;
1. Estratégias cognitivas e metacognitivas;
2. Instruções explícitas;
3. Uso da tecnologia para apoiar os alunos com NEE/D; e
4. Andaime.

> - Devemos **avaliar** as crianças regularmente para reconhecer onde e quando adaptar nosso ensino. Como sugere Rosenshine, devemos "**verificar a compreensão com frequência e corrigir os erros**".
> - Podemos então adaptar nosso ensino usando as recomendações da EEF para garantir um ensino de alta qualidade.

PARTE 2

Ideias práticas para o ensino adaptativo

Em nossa sala de aula inclusiva, pretendemos atingir as metas mostradas na Figura 5.2.

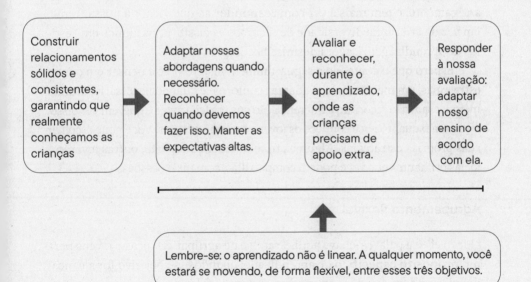

Figura 5.2 O objetivo de nossa sala de aula inclusiva

Como vimos na Parte 1 deste capítulo, a EEF nos dá 5 estratégias para o **ensino de alta qualidade**, e podemos usá-las para adaptar nosso ensino em sala de aula. Vamos analisar cada uma delas, com ideias práticas de como você pode implementá-las em sua sala. São elas:

1. Agrupamento flexível;
2. Estratégias cognitivas e metacognitivas;
3. Instruções explícitas;
4. Uso da tecnologia para apoiar os alunos com NEE/D; e
5. Andaime.

Os itens 2 e 5 envolverão um nível mais alto de detalhes porque são menos autoexplicativos do que, por exemplo, *agrupamento flexível* ou *instruções explícitas*. Devemos ter em mente que a adaptação de nosso ensino é — como aprendemos no Capítulo 1 — muito diferente da diferenciação que era feita antigamente, e tem mais a ver com **responder** ao que vemos à nossa frente, em vez de criar uma diversidade de recursos e classificar os alunos em "estilos de aprendizagem", agora desmistificados.

Espero que o conteúdo a seguir também inspire você a pensar em outras estratégias, em maneiras de se adaptar conforme e quando necessário, usando métodos que não recorram à diferenciação que era feita antes e que, em vez disso, mostrem o quanto você conhece os jovens e responde a eles. Você pode escolher suas próprias estratégias. Algumas funcionarão, outras não, outras levarão a ideias brilhantes que você poderá compartilhar com mais pessoas.

Agrupamento flexível

"Flexível" é a palavra-chave aqui. Trata-se de agrupar crianças e jovens para um **propósito específico** de aprendizado; quando esse objetivo for alcançado, eles podem ser **desagrupados**. Estamos falando de **não** "definir" as crianças em sua turma — por exemplo, evitar reunir todos os alunos com NEE/D em uma mesa. As diretrizes de apoio ao professor iniciante recomenda cuidado ao usá-la por causa desse mesmo ponto, orientando que se monitore "o impacto sobre o engajamento e a motivação, especialmente para alunos com baixo rendimento" (Department for Education and Department of Health 2019). Quando empregada com cuidado, essa estratégia pode ser de grande ajuda. Se for usada para classificar os alunos, não será.

Por que o agrupamento flexível é útil

- Você pode **mudá-lo** se ele não estiver funcionando ou se perceber que pode funcionar melhor de outro jeito. Isso é adaptação — sinta-se livre para isso. Obviamente, esteja atento às necessidades e planeje/avise sobre as transições com cuidado. Trata-se de identificar o que funcionará melhor e depois facilitar isso.
- Você se lembra da frase de Blake sobre "limpar as portas da percepção"? Quando nossos jovens trabalham com outras pessoas, eles podem se ajudar **implícita e explicitamente**. Ouvir opiniões diferentes ou ver outra pessoa abordar uma tarefa de maneira diferente da nossa às vezes ajuda o aprendizado a fazer sentido para nós.
- Isso mostra aos alunos que você *os conhece*, os valoriza e estimula habilidades sociais mais fortes. Portanto, também podemos apoiar as necessidades de SEMH por meio de agrupamentos atentos, cuidadosos e flexíveis.

Como usar o agrupamento flexível

- Grupos orientados por dados:

Você pode adaptar os lugares na sala de acordo com quem tem pontos fortes em quais áreas? Cada grupo precisa de uma criança que saiba desenhar, uma que saiba escrever, uma que fale bem e assim por diante? Pense com cuidado no que você está tentando **alcançar** ao agrupar as crianças. Faça uma **combinação** entre o que você sabe sobre as crianças, o que você sabe sobre os dados a respeito delas e o que você sabe sobre a dinâmica da turma à sua frente para apoiar o aprendizado com mais eficiência. Mostre que você **valoriza** as habilidades e os conhecimentos individuais e que não está classificando as crianças.

- Planejar os lugares com flexibilidade:

Por exemplo, você pode alocar os jovens de acordo com os números 1 a 6 tirados de um chapéu, reunindo todos os números 1 e assim por diante?

Seja criativo. Pode haver um adesivo embaixo da cadeira deles indicando o número do grupo? Ou pode haver adesivos colados por toda a sala? Ou cada aluno pode receber uma pergunta quando entra na sala (uma pergunta simples, pode até ser 2 + 2) para procurar o parceiro que tem a resposta correspondente?

- Atividades em grupo:

Você pode trabalhar, por exemplo, com o **Peixe no Aquário**. Esse método utiliza o conhecimento e as habilidades das crianças. Você agrupa os alunos e eles se sentam em dois círculos: um ficará no meio da sala, cercado pelo outro círculo, que vai escutar as crianças que estão no meio discutirem uma pergunta ou declaração que você fizer. As crianças também podem fazer perguntas umas às outras. Agrupe-as de acordo com o que você deseja alcançar, com base no que você sabe sobre elas.

- Saiba quando encerrar o grupo:

Essa atividade é flexível; na verdade é um andaime; identifique quando ela precisa terminar. Trabalhe **orientado pelas necessidades**. Seja **responsivo**.

> Na sua escola, as turmas são **montadas** de acordo com a "capacidade"? Em caso afirmativo, como você trabalha com isso para garantir que o ensino seja **adaptado** para cada indivíduo da turma?
> Você tem um planejamento de lugares **flexível**? Que tipo agrupamento você usa agora? Ou você tem um planejamento de lugares consistente e, quando necessário, distribui as crianças em grupos?
> As crianças podem **escolher seus próprios grupos** quando sabem o suficiente sobre seu próprio aprendizado?

Estratégias cognitivas e metacognitivas

O objetivo é que as crianças sejam **autoconscientes** de seu próprio aprendizado.

As estratégias cognitivas e metacognitivas incentivam nossos alunos a pensar sobre seu próprio aprendizado, portanto isso está ligado ao fato de sermos **explícitos sobre o aprendizado**. Como professores, devemos deixar claro que estamos usando abordagens específicas e mostrar **por que** estamos fazendo isso, e as crianças devem ser explicitamente incentivadas por nós a pensar sobre **como** aprendem, **por que** aprendem, **o que** estão fazendo e assim por diante. Como isso se vincula a um quadro maior? Qual é o objetivo disso? E se tentarmos dessa forma? E se, em vez disso, tentarmos aquela outra coisa? Os alunos devem estar **ativamente conscientes** de sua aprendizagem, monitorando-se, reconhecendo-se, regulando-se e motivando-se.

Por que as estratégias cognitivas e metacognitivas são úteis

- Os alunos se tornam mais capazes de **entender seu aprendizado**, de **motivar a si mesmos** e passam a ter o **poder** de controlar (e conhecer) seus processos de pensamento.
- O **questionamento hábil** é importante. As habilidades metacognitivas propriamente ditas são frequentemente mencionadas quando consideramos a **Taxonomia de Bloom**.[3] Trata-se de um modelo hierárquico, como o de Maslow, só que este se refere às etapas que devemos cumprir no aprendizado. Elas compreendem: **lembrar, compreender, aplicar, analisar, avaliar** e **criar**. Bloom pode ser considerado um tanto antiquado, mas sua taxonomia ainda é muito útil quando estamos considerando as **habilidades de pensamento de alta complexidade** de nossos alunos e a abertura que fazemos dessas portas de percepção.
- Se considerarmos o item 5 da lista da EEF e a prática de "promover a conversa metacognitiva em sala de aula", então nós, como professores, somos os maestros disso, mas as crianças com certeza são a orquestra. Estruture essa orquestra e faça os alunos trocarem ideias, desenvolvendo a **oralidade** e a **escuta respeitosa** — e você terá uma aula incrível nas mãos.

Como usar estratégias cognitivas e metacognitivas

1. Recomendações

Em termos de estratégias cognitivas e metacognitivas, a EEF faz 7 recomendações em seu relatório (p. 22), que incluem

Ensinar explicitamente aos alunos estratégias metacognitivas, incluindo como **planejar, monitorar** e **avaliar** seu aprendizado.

Modelar seu próprio **pensamento** para ajudar os alunos a desenvolver suas habilidades metacognitivas e cognitivas.

Definir um **nível adequado de desafio** para desenvolver a autorregulação e a metacognição dos alunos.

Promover e **desenvolver** o diálogo metacognitivo em sala de aula.

Ensinar explicitamente os alunos a **organizar** e **gerenciar** com eficácia seu aprendizado de maneira independente.

Fale sobre o processo de aprendizagem, pense **em voz alta**, seja explícito e peça que os alunos façam o mesmo. Chame-os para o quadro ou o miniquadro branco e incentive-os a **falar** sobre o problema, o parágrafo ou a sequência, **explicando o raciocínio que estão usando**. Estimule-os a mencionar possíveis concepções equivocadas que possam ter feito e **verifique** como eles as evitaram.

2. Questionamento

Para alguns professores, isso é fácil e simples. Para outros, é difícil. O questionamento pode ser incômodo. Podemos achar que estamos colocando a criança em uma situação difícil com as perguntas, mas, se nossa **base relacional** for sólida, estaremos em terreno mais seguro. Quando dominamos o questionamento, praticamente entregamos a aula às crianças. Se usarmos essa prática de maneira confiante, poderemos seguir a orientação dos alunos, levando-os de volta quando necessário e, ao mesmo tempo, despertando seu entusiasmo pelo aprendizado e avaliando seu conhecimento e habilidade.

Quando empregamos perguntas, e se fazemos isso de maneira eficiente, **podemos nos adaptar** à medida que avançamos. Podemos avaliar em que ponto as crianças estão (avaliação formativa), podemos promover um debate na turma e podemos deixar os alunos com uma dor de cabeça muito satisfatória por terem pensado tanto. Questionar e ouvir atentamente as respostas dos outros é uma maneira clara de limpar as portas da percepção. Por meio do questionamento, incorporamos a modelagem, a prática e os pequenos passos, vinculando-os claramente aos princípios de Rosenshine.

As dicas, técnicas e atividades para o questionamento incluem:

- Pergunte aos alunos **por que** eles têm um determinado **objetivo de aprendizagem** — por que ele é importante? É útil? Como ele se **relaciona** com o aprendizado anterior/futuro deles ou até mesmo com os currículos de outras áreas? Você pode dar aos alunos diferentes objetivos de aprendizagem para eles escolherem ou votarem, justificando suas respostas com base no que eles sabem sobre sua aprendizagem e suas necessidades de conhecimento ou habilidades. (Observação: na diferenciação que se fazia antigamente, os professores costumavam escrever objetivos de aprendizagem limitados no quadro para os alunos, no sentido de que "todos", "a maioria" ou "alguns" aprenderiam **X**. É melhor evitar isso, pois é um exemplo, embora não intencional, de expectativas baixas.)
- Comece com uma pergunta, uma declaração, um enigma ou algo semelhante que seja envolvente ou **instigante**. Se o interesse das crianças for capturado, será um bom ponto de partida.
- Use perguntas abertas e fechadas, mas **reconheça** quando cada uma delas é necessária.
- Se for uma pergunta fechada com uma resposta certa ou errada, e a criança errar, use sua **inteligência emocional** (Capítulo 4). Pense em seu tom, em sua linguagem corporal, em sua empatia não verbal — use essa prática relacional (PR). Seja gentil e oriente a criança em relação à questão (por exemplo, "Aah, entendi aonde você quer chegar. E se..."), mas verifique se ficou claro para todos e se não há equívocos.
- Ofereça **tempo para eles processarem** quando for necessário. Isso pode significar dizer a Jannat que você voltará a falar com ela daqui a pouco, "pode deixar que eu falo com você depois, assim que eu souber como a Annabelle está, enquanto isso pense um pouco mais".
- **Reformule/reenquadre** as perguntas quando necessário.

- Se estiver usando perguntas abertas e estiver buscando opiniões, nunca passe para a próxima criança se ouvir apenas uma resposta da primeira. Por exemplo:

Yousef: Acho que roubar é sempre errado.

Professor: Certo. Por quê? Me dê um motivo.

Yousef: Porque você está pegando uma coisa que não é sua.

Professor: Sim, com certeza. Mas por que isso é errado? Você pode desenvolver essa sua opinião?

Yousef: [Permaneça em silêncio enquanto Yousef pensa — não interrompa, mesmo que pareça desconfortável, a menos que não esteja indo a lugar nenhum, e nesse caso simplesmente ofereça uma solução suave.] ... Porque, se não é sua, então você não pagou por essa coisa... e outra pessoa pagou, o que significa que ela teve de trabalhar para isso. Você não trabalhou, só foi lá e pegou.

Professor: Excelente. Você fez uma pausa, pensou e justificou a sua resposta; muito bem. Que tipo de trabalho as pessoas mais jovens fazem, Yousef, já que estamos conversando sobre isso?

Yousef: Não sei, talvez trabalhos escolares?

Professor: Sim! Com certeza! E como a gente se sente quando alguém pega nosso trabalho escolar ou o copia?

Yousef: A gente fica muito bravo! Essa pessoa está enganando os outros, e isso não é justo!

Professor: Sim, eu entendo esse sentimento — se bem que talvez a gente precise pensar: **por que** essa pessoa está enganando? Carys, você levantou a mão. Consegue responder ao que Yousef e eu estamos discutindo?

Carys: Sim, acho que precisamos tentar descobrir por que uma pessoa está trapaceando ou roubando... Acho que roubar nem sempre é errado, então eu não concordo com o Yousef em tudo.

Professor: E por que é assim? Por que você acha que roubar nem sempre é errado?

Carys: Bem, a pessoa pode ser pobre.

Professor: E como isso muda sua opinião?

Carys: Porque, se uma mulher não tem dinheiro para comprar comida, ela pode precisar roubar um pouco.

Professor: Hmm, certo, e para que nós precisamos de comida? Ela nos ajuda em quê?

Carys: Nos ajuda a ficar vivos! A viver!

Professor: Então, e se uma pessoa viciada em uma droga tiver que roubar essa droga porque não tem dinheiro para comprá-la? Isso mudaria as coisas?

E assim por diante. Continue... Essas habilidades perceptivas são infinitas!

3. **Comunidade de perguntas**
Sempre que possível, sente as crianças em um círculo. Você verá imediatamente os **benefícios** dessa atividade para a **SEMH** e também para as habilidades de fala e escuta. É quase desnecessário dizer, mas reforce suas **expectativas altas** de respeito e, em seguida, apresente uma declaração (como o exemplo do roubo que acabamos de ver), ou uma pergunta (como resolver um problema da melhor maneira possível), ou um enigma. Qualquer coisa que esteja relacionada ao foco pretendido ou ao objetivo de aprendizagem. Você pode verificar a compreensão (avaliação formativa) e adaptá-la sempre que necessário. As crianças também podem questionar umas às outras. A **base relacional sólida** que você estabeleceu se destaca aqui — se você tiver criado um espaço seguro, coisas mágicas podem acontecer nesse ambiente de aprendizado comunitário inclusivo.

Escolha cuidadosamente quem vai começar, e a primeira criança dará sua resposta. A próxima criança deve dizer se concorda ou discorda da resposta anterior, sendo respeitosa, mas também demonstrando suas habilidades de raciocínio, dizendo **por que** concorda ou discorda. Facilite esse processo quando necessário, mas cada aluno deve ter chance de falar. Isso permite que você **avalie**, **modele**, **resolva equívocos** e avance em pequenas etapas.

Nesse caso, por exemplo, você pode levar essa discussão a analisar por que algumas pessoas podem ter menos dinheiro do que outras, pode associar o custo de vida ou as despesas comuns, incentivando os alunos a pensar de maneira ampla; adapte suas perguntas de acordo com as respostas e incentive a empatia e o apoio entre as crianças, trocando ideias. Priorize perguntas sobre **por que**, **o quê**, **onde**, **quem**, **e se** e **como**. Se quiser, deixe essas estruturas expostas na sala e consulte-as com frequência.

4. **Vote com os pés**
Isso é semelhante à comunidade de perguntas, mas significa que as crianças estão de pé. Dê a elas uma afirmação, uma equação ou uma pergunta e peça que se movam para um lado da sala se concordarem, para outro se discordarem e que fiquem no meio se não tiverem certeza.

Depois de colocá-las no lugar, você pode **facilitar o questionamento** pedindo aos alunos que justifiquem suas respostas ou que reflitam sobre as ideias uns dos outros. Você pode inclusive verificar se alguns alunos mudam de ideia ou percebem um equívoco e se autocorrigem, passando assim para outra área da sala. Sempre peça a eles que justifiquem seus processos de pensamento e suas respostas. Incentive e facilite essa conversa metacognitiva.

5. **Organizadores de conhecimento**

Os próprios alunos podem criá-los. Eles podem ser **codificados duplamente**[4] para que haja informações verbais e visuais, trocando palavras por imagens e assim por diante. O uso de palavras com recursos visuais é útil para a memória e, portanto, também ajuda na revisão. É melhor que os próprios alunos os criem por motivos óbvios, e isso também ajuda a ganhar tempo.

6. **Notas de Cornell**

O método Cornell de fazer anotações foi desenvolvido por Walter Pauk. Pauk foi professor da Universidade de Cornell na década de 1950 e expôs suas ideias no livro *How to Study In College* [Como estudar na faculdade] (2010). O sucesso do método Cornell de fazer anotações foi tão grande que em alguns lugares você pode até mesmo comprar impressos com as três colunas necessárias, prontos para o uso. Na escola, é claro, podemos distribuir o papel padrão e aproveitar a oportunidade para fazer os alunos praticarem suas habilidades com a régua e a linha reta.

Coluna de dicas	Ideia principal
Palavras-chave/ vocabulário/terminologia Perguntas-chave Comandos	Anotações concisas — sem enrolação Parafrasear / abreviar / apenas pontos-chave Diagramas/ esboços/ rabiscos
Resumo 2 ou 3 frases resumindo o tópico/texto/conceito/aprendizado	

Figura 5.3 Anotações feitas no método Cornell
Referenciado como: Pauk, Walter; Owens, Ross J. Q. (2010). *How to Study in College* (10 ed.). Boston, MA: Wadsworth.

Para fazer anotações no método Cornell, basta ter duas colunas e um quadro de resumo ou um espaço na parte inferior da página. A primeira é a **coluna de dicas** (palavras-chave, comandos, perguntas e assim por diante), e a segunda coluna mostra a **ideia principal** do que está sendo estudado (parafraseado, abreviado, com esboços/diagramas, anotações concisas). Na área de **resumo**, o aluno deve escrever algumas frases sintetizando tudo. Esse método pode ser usado para revisão ou aprendizado. Você pode cobrir a coluna da **ideia principal** e usar as **dicas** para praticar a memorização do que está escrito nela, por exemplo (veja a Figura 5.3).

7. **Fragmentação**

Isso está intimamente ligado ao andaime. Rosenshine sugere que apresentemos "**o conteúdo novo em pequenas etapas**", e a orientação da EEF sobre estratégias cognitivas e metacognitivas, bem como as instruções explícitas, têm tudo a ver com isso. Faz total sentido. O aprendizado pode ser comparado a blocos de construção ou, de fato, à construção metafórica de nossa sala de aula inclusiva. Se não tivermos uma base sólida, todo o restante será instável. Quando apresentamos o conteúdo em pequenas etapas, não sobrecarregamos as crianças e temos mais condições de garantir que nossos alunos entenderam antes de seguirmos adiante.

A divisão em partes nos permite construir o conhecimento ao longo do tempo, e informações mais complexas podem ser acessadas e **intercaladas** à medida que a criança progride, incorporando a compreensão a cada etapa do caminho. Nosso planejamento deve permitir que as crianças **adquiram e usem** habilidades, desenvolvendo a capacidade de aplicar seus conhecimentos a situações práticas, como a resolução de um problema.

Portanto, a divisão em partes faz sentido. É um método lógico de ensino adaptativo, e podemos trabalhar com ele de várias maneiras:

- **Desmembramento**

Quando apresentar um conteúdo novo, não sobrecarregue os alunos, pois isso levará a uma sobrecarga cognitiva. É claro que eles precisam conhecer o panorama geral (por exemplo, escrever para convencer), mas precisamos apresentar isso passo a passo. Não passe para a próxima etapa até que todas tenham sido compreendidas. Alguns alunos não precisarão disso tanto quanto outros, portanto você pode adaptar e mudar para eles, mas fique atento ao que está acontecendo em sua sala de aula.

- **Métodos criativos para dar instruções**

Escreva-as em notas adesivas, no quadro, em um miniquadro branco ou em um *slide*. Uma alternativa é usar o livro do aluno quando estiver fazendo correções nele.

- **Repetição**

Repita as instruções e peça aos principais alunos que as repitam. Peça a outros alunos que as repitam para a turma, por exemplo, "Estou um pouco cansada. Jude, o que vamos fazer primeiro? Ótimo! Todos entenderam isso? Connor, o que a Jude disse que vamos fazer primeiro? Deem essa alegria para a professora!". Use sua **inteligência emocional** e sua **base relacional** aqui.

- **Memória de trabalho**

Se você já leu um relatório de um psicólogo educacional que avaliou um aluno, é bem possível que tenha visto algo sobre "memória de trabalho". A memória de trabalho tem a ver com a retenção de informações em nossa mente. Algumas crianças podem, por exemplo, ter dificuldade para reter o conhecimento sobre frações, ao mesmo tempo que mostram habilidade ao tentar multiplicar duas frações. Além de incorporar esse conhecimento por meio da **repetição** e da **prática** defendida por Rosenshine, podemos apoiar a criança tanto por meio da fragmentação como fazendo uso do andaime — dividir a tarefa em pequenas etapas, usar uma lista de verificação ou dicas em Post-its. Faça a criança receber uma instrução de cada vez, ajudando-a a reter as informações por conta própria.

Apoiar o gerenciamento da memória de trabalho de uma criança dessa forma também lhe ensina habilidades para a vida, de modo que ela possa aplicar essas estratégias em situações fora da escola.

- **Revisão**

Não há dúvida de que alguns alunos acham muito difícil fazer revisões. Sejamos sinceros, revisar é entediante! O aluno precisa entender o assunto antes de poder revisá-lo, e nós apoiamos isso com nosso ensino adaptativo, mas depois ele precisa memorizar grandes quantidades de trabalho. Não há como evitar isso; tem a ver com os métodos de avaliação nas escolas. Entretanto, podemos ensinar os alunos a revisar, a testar a si mesmos, a fazer fichas de revisão e assim por diante. Técnicas como a do mapa mental, com código de cores e recursos visuais, podem beneficiar muitos alunos. Comece isso com alunos bem pequenos, e incorpore ao seu ensino.

> Como você usa atualmente as estratégias metacognitivas?
>
> Como você acha que a **janela de disciplina social** (Capítulo 4) se encaixa aqui? (desafio grande/pequeno, apoio pequeno/grande?)

INSTRUÇÕES EXPLÍCITAS

Dar instruções explícitas não significa, de forma alguma, o tipo de ensino que existia quando eu estava na escola — o professor na frente, falando para a turma, esperando que os alunos ficassem ali sentados, ouvissem e, de alguma forma, aprendessem. Estamos falando de ser **muito claro com as crianças**. Isso se vincula aos Princípios de Rosenshine e, essencialmente, é uma lógica simples.

Por que as instruções explícitas são úteis

- A **compreensão** é verificada ao longo do caminho.
- Todas as **concepções equivocadas** são tratadas para garantir que os alunos não prossigam com uma ideia errada.
- Os alunos podem incorporar **novos conhecimentos** e dominar **novas habilidades**, aplicando, assim, seus conhecimentos a situações específicas. A EEF (p. 24) recomenda o uso de **"não exemplos"** com as crianças, em vez de apenas modelar os corretos, para que elas reconheçam onde os erros são cometidos e possam evitá-los no futuro.

Como usar as instruções explícitas

1. As instruções devem ser dadas **com clareza**, usando **linguagem clara**. Seja **conciso**.
2. Elas devem ser dadas em uma **sequência lógica** e divididas em **partes menores** e gerenciáveis.
3. Verbalize o processo de raciocínio — use uma **modelagem clara** — e seja claro quanto a **possíveis concepções equivocadas** (veja que isso também está relacionado às estratégias cognitivas e metacognitivas).
4. Ofereça muitas oportunidades de **prática**, com **apoio** e *feedback* em cada etapa.

> **Onde** você já usa as instruções explícitas?
> Como você pode incorporá-las **ainda mais**?
> Você sempre fala com clareza sobre possíveis **concepções equivocadas**?
> Como você as aborda ou desconstrói?

USO DA TECNOLOGIA

Hoje em dia, há uma gama de recursos tecnológicos à nossa disposição. Descubra o que está disponível em sua escola e pesquise o que se relaciona à sua especialidade. Em termos de ensino de crianças com necessidades especiais, essa pode ser **uma área** um pouco mais **técnica**, na qual você precisará de mais apoio. Ela vai muito além da tecnologia óbvia que todos nós usamos em nossas salas de aula; tem mais a ver com gerar um impacto específico e de apoio no aprendizado de crianças com necessidades especiais e torná-lo acessível.

Pode haver situações em que, por exemplo, uma criança usa **equipamentos específicos** para atender às suas necessidades adicionais, e você precisará saber como eles funcionam, por exemplo, um equipamento que auxilie a audição. Você pode ter jovens em suas turmas que precisam de cadeiras especiais. Equipamentos como esse podem ser financiados pela família da criança, pela escola ou pela equipe de inclusão da autoridade local, por meio de um EHCP/PEI se a criança tiver um. Ou, se for relativamente barato, uma entidade específica pode financiá-lo.

Por exemplo, um centro de fonoaudiologia pode financiar um aparelho de comunicação com saída de voz.

Em casos como esse, o departamento de apoio à aprendizagem entrará em contato diretamente com você — e, obviamente, você pode entrar em contato com eles — para dar orientações específicas e dicas sobre como usar o equipamento. Também é importante conversar com os pais ou responsáveis e, obviamente — o mais importante! —, com a própria criança. Não tenha medo de fazer isso, seja totalmente inclusivo em seu aprendizado; valorize a opinião da criança e aja de acordo com ela.

Há também vários dispositivos nos departamentos de apoio à aprendizagem da escola que as crianças podem usar. Geralmente eles precisam ter esses recursos alocados devido ao número de alunos e ao financiamento, mas os leitores eletrônicos de livros, por exemplo, oferecem algumas funções ótimas que tornam a leitura muito mais acessível. Alguns alunos poderão usar notebooks, outros poderão usar ferramentas de leitura assistida. Isso pode assustar você, mas, na minha experiência, é mais ou menos como acontece na relação das crianças com o controle remoto da TV e o celular; os adultos sabem usar apenas cinco funções, e as crianças provavelmente podem usar esses aparelhos para lançar foguetes.

Por que a tecnologia é útil

- Hoje a tecnologia abre portas para crianças e jovens — programas especializados, equipamentos e assim por diante são numerosos e adequados a uma **série de necessidades**.
- Ela nos fornece **diferentes métodos** de registro de trabalho, acesso à aprendizagem, envolvimento na aprendizagem, velocidade de trabalho, modos de apresentar e processar o trabalho, compreensão de informações escritas, melhora da coordenação, localização de informações e assim por diante.

Como usar a tecnologia

1. O **departamento de apoio à aprendizagem** saberá a que tecnologia uma criança tem direito ou de qual poderá se beneficiar (para o Ensino Médio, você também poderá pensar em recursos de acesso para fazer avaliações).

2. Para uma turma ou em se tratando de um departamento, você pode ter acesso a aplicativos, *tablets, notebooks*, PCs, programas e intervenções que se enquadram nessa categoria. Descubra o que está disponível para você — essa é uma área extremamente rica. Por exemplo, uma criança pode precisar de uma intervenção de digitação como parte de seu Plano Educacional Individualizado. Normalmente, isso será feito em um *notebook* e supervisionado por um assistente de ensino.
3. **O departamento de apoio à aprendizagem** é o local ideal para quem precisa de orientação, mas, em alguns casos, é provável que ele já o tenha informado se, por exemplo, uma criança com um Plano Educacional Individualizado tiver em seu plano a necessidade de usar uma caneta de leitura ou uma peça específica de **tecnologia assistiva**. Essa equipe poderá ensinar você a usar esses recursos, mas muitas vezes a melhor fonte de apoio será o aluno. As crianças geralmente são os maiores especialistas em tecnologia em comparação com muitos adultos, pois foram criadas (para o bem e para o mal!) com ela.
4. Pode ser útil (ou até mesmo detalhado em um plano de suporte) imprimir *slides* de PowerPoint para algumas crianças para que elas tenham uma cópia para consultar ou ler com mais facilidade, ou para usar com o apoio de um adulto específico, caso tenham um tutor que as auxilie na aprendizagem ou conte com um assistente de ensino.
5. Cuide da iluminação nas salas de aula — acomode as crianças com NEE/D no local onde elas se sentem mais confortáveis ao usar a tecnologia.
6. Visualizadores, questionários *online*, ferramentas de revisão, música, realidade virtual e assim por diante — recursos tecnológicos — podem ser excelentes métodos de ensino para todas as crianças, quando bem utilizados.

Qual é o seu grau de **confiança** para usar a tecnologia assistiva (ou qualquer outra)?
O que está disponível em sua escola? Falta **financiamento** para a tecnologia? Você recebe **treinamento** em sua escola sobre como obter o máximo e o melhor da tecnologia na sala de aula?

ANDAIME

Já sabemos que nosso andaime é **temporário**. Podemos oferecê-lo quando algum apoio for necessário e retirá-lo quando a habilidade for dominada. É muito bom quando a criança identifica os momentos em que o andaime é demandado e quando ele pode ser removido. (Esse é um bom exemplo de metacognição e autoconsciência do aprendizado.)

Por que o andaime é útil

- O andaime oferece **suporte estruturado** para os blocos de construção da aprendizagem.
- Ele torna as coisas **gerenciáveis** e menos assustadoras.
- Ele serve de modelo para os jovens aprenderem a gerenciar seu próprio trabalho no futuro.
- Ele é temporário e **removível**, o que, portanto, pode ser **fortalecedor**.
- Saiba quando ele é necessário e **quando pode ser retirado**. Ninguém quer um andaime bloqueando sua visão pelo resto da vida.

Como usar o andaime

1. **Modelos de escrita**

Todos nós conhecemos os quadros de escrita, mas precisamos usá-los de maneira útil. Eles podem ser usados por toda a turma. E lembre-se de que **crianças diferentes nem sempre precisam do mesmo apoio**. Adapte-o de acordo com o que elas estão achando desafiador. Você pode usar quadros impressos com relógios para que as crianças tenham um tempo definido para a tarefa. Você pode usar quadros que funcionem como *checklists* de tarefas. Você pode até usar quadros com desenhos simples. Tudo isso pode ser encontrado na internet para facilitar suas vida. No entanto, lembre-se de que um dos objetivos do ensino adaptativo é não passar horas fazendo folhas diferentes para cada criança na aula e nunca permitir que um quadro de escrita limite uma criança.

Algumas crianças dificilmente precisarão do andaime, outras podem seguir o que está no quadro.

Algumas vão depender do andaime no início. Você saberá quando **adaptar** isso por meio de sua avaliação do que está acontecendo. Se de repente você perceber no meio da tarefa que alguém precisa de mais ou menos apoio, poderá se adaptar ao longo do caminho. Seja criativo. Seja responsivo.

2. **Livros didáticos de alta qualidade**
Vimos no Capítulo 1 que a diretriz do setor de apoio ao professor iniciante do Departamento de Educação do Reino Unido aconselha a reduzir a carga de trabalho usando "recursos bem projetados". Um livro didático bem escrito é um excelente recurso, e, usando o tipo de nota adesiva que tem **plástico transparente** de um lado, é fácil incentivar os alunos a fazer anotações e depois colá-las em locais apropriados para demonstrar sua compreensão. Como alternativa, podemos colá-las para mostrar ao aluno em que parte do texto ele deve se concentrar, de modo que ele esteja usando exatamente o mesmo recurso que todos os outros, mas de maneira mais acessível do que um aluno que consegue usar o recurso integralmente. Da mesma forma, o aluno pode descobrir que, por ter acesso ao recurso integral, ele pode acessar mais partes dele.

3. **Visual**
Use imagens, use comandos visuais. Eles podem estar em quadros de escrita, *slides*, listas de itens e assim por diante. Para os alunos com baixo nível de alfabetização, os recursos visuais podem ser úteis e também inspirar o pensamento.

4. **PowerPoint**
Você pode ter uma lista de verificação ou um quadro exibido em um *slide*. Eu tenho certa resistência ao uso do PowerPoint para o ensino quando ele serve para acessar alunos passivos em uma aula ou outra, mas é claro que ele é uma excelente ferramenta de ensino quando usado de forma eficiente e sem ser por tempo indeterminado.

5. **Notas adesivas**
A alegria da nota adesiva! Muito rápida, fácil de usar e um provedor imediato de *feedback* em tempo real. Você pode usá-la para escrever comandos para as crianças, como "próximo!", por exemplo, ou "Falta a conclusão...", ou até mesmo a fórmula para encontrar o raio de um círculo. Você pode rabiscar

algo em uma nota adesiva, ou demonstrar a escrita à mão, ou pode usar notas adesivas de cor do papel que um aluno disléxico pode achar mais fácil de ler. Você pode esconder os Post-its (falaremos mais sobre isso em nossas adaptações de Ludicidade) e fazer o que quiser com eles, assim como os alunos, por exemplo, escrevendo uma frase ou um parágrafo em cada um (dependendo do tamanho dos blocos de notas) para construir uma peça maior.

6. **Modelagem de respostas**
Pense novamente no relatório da EEF e em Rosenshine. Modele na lousa, modele uma resposta de matemática usando um visualizador, peça a uma criança para modelar algo para a turma. Faz total sentido mostrar aos alunos como algo precisa ser ou, de fato, como algo não deve ser. Devemos ser explícitos. Modele respostas e concepções equivocadas — pense mais uma vez nas estratégias cognitivas e metacognitivas.

7. **Iniciadores de frases**
Dê sugestões aos alunos que precisarem delas. Elas podem ser escritas ou verbais. Coloque-os em uma nota adesiva para que eles comecem. Forneça conectivos aleatórios ou símbolos que possam ser necessários e peça ao aluno que escolha o mais adequado.

8. **Pistas**
Forneça pistas sobre o que procurar. Ofereça dicas, faça inferências, sugira. Aponte possíveis pistas ao redor da sala, no quadro ou nas páginas finais dos livros. Faça conexões com o aprendizado anterior ou com o aprendizado que ainda está por vir.

9. **Equipamentos**
Você também pode organizar o equipamento de que a criança vai precisar para uma aula e para as aulas seguintes. Avise com antecedência, ajude a criança a organizar seu equipamento e entre em contato com os pais, se e quando necessário. Ao falar sobre isso com a criança, você pode anotar qual é o equipamento, mas também se concentrar em ensinar a ela por que precisa dele — questione-a da mesma forma que faria em relação aos resultados acadêmicos. Vincule o uso do equipamento ao aprendizado e às aulas anteriores, pergunte como ele pode ajudar em outras aulas e estabeleça vínculos

interdisciplinares com o aprendizado. Pergunte aos alunos que recursos você poderia usar em matemática e em geografia, por exemplo.

10. Vocabulário de pré-aprendizagem
Muitos professores fazem isso com frequência, mas vale a pena observar. A distribuição prévia do vocabulário mais complicado pode ser eficiente. Os glossários podem ser colados nos livros ou escritos pelos alunos. O vocabulário pode ser enviado para casa, ou entregue a um adulto individualmente, ou passado a um professor de apoio.

Exponha o vocabulário pela sala e use recursos visuais quando necessário. Faça referência ao vocabulário de forma explícita. Lembre-o durante as aulas. A EEF sugere o uso do modelo Frayer (1969) para o aprendizado de vocabulário; veja a Figura 5.4.

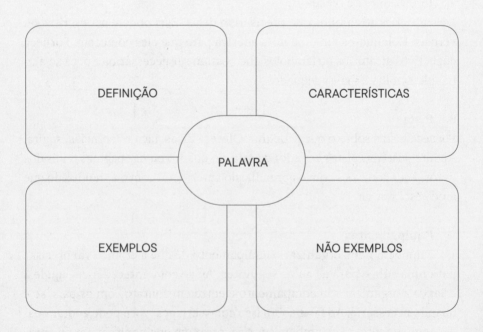

Figura 5.4 O modelo Frayer

Referenciado como: Frayer, D., Frederick, W. C., e Klausmeier, H. J. (1969). *A Schema for Testing the Level of Cognitive Mastery*. Madison: WI: Wisconsin Center for Education Research.

Isso pode ser usado para qualquer vocabulário ou até mesmo para formas e fórmulas. A criança também pode usar recursos visuais e imagens, se necessário. Esse método decompõe a palavra, cria vínculos e oferece não exemplos, garantindo, assim, que não haja concepções equivocadas.

Lembre-se: quando a criança deixar de precisar do andaime, remova-o. Ela poderá precisar dele novamente em algum momento, mas não deve ficar dependente dele. Rosenshine deixa clara a necessidade da **prática independente**. Quando um conceito tiver sido compreendido, retire o andaime. **E seja criativo**!

> **Que resultados você obtém usando** o andaime?
> Que **métodos** você usa?
> Houve algum momento em que você precisou **reintroduzi-lo**? Em caso afirmativo, como tentou garantir que dessa vez o aprendizado fosse **incorporado**?
> Você consegue pensar em um momento em que poderia tê-lo usado de maneira **muito** eficaz? Como foi?

OUTRAS ADAPTAÇÕES

Haverá algumas adaptações que você precisará fazer, por exemplo, fornecer papel colorido para crianças disléxicas, usar fontes maiores para alguns jovens ou criar uma entrada acessível para a sala de aula. Isso será detalhado nos **planos** para essas crianças, e o seu departamento de apoio à aprendizagem o avisará. Serão providências adotadas previamente — não são o mesmo que adaptar o ensino com base no seu conhecimento da compreensão dos alunos. Elas ainda são importantes, é claro, mas não precisam ser abordadas em detalhes aqui.

Outra coisa que você precisará adaptar — algumas das quais podem estar escritas nos planos, mas vale a pena ter em mente — é o **ambiente** da sua sala de aula inclusiva.

Por exemplo:

Iluminação — fique atento ao brilho e ao reflexo.
Crie "**estações**" ao redor da sala ("estação da imaginação", "estação da autorregulação" e assim por diante).
Posicionamento de telas e dispositivos.
Lugares para sentar — podem ser colocados em um círculo? Podem ser facilmente tirados dali?
Exposições — emoldurar o trabalho, em vez de apenas colar na parede, para mostrar que você o valoriza. Ou ter um mural, onde um trabalho realmente incrível fica exposto por uma semana ou por um mês.
Equipamento — etiquetas com rótulos para que os alunos possam identificá-lo (ou caixas transparentes para evitar o incômodo das etiquetas), minilousas à mão; o mesmo vale para notas adesivas.
Perguntas metacognitivas fixadas em toda a sala — como, o quê, por quê, quando, e se, que tal etc.
Evitar que o lugar fique lotado de objetos ou de cores, ou mesmo bagunçado — esteja atento à **sobrecarga sensorial**.

> **PARTE 2: IDEIAS PRÁTICAS PARA O ENSINO ADAPTATIVO**
> **Conclusões**
>
> - Podemos adaptar nosso ensino usando as 5 estratégias da EEF para um ensino de alta qualidade:
>   - Agrupamento flexível;
>   - Estratégias cognitivas e metacognitivas;
>   - Instruções explícitas;
>   - Uso de tecnologia para apoiar alunos com NEE/D; e
>   - Andaime.
>
> - Ao usar essas cinco estratégias e estar atento ao Rosenshine, podemos adaptar nosso ensino, sendo **receptivos** e empregando uma série de **ideias práticas** para apoiar o aprendizado.

PARTE 3

Usando a ludicidade (PACE) para adaptar o planejamento e os recursos

Depois de examinar a orientação da EEF em termos de ensino de crianças com NEE/D (e lembrando que o ensino de alta qualidade para essas crianças é um ensino de alta qualidade para todas as crianças), vamos agora analisar ideias práticas para adaptar nosso ensino usando a **Ludicidade** — parte da abordagem **PACE** (ludicidade, aceitação, curiosidade e empatia) que examinamos no Capítulo 4.

Ao longo da Parte 3 deste capítulo, devemos continuar atentos às **5 estratégias da EEF** para o ensino de alta qualidade que enfocamos na Parte 2. Você verá que as ideias mais lúdicas e experimentais deste capítulo estão relacionadas a elas.

> - Você tenta incorporar o **planejamento lúdico** às suas aulas? Você acha que isso depende mais do fato de você ser um professor do Ensino Fundamental?

> - Se você é um professor sênior na sua área, o seu departamento planeja em conjunto? Até que ponto o PowerPoint é usado? Você se sente **à vontade** para ensinar sem ele?
> - Seu ensino adaptativo está ligado constantemente ao uso do PowerPoint? Por exemplo, a introdução sempre inclui um "desafio" extra? Isso pode estar limitando o ensino? Por quê? Ou por que não?
> - Você se sente pressionado a manter o aprendizado menos lúdico a fim de preparar os alunos para as **condições de avaliação**? Há uma pressão maior por passar o conteúdo?
> - Você acha que o aprendizado lúdico não pode ser feito devido ao comportamento da turma nas aulas? Em caso afirmativo, como a sua prática relacional (PR) poderia dar suporte a isso? Podemos ficar presos a um círculo vicioso aqui — arrisque-se um pouco com as ideias lúdicas deste capítulo e veja as diferenças que elas proporcionam. Lembre-se de que, para algumas crianças, **enquanto não nos chegarmos a elas, não poderemos ensiná-las**.

POR QUE ADAPTAR O ENSINO USANDO A LUDICIDADE

No Capítulo 4, examinamos quatro pedagogias relacionais com conselhos práticos sobre como empregar essas abordagens em sua sala de aula inclusiva, incorporando assim essa base para que tudo o mais possa florescer sobre ela. Uma dessas abordagens foi o **PACE** [*playfulness* (**ludicidade**), *acceptance* (**aceitação**), *curiosity* (**curiosidade**) e *empathy* (**empatia**)], desenvolvida inicialmente por Dan Hughes. Neste capítulo, vamos nos concentrar no P do PACE, o elemento **ludicidade**. Entretanto, em vez de usá-lo como uma *abordagem*, como fizemos no Capítulo 4, vamos usá-lo para adaptar nosso *planejamento*.

Muitas vezes pensamos que o ensino adaptativo se resume às estratégias que vimos na Parte 2, os elementos mais tradicionais, como o trabalho em blocos, e é claro que eles são fundamentais na sala de aula. Entretanto, será melhor se também pudermos **adaptar nosso planejamento usando a PR**.

Sabemos que, na Educação Infantil, as crianças **aprendem por meio de brincadeiras** e experiências lúdicas. No entanto, quanto mais avançam na escola, menos isso acontece. Em vez disso, há a pressão, os testes e, às vezes, o excesso de PowerPoint.

Se você pesquisar na internet por "brincar" ou, por exemplo, "brincar profundo" (Geertz 1972), talvez fique tão surpreso quanto eu ao ver a variedade de tipos de brincadeiras que existem. Acontece que filosofias inteiras foram escritas sobre o brincar. À medida que crescemos e nos tornamos adultos, tendemos a pensar no brincar como algo sem sentido, fútil, uma entidade separada da "vida real" ou do "trabalho", quando, na verdade, todo brincar está ligado ao aprendizado. Se observarmos as crianças pequenas brincando, notaremos que elas se perdem completamente no processo, chegando ao outro lado com novos entendimentos, tendo feito ligações que não haviam visto anteriormente ou usando habilidades com um nível maior de competência. O mesmo acontece com os adultos e todos os estágios de desenvolvimento humano intermediários.

Conhecemos a importância das pedagogias relacionais no ensino do século XXI e as teorias por trás dessas abordagens (Capítulo 3); sabemos, portanto, que temos crianças em nossas salas de aula que não vão reagir ao fato de entrarem e ficarem sentadas por horas, mostrando-se prontas para aprender e confiar. O elemento confiança é construído por meio de nossa base relacional — e isso pode abrir as crianças para o aprendizado, mas, uma vez abertas as portas, precisamos envolver e inspirar essas crianças de tal forma que elas queiram ficar. Que elas comecem a ver a relevância do aprendizado, que comecem a gostar do aprendizado e a valorizá-lo.

A lógica é simples: se temos jovens em nossa sala de aula que mal estão no primeiro degrau da escada hierárquica de Maslow (Capítulo 3), então eles não prontos para receber o aprendizado que despejamos neles. Precisamos envolver esses jovens. Precisamos reconhecer que mesmo os jovens de 15 anos ainda são crianças. E precisamos adaptar nosso planejamento de acordo com isso. Como vimos na orientação da EEF, é necessário "**criar um ambiente positivo e de apoio para todos os alunos, sem exceção**", e "**desenvolver uma compreensão contínua e holística de seus alunos e das necessidades deles**". Consequentemente, usar o PACE para adaptar nossas aulas se encaixa perfeitamente nessa orientação.

Este capítulo lhe dará ideias práticas para adaptar aulas e recursos usando jogos e, também, a **aprendizagem pela experiência**. Seria impraticável sugerir que todas as suas aulas fossem adaptadas dessa maneira, e também seria desnecessário e inadequado que você fizesse isso. Entretanto, os métodos a seguir são simples, criativos, rápidos de planejar e envolventes. Eles injetam um pouco de diversão no aprendizado. Use-os quando necessário, com crianças que precisam deles — você reconhecerá quando, assim como reconhece quando uma criança precisa do andaime (e quando não precisa). Divirta-se com essas ideias, compartilhe-as, acrescente algo a elas e pense em suas próprias ideias. Esperamos que você goste delas tanto quanto as crianças gostam!

Como adaptar o ensino usando a ludicidade

Ideias práticas

O objetivo é tornar o aprendizado interativo. Envolver os jovens, independentemente da idade. Seja o mais criativo possível. Não se trata de passar horas planejando — na verdade, a ideia é não demorar muito —, mas de usar a imaginação e ver tudo ao redor como uma possível experiência de aprendizagem ou como algo capaz de criar uma experiência de aprendizagem memorável.

A aprendizagem pela experiência e o poder das histórias

A aprendizagem pela experiência é excelente para a criação de **salas de aula inclusivas**, e considero essa prática especialmente boa quando se trata de adaptação para jovens com necessidades especiais de educação. Ela tem vínculos fantásticos com o **questionamento**, que analisamos como parte da *cognição e metacognição* da EEF na Parte 2, e é uma excelente maneira de tornar o aprendizado relevante para os alunos.

    Se você ainda não a incorporou, um senhor chamado **John Dewey** é geralmente citado como fundador da aprendizagem pela experiência (Kolb, 1984). Em 1915, Dewey observou a necessidade da **aprendizagem prática** e defendeu que os alunos precisam ser *ativos no processo de aprendizagem* (vinculando, portanto, a cognição e a metacognição), já que existem crianças incapazes de utilizar a aprendizagem fora do prédio da escola; ele sugeriu que elas não veem a aprendizagem escolar como relevante para suas vidas cotidianas e vice-versa. Essencialmente, a aprendizagem pela experiência deve permitir que os alunos aprendam fazendo — relacionando, portanto, a "teoria" à sua vida prática. O verdadeiro aprendizado pela experiência significa sair e fazer por si mesmo, mas isso nem sempre é prático; então, podemos ajustar as coisas para que as crianças realmente se envolvam.

> ▪ Quantas vezes você já ouviu crianças perguntarem por que precisam de matemática quando têm uma calculadora? Ou por que se dar ao trabalho de ler um mapa se elas têm um GPS? Ou para que serve o ensino religioso se eu não acredito em um ou mais deuses?
> ▪ Na verdade, muitas dessas perguntas hoje em dia se resumem a: por que se preocupar com (insira o aprendizado relevante aqui) quando o meu **celular** faz isso por mim?

Na época em que eu era líder de disciplina de ensino religioso, sempre me perguntavam qual era o objetivo de estudar isso. E era muito bom ficar reiterando que se tratava de uma matéria que nos permitia aprender sobre as pessoas, sobre como elas vivem, sobre o que é importante para os outros ou sobre como pensar em argumentos éticos desafiadores que podem afetar a todos nós. Entretanto, muitas vezes, a menos que as crianças *vivenciem algo diretamente*, isso tem pouco significado para elas em termos teóricos.

Exemplo prático: a ilha

Com a aprendizagem pela experiência, as portas se abrem. Um excelente exemplo prático que pode ser usado para crianças com necessidades de SEMH, e que pode ser facilmente adaptado para uma série de áreas curriculares, é uma atividade chamada **A Ilha**. Ela foi originalmente escrita por uma professora chamada Sue Phillips e eu a utilizei várias vezes nas últimas duas décadas, sempre com excelentes resultados.

Phillips agora é professora em cursos de pedagogia, mas, quando lecionava em escolas, costumava se referir à sua sala de aula como um **"teatro do aprendizado"**. Tive a sorte de visitá-la uma vez e fiquei completamente inspirada. A pedagogia de Phillips baseava-se inteiramente no ensino adaptativo, e desde então ela publicou um manual para trabalhar com A Ilha, demonstrando que isso também atende ao currículo, às expectativas de ensino e aprendizagem e às pressões que nos são impostas pelas inspeções (Phillips 2013). Eu o utilizei com crianças tanto em escolas de Ensino Fundamental quanto na pré-escola; ele é totalmente adaptável. Você só precisa de um pouco de imaginação e pronto. Existem até mesmo perfis de redes sociais criados para A Ilha.[5]

Essencialmente, A Ilha é contada como uma **história**. Os alunos se envolvem muito com ela, apropriando-se da história e tornando-se um personagem dentro dela. Para tanto, eles usam habilidades de escuta, empatia, oralidade e um grande número de habilidades de pensamento de Bloom. Vemos, então, que isso também se vincula à orientação da EEF e às estratégias para um ensino de alta qualidade. Você pode construir um "cenário" no meio da sala, sentar os alunos em círculo, acender velas, se a saúde e a segurança permitirem (se necessário, use iluminação a pilha), e envolver totalmente os alunos.

A história envolve um navio de cruzeiro que encalha em uma ilha, deixando os passageiros retidos, sem chance de resgate. Basicamente, eles estão **de volta ao início da civilização humana**: sem telefone, sem estrutura de apoio prontamente disponível, sem regras, líderes ou recursos. Sem nenhum bem material além do que está no navio — **como eles sobreviverão**?

Esse conceito de **sobrevivência** pode ser um ponto de partida, mas pode ser levado a qualquer lugar, por exemplo:

- Como os relacionamentos se formam? Por que eles são importantes?
- Precisamos de líderes? Por quê? Quem serão eles? Como decidiremos sobre eles? (Votar, qualidades de liderança, idade e experiência são importantes?)
- E quanto às regras? O que acontece se não as seguirmos?
- E quanto ao abrigo? Como vamos construí-lo?
- Como mediremos ângulos ou comprimentos de madeira?
- Quais materiais estão disponíveis e quais são os melhores? De onde vamos obtê-los?
- E quanto à comunidade? E ao pertencimento?

Se usarmos nossa imaginação, as possibilidades são **infinitas**. Exatamente como aquelas possibilidades de percepção de que William Blake falou. Os alunos têm empatia na medida em que conseguem ver a relevância de, por exemplo, existirem regras na vida cotidiana. Qual o motivo de termos regras, para que elas servem, como decidir sobre elas.

Pode-se usar **instruções explícitas** e **agrupamento flexível**, taxonomia de Bloom e **metacognição**, revisão do aprendizado anterior, pequenas etapas, prática, **andaime**. Veja que isso se encaixa no contexto das estratégias sugeridas pela EEF. A Ilha corresponde perfeitamente aos Princípios de Rosenshine e é um ensino adaptativo de alta qualidade. Os alunos podem criar uma continuação para a história, recontá-la, relembrar, avaliar partes dela e assim por diante.

A história pode ser contada em qualquer número de aulas e retomada no futuro. É surpreendente como os alunos ficam absorvidos. Podem ser escritos **diários, fórmulas, mapas, planos, diagramas** e assim por diante, dependendo dos resultados de aprendizagem que você estiver incorporando. Os alunos podem **construir mini-ilhas** ou tocas e abrigos e descobrir como fazer isso. As crianças podem comparar como isso seria feito com ou sem **tecnologia** e demonstrá-lo. A **"história"** como conceito pode ser usada de inúmeras maneiras para o ensino adaptativo. Todo mundo, independentemente da idade, gosta de uma boa história. Como você poderia usar uma história para ensinar? A aprendizagem pela experiência pode ser o ensino adaptativo em sua melhor forma — todos os alunos incluídos e todos os alunos *se sentindo* incluídos, acessando o aprendizado, sentindo-se valorizados, produzindo um bom trabalho e demonstrando habilidades e conhecimentos. Experimente... tenho certeza de que você não vai se arrepender.

USO DA ILHA PARA ATENDER ÀS NECESSIDADES DA SEMH

Quando usei a história para uma intervenção semanal que durou um período para alunos do sexto ano com necessidades de saúde mental, emocional e social (SEMH), os resultados foram maravilhosos.

Montei um "cenário" (que pode ser facilmente guardado depois) no meio da sala, com toras de madeira apoiadas na forma de triângulo e luzes de LED embaixo delas como nossa "fogueira" para sentarmos ao redor.

Foram usados pedaços de madeira, tecidos, conchas do mar, uma âncora de madeira — todas as peças que eu pudesse encontrar facilmente em casa. As crianças se sentaram em círculo para ouvir o som das ondas nos alto-falantes, enquanto eu contava a história em cada sessão.

Semanalmente nós retomávamos a história, e então eu facilitava o questionamento. As crianças começaram a formar uma pequena comunidade. Ouvir uns aos outros, pensar muito, planejar, compartilhar, construir e avaliar como seguir em frente. Eles fizeram mapas em escala, escreveram diários, falaram sobre o respeito aos mais velhos na ilha e como isso poderia ser demonstrado. Decidiram que eram necessárias regras e explicaram por quê. E quais seriam elas — e como lidar com o fato de as regras não serem seguidas. Consideraram por que algumas pessoas poderiam se mudar para outro lugar da ilha, já que tinham crenças diferentes, o que poderiam fazer no aniversário do "desembarque" na ilha e por que essa comemoração seria importante. Veja que essa também é uma excelente PR no ensino de habilidades de SEMH, quase furtivamente no início, e depois explicitado. Os resultados com o sexto ano foram fantásticos, e o mesmo se deu quando usei essa atividade com alunos do sétimo ano e do Ensino Médio.

ATIVIDADES PRÁTICAS E LÚDICAS

Mergulhe nelas, inspire-se nelas para pensar em outras. Elas podem ser usadas para atender a uma variedade de resultados. Seja criativo e adapte-as ao seu grupo de ano ou disciplina. Elas ajudarão no engajamento, na acessibilidade e na formação de alunos ativos. Cada atividade pode incorporar partes das 5 estratégias da EEF para o ensino de alta qualidade (agrupamento flexível, estratégias cognitivas e metacognitivas, instruções explícitas, tecnologia e andaime), e muitas oferecem uma oportunidade de avaliação formativa. Lembre-se de suas **expectativas altas** — ser afetuoso não significa diminuir nossas expectativas. Todos os itens a seguir devem ser adaptados para serem adequadamente desafiadores (por exemplo, suas habilidades de questionamento podem transformar uma atividade "lúdica" em um "pensamento de alta complexidade" em um piscar de olhos).

(Recomendação óbvia: pode haver **necessidades sensoriais ou de saúde e segurança** a serem consideradas. Você conhece bem as crianças, portanto saberá o que pode ou não funcionar.)

Passa o Pacote

O que você pode "embrulhar"? Pode colocar coisas diferentes em cada camada? Perguntas, pistas, curiosidades, instruções? Os alunos podem abrir uma camada por vez, descobrir por que receberam aquele item, prever o que virá a seguir, ou avaliar o conteúdo?

Usando cheiros na sala de aula

Usar cheiros pode ser muito eficaz para capturar a imaginação ou provocar a memória.

Exemplos: use cascas de laranja, cravo, canela ou noz-moscada em potes de tempero, velas aromáticas ou mesmo *sprays* para evocar o "Natal".

Os alunos podem trabalhar com os olhos vendados e descrever o que sentem, usando vocabulário sensorial.
Essa prática pode ser usada para diferentes temas (como folhas de outono) ou assuntos (como uma canção natalina), evocando imagens sensoriais e incentivando a escrita criativa. Pode ser aplicada em várias disciplinas, como ciências, artes e escrita criativa.
Como você usaria isso com sua sala?

Jujubas coloridas

Na Inglaterra as jujubas coloridas são conhecidas como *jelly babies*, pois têm formato de bebês rechonchudos, e são vendidas em uma variedade de cores. Elas foram fabricadas pela primeira vez no século XIX, e após a Primeira Guerra Mundial foram chamadas de "balas dos bebês da paz"
Suas cores também podem representar a diversidade e a comunidade LGBTQIAPN+.
Você pode agrupar alunos livremente — todos os vermelhos em um grupo, todos os azuis em outro, e assim por diante.
De que outros modos você pode usá-las?

Atividade com areia colorida

Material:
- Giz colorido
- Sal de cozinha
- Potes de vidro ou garrafinhas
- Papel para despejar o sal

Como fazer:
- Use o giz para colorir o sal em camadas.
- Segure o copo de lado e vá despejando camadas (parece areia colorida).
- Cada cor representa uma ideia, emoção ou memória.
- Os alunos devem organizar as cores com intenção — o que desenvolve habilidades de planejamento e pensamento sequencial.

As cores podem simbolizar uma pessoa, um personagem, um tema, um traço de personalidade, um lugar, uma memória, um animal de estimação, um número, um elemento, emoções, uma resposta — o que você quiser. Por isso, essa é uma atividade excelente para ser usada em todo o currículo e em diferentes etapas escolares, além de ser eficaz também como atividade voltada para a saúde mental, emocional e social (SEMH). Ela também pode ajudar na memória e, portanto, na revisão de conteúdo.

Minicenários com caixas de papelão

Pegue caixas de papelão usadas para criar cenários de histórias, textos, laboratórios, batalhas — qualquer coisa relacionada ao que os alunos estão aprendendo.
Algumas crianças com necessidades específicas podem achar mais fácil materializar o que visualizam mentalmente do que escrever, pelo menos no início.
Permita que ELAS sejam criativas e usem a imaginação.

Use caixinhas de fósforo vazias, cobertas com papel ou papel-alumínio, e dê aos alunos um pedaço de papel para escreverem um pequeno pergaminho com um desafio (relacionado à escola, baseado nos aspectos sociais e emocionais da aprendizagem, de curto ou longo prazo, o que for mais apropriado), ou então um desejo, esperança ou sonho.
Peça que coloquem o pergaminho dentro da caixinha e a segurem primeiro na testa e depois no coração, concentrando-se naquilo que escreveram.
Diga a eles para levarem a caixinha para casa e guardarem em algum lugar especial, e depois revisitar o conteúdo dali a um mês, três meses ou quem sabe um ano, para se lembrarem da meta e refletirem se a alcançaram.
Defina aspirações: essa atividade pode ser vinculada a resultados da *aprendizagem social e emocional*, a objetivos acadêmicos, esportivos, práticas de atenção plena (*mindfulness*) ou até mesmo ao conceito judaico do Tefillin. Seja criativo! Já fiz essa atividade em uma sala de alunos de 7 anos. Reencontrei um deles 3 anos depois, e ele ainda andava com a caixinha no bolso do casaco — mesmo trocando de roupa, nunca deixou de levá-la consigo.

Bilhetes / lembretes (Post-its)

Esses bilhetes podem ser colados em livros, nas paredes ou no quadro. Você pode escrever perguntas em alguns e as respostas correspondentes em outros.

Eles podem conter dicas escritas, problemas para resolver ou mistérios para investigar.

Você pode escrever o nome de um personagem em um deles e, em duplas ou grupos flexíveis, uma criança cola o bilhete na própria testa e tem que adivinhar de quem é o nome. Ela fará perguntas variadas sobre a pessoa, enquanto o restante do grupo responde.

Você também pode escrever coordenadas de mapas, símbolos matemáticos ou personagens históricos e pedir às crianças que encontrem seu par correspondente.

Os Post-its oferecem possibilidades infinitas!

Objetos de cena

Use esses objetos para ter experiências de aprendizagem memoráveis.
- Em aulas de literatura gótica ou histórias de terror, providencie vampiros de plástico ou olhos falsos espiando pela porta da sala.
- Goteje "sangue falso" no próprio queixo.
- Coloque música sombria para tocar.
- Vista-se como um cientista louco ou um matemático e desafie os alunos com enigmas sobre identidade.
- Use máscaras, chapéus, fantasias.

Deixe que as crianças também se fantasiem — até mesmo as do Ensino Fundamental!

Forme grupos com quem gosta de se apresentar e com quem é mais tímido. Pode ser uma atividade interdisciplinar incrível.

Cultura pop

Não se esqueça de aproveitar aquilo que faz parte da vida dos alunos: a cultura da geração deles.
Use séries da Netflix para ensinar matemática ou geografia (por exemplo, programas sobre imóveis ambientados em Los Angeles — o custo das propriedades ou a geografia do local).
Use *reality shows* (e os equívocos de algumas celebridades sobre o verdadeiro significado de "Literalmente", uma expressão usada sem critério por adolescentes).
Explore o TikTok e recorra às músicas famosas do momento para ensinar. Lembra quando "Running Up That Hill", da Kate Bush, chegou ao primeiro lugar por causa de uma série da Netflix? Use a letra como poesia.
Faça uso relevante daquilo que é relevante para os alunos.
Isso mostra que você valoriza a cultura deles (mesmo que, pessoalmente, não goste!). Use games atuais, ou até os antigos, ou ainda conceitos de jogos de tabuleiro.
Crie um perfil no TikTok. Tenha um canal no YouTube.
Aproveite a tecnologia.

Investigação por imagem

Quando feita no PowerPoint, ela pode funcionar como a "revelação lenta" de uma imagem. Chama a atenção dos alunos! Ou use jogos antigos como *Imagem & Ação* para ir revelando partes da imagem conforme eles acertam as respostas.

Canudos, massinha, Lego, argila de modelar

Você escolhe — use esses recursos da Educação Infantil ao Ensino Médio. Faça os alunos criarem construções à prova de terremoto e depois sacudam as mesas para testá-las.

Peça às crianças que montem corações e órgãos com massinha ou Lego e depois os rotulem. Dê instruções explícitas para eles.

Façam anotações no método Cornell depois guardem as fotos em pastas.

Use Lego em geografia — ou em linguagem, ou no ensino religioso, ou em qualquer disciplina.

Seja criativo! Não tenha medo de usar recursos que geralmente são usados no Ensino Fundamental com alunos do Ensino Médio.

O ensino adaptativo às vezes precisa assumir riscos para sabermos o que funciona.

Se não funcionar, pelo menos você tentou.

Se funcionar, vai ser ótimo!

Jogo da Memória

Preencha uma bandeja com diferentes itens relevantes. Mostre-a aos alunos por um período cronometrado, depois cubra com um pano e peça que escrevam os nomes dos itens de que conseguirem lembrar.

Isso é excelente para uma várias habilidades e resultados, e também para a memória e a fixação do aprendizado de maneira mais lúdica — e muito mais.

Mochila Misteriosa

Providencie uma mochila com itens dentro. Peça às crianças que adivinhem a quem pertence.

Onde foi encontrada? Por que há apenas um sapato dentro?

O que aconteceu com os outros?

Peça aos alunos que escrevam suas respostas em pedaços de papel ou miniquadros brancos e depois as revejam juntos.

Peça que avaliem, justifiquem, comparem, deduzam, apliquem habilidades de conhecimento, e assim por diante.

Saco Surpresa

Pode ser preenchido com qualquer coisa e usado para atividades introdutórias, avaliação formativa ou criação de grupos flexíveis. Pode conter perguntas e respostas, charadas, enigmas, games, gramática, memorização e muito mais.
Se estiver ligado à cultura pop, pode ser um "saco de julgamento" com jujubas e cartões plastificados de "você prefere..." para sortear (por exemplo, você preferiria ficar preso em uma ilha com um cão ou com um iPhone?), fórmulas, citações ou poesias.

Investigação de artefatos

Equipamentos escolares de antigamente, cartões-postais de brechós, garrafas de refrigerante de vidro com rótulos, livros antigos ou mapas comparados aos de hoje.
Selos e roupas *vintage*, fantasias, artefatos religiosos, fotografias antigas.
Coisas que você tem em casa.
Quem será que usava isso? Quando era usado? O que sabemos? O que podemos adivinhar? Como podemos descobrir?

Música e projetores

Use música, use seu projetor.
Tenha um fundo visual de dança, drama, barulho de fogo, folhas caindo ou ondas batendo na costa.
Visite o mundo por meio da tecnologia virtual ou do Google Maps.
Toque diferentes tipos de sons — músicas relaxantes, clássicas. Experimente o efeito que isso pode ter tanto na turma quanto na aprendizagem.
Crie ambientes, inspire os alunos, construa a atmosfera.
Deixe que eles também experimentem.

Ilusões de óptica

Elas podem se conectar a perspectivas sobre verdade, fato, opinião, ética, certo e errado, diversidade, visões de mundo.
Os alunos adoram, mas essa estratégia também ajuda a aprender — podemos ver as coisas de jeitos diferentes, mas isso não significa que estamos errados. E, se mudarmos nossa perspectiva um pouco, de repente podemos ver algo novo também.

Origami da Sorte

Crianças pequenas adoram essas dobraduras, e os adolescentes mais velhos ficam nostálgicos em fazê-las.
Faça um primeiro e dê instruções explícitas aos alunos para imitá-lo.
Os *origamis* podem ser usados para revisar ou resumir um tópico (e muito mais — seja criativo).
Use a cor de forma simbólica, enfatize a importância da dobra precisa do papel para que você possa abri-los em "números" diferentes que revelem respostas.
Use como andaime (suporte) e depois remova o apoio quando eles estiverem prontos.
Para instruções de como fazer o *origami*, acesse o YouTube e faça uma busca por "*origami* da sorte". Há muitos vídeos.

Plantar e cuidar

Não subestime a alegria que algumas crianças — assim como os adultos — sentem ao plantar algo e vê-lo crescer.
Isso pode estar ligado não só à ciência, mas também ao cuidado e ao crescimento.
No seu nível mais básico, plantar sementes em uma sala usando algodão e caixas de ovos vazias proporciona um prazer real para crianças e adolescentes — os mais velhos podem nunca ter feito isso antes, e vão amar.
Ligue isso à saúde mental, emocional e social (SEMH), ao nosso crescimento como pessoas, ao que precisamos desenvolver.

Faça personagens com caixas de ovos e use o agrião como cabelo.
Plante ervas para usar como tempero.
Cultive um tomateiro em sua sala de aula.
Veja se um caroço de abacate brota.

Você pode até transformar isso em uma competição, se necessário.
O vencedor ganha um "prêmio" (insira aqui a recompensa apropriada).

PARTE 3: IDEIAS PRÁTICAS PARA SE ADAPTAR DE MANEIRA LÚDICA
Conclusões

- Somos capazes de adaptar não apenas nossas abordagens usando pedagogias relacionais, mas também nosso **planejamento e recursos**.
- A **ludicidade** no aprendizado pode se perder à medida que as crianças ficam mais velhas devido às avaliações e às pressões do currículo. No entanto...
- ...a ludicidade (parte da abordagem **PACE**) pode nos permitir envolver alguns alunos que consideram o aprendizado menos acessível.
- Portanto, a ludicidade pode contribuir para a construção de nossa **sala de aula inclusiva**.

A SEGUIR

- **O Capítulo 6** mostrará como **reunir tudo isso** e usar o que aprendemos nos Capítulos 1 a 5. Examinaremos dois planos para crianças com NEE/D, um do Ensino Fundamental e outro do Ensino Médio.
- Ao analisar os planos, saberemos como aplicar nosso conhecimento sobre **NEE/D** (Capítulos 1 e 2) empregando nossa **base relacional** (Capítulos 3 e 4) e **adaptando** nosso ensino e nosso planejamento (Capítulo 5). Isso nos permitirá atender às necessidades em nossas salas de aula, remover barreiras ao aprendizado e, assim, garantir que nossas salas de aula são lugares **inclusivos** para aprender.

DEPOIMENTOS DA EQUIPE

"Sou professora há cerca de 15 anos e definitivamente adquiri o *hábito* de praticar o ensino adaptativo. É algo que simplesmente acontece. Acho que quando era mais jovem eu passava muito rápido pelo conteúdo. Eu me sentia pressionada para concluir tudo. Agora fico mais confiante também e consigo dar um passo atrás, observar a turma e perceber quem precisa do quê."
— Professora, Ensino Fundamental

"O ensino adaptativo pode ser supersimples e criativo ao mesmo tempo. Tem muito a ver com 'parar para sentir o momento', e eu gosto do desafio de destrinchar a pergunta: 'como posso ajudar essa criança a entender?'. Qual a sequência de passos que preciso parar e repensar? É extremamente satisfatório quando a criança entende e você sabe que ajudou. Aqueles olhinhos brilhando — não há nada melhor!"
— Coordenadora pedagógica, Ensino Médio

"A diferenciação que se fazia antes é tão diferente do que fazemos agora e do que procuro em uma aula. Em alguns aspectos, chega a ser constrangedor lembrar como era. Era tão cheio de regras e insensível!"
— Diretora, Ensino Fundamental

"Para mim, algumas formas de ensino adaptativo podem ser difíceis de detectar fora da aula, pois são baseadas inteiramente na necessidade emergente de adaptação conforme a aula acontece. Por exemplo, pode haver uma criança que normalmente escreve com independência, mas que está tendo dificuldade para começar determinada questão. Então você escreve a pergunta num miniquadro branco e isso já a ajuda naquele momento. Esse tipo de situação nem sempre é visível fora da aula (além do desenvolvimento da criança para completar esse tipo de tarefa no futuro), mas o ensino responde imediatamente à situação específica conforme ela surge."
— Professor de História, Ensino Médio

"Miniquadros brancos são uma coisa que eu uso o tempo todo. Embora eu saiba que eles têm um grande potencial para a avaliação da aprendizagem e que muitos professores os utilizam para pedir aos alunos que demonstrem compreensão ou respondam a algo, na minha sala de aula eu percebo que os uso mais para escrever do que para os alunos. Pode ser uma palavra-chave que um aluno precisa de ajuda para soletrar — podemos resolvê-la juntos em um miniquadro branco. Ou podem ser alguns iniciadores de frases, alguns tópicos com ideias-chave, um lembrete da estrutura de um parágrafo ou um texto extenso. Acho útil anotar rapidamente coisas que discuti verbalmente com um aluno, para que ele possa consultá-las enquanto conclui o trabalho ou discute com um colega. É claro que não escrevo tudo o que discuto com todos os alunos em um miniquadro branco, mas acho útil para algumas conversas importantes ou para apoiar alunos específicos. Além disso, eu os utilizo para criar avisos de 'agora, a seguir, depois' para os alunos, particularmente aqueles com necessidades educacionais especiais identificadas, que consideram benéfico ter uma indicação visual do que se espera deles no momento presente e do que está por vir na aula. Também utilizo miniquadros brancos para fazer um *checklist* do início da aula para alguns alunos que os consideram úteis para ajudá-los a se acomodar quando a aula começa e para lembretes visuais do que se espera de um aluno em um determinado momento — por exemplo, "estamos ouvindo", "estamos discutindo", "estamos escrevendo". A vantagem dos miniquadros brancos é que todos esses itens podem ser feitos com antecedência — por exemplo, a lista de verificação do início da aula ou frases iniciais, se a necessidade for antecipada — ou ao longo da aula, conforme a necessidade surgir."
— Professor Chefe, escola integral

NOTAS

1. Disponível em: https://www.thesendcast.com/using-rosenshines-principles-of-instruction/.
2. https://educationendowmentfoundation.org.uk/.
3. https://www.britannica.com/topic/Blooms-taxonomy.
4. https://www.researchgate.net/profile/Jim-Clark-10/publication/225249172Dual_CodingTheoryandEducation/links/542d58970cf 277d 58e8cc084/Dual-Coding-Theory-and-Education.pdf.
5. Facebook: @Theatre of Learning. ER experimental.

REFERÊNCIAS

Blake, W. (1975 ed.). *The Marriage of Heaven and Hell.* Oxford: OUP.

Department for Education and Department of Health. (2019). *Early Career Framework.* Disponível em: https://assets.publishing.service.gov.uk/government/uploads/system/uploads /attachmentdata/file/978358/Early-CareerFrameworkApril2021 .pdf

Education Endowment Foundation (2020, atualizado em 2021). *SEND in Mainstream Schools: A Guidance Report.* Disponível em: https://educationendowmentfoundation.org.uk/education-evidence/guidance-reports/send.

Frayer, D., Frederick, W. C., And Klausmeier, H. J. (1969). *A Schema for Testing the Level of Cognitive Mastery.* Madison, WI: Wisconsin Center for Education Research.

Geertz, C. (1972). Deep Play. Notes on the Balinese Cockfight. *Daedalus,* 101(1), pp. 1-37.

Kolb, D. A. (1984). *Experiential Learning: Experience as the Source of Learning and Development.* Upper Saddle River, NJ: Prentice-Hall.

Pauk, W., Owens, R. J. Q. (2010). *How to Study in College* (10ª ed.). Boston, MA: Wadsworth.

Phillips, S. (2013). *The Island. A Handbook for Teaching The Island in The Modern Classroom Using Enquiry Methods.* Disponível em: theatreoflearning @hotmail.co.uk.

Rosenshine, B. (2012). Principles of Instruction: Research-Based Strategies That All Teachers Should Know. American Educator, 36(1), pp. 12-39. Disponível em: https://www.aft.org/sites/default/files/Rosenshine.pdf.

CAPÍTULO 6
Uma base que precisa ser conhecida

COMO JUNTAR TUDO

Ao iniciarmos o penúltimo capítulo deste livro, vamos compreender que tudo o que aprendemos até agora está interligado.

Agora sabemos:

- Que existem **4 áreas gerais de NEE/D** e que podemos (e devemos) nos basear **nas necessidades**, não apenas no diagnóstico.
- Que o "ensino" de hoje é **muito diferente** do "ensino" de vários anos (e décadas) atrás — e sabemos um pouco **por que** isso acontece.
- Que **nem todas as crianças** chegam à escola prontas para aprender e para confiar em nós, e que a**s pedagogias relacionais** apoiam isso.
- Que as pedagogias relacionais são **intrínsecas** às salas de aula inclusivas e às escolas inclusivas.
- Que devemos, portanto, usar nossas pedagogias relacionais para adaptar nossas **abordagens** às crianças.
- E que devemos, então, adaptar nosso **ensino** e nosso **planejamento** para atender às necessidades em nossas salas de aula, tornando-as, assim, totalmente **inclusivas**.

Para incorporar essas noções, vamos analisar **dois planos para crianças com necessidades especiais**, como as que você pode receber na escola, para que possamos ver exatamente onde usaríamos nosso próprio aprendizado deste livro para garantir que as necessidades delas sejam atendidas em nossa sala de aula inclusiva.

Neste capítulo, consideraremos:

Capítulo 6	Resumo
Documentos de suporte — Como você os usaria agora?	Isso incluirá um exemplo de dois **documentos detalhando as necessidades** que nossos departamentos de apoio à aprendizagem podem nos fornecer, neste caso, um "**passaporte do aluno**" (conhecido por vários nomes). Precisamos nos lembrar de nosso modelo de **causa e efeito**, fazendo uma recapitulação do **kit de ferramentas** para a construção de nossa sala de aula inclusiva. Considerando tudo o que foi abordado nos capítulos anteriores, como você usaria os documentos? Como você pode reconhecer o que usar e onde?
Como vou equilibrar tudo isso?	Por que é mais fácil do que pensamos ensinar em um ambiente adaptativo e responsivo — particularmente em oposição à "diferenciação" tradicional? Nós podemos fazer isso!

DOCUMENTOS DE SUPORTE — COMO VOCÊ OS USARÁ AGORA?

Portanto, você tem sua base relacional, sabe o que é o ensino adaptativo e tem algumas ideias práticas sobre como fazê-lo. No entanto, quando estamos na frente da lousa e não na página do livro, é assustador.

Só quando estamos fazendo nos damos conta de que *somos capazes*. Assim como, de alguma forma, acabamos conhecendo literalmente centenas de nomes até o fim do primeiro semestre, também percebemos rapidamente quem precisa de apoio adicional. Muitas vezes você já terá esse conhecimento por meio do seu departamento de apoio à aprendizagem. Esperamos que ele esteja muito presente na escola (embora possivelmente um pouco sobrecarregado, e em geral um pouco estressado. Colabore trazendo chocolate).

> Em sua opinião, qual é a importância de aprender os nomes para que as crianças **se sintam incluídas**?
> Como você garante a **pronúncia** correta?
> Em sua opinião, qual é a importância de saber um nome para **apoiar** o aprendizado?
> É uma ideia comum ao longo da história e nas crenças antigas que saber o nome de alguém lhe dá **autoridade**. Precisamos ser autoritários na escola. Quando um jovem está em pé na cadeira ou correndo pelo corredor na direção oposta à sua, saber o nome dele certamente pode ajudar! **De que outra forma** isso pode ser útil, além de poder denunciar a travessura? Você já trabalhou em uma escola onde as crianças chamavam os funcionários pelo primeiro nome? Como era isso?
> Os funcionários da sua escola se referem uns aos outros como "senhor" ou "senhora", mesmo quando as crianças não estão por perto? Isso se deve à praticidade em uma escola grande, ao hábito ou à preguiça? Isso faz alguma diferença?

Atualmente, os tipos de sistemas aos quais temos acesso na escola facilitam muito a análise de nossos alunos e a identificação de quem já foi especificado como necessitando de apoio adicional. Você pode usar um sistema que tenha um **plano de lugares fotográfico**, por exemplo, e, ao clicar em um botão, um símbolo aparecerá informando qual desses jovens tem NEE/D. Ao clicar em outro botão, ou ao passar o cursor, você pode ser levado diretamente aos **documentos** que explicarão o que é essa NEE/D, quais são os **pontos fortes** da criança e quais **estratégias** você deve utilizar para apoiar as necessidades e adaptar seu ensino de acordo com elas.

Esses documentos serão a versão condensada de qualquer formato em que tenham começado. O seu departamento de apoio à aprendizagem pode ter recebido um relatório de psicologia educacional, por exemplo, e depois pegou as estratégias sugeridas e as colocou em um **"passaporte do aluno"**, ou outro documento semelhante, mas com um nome diferente, que facilite a visualização do que está acontecendo. Eles podem ter observado a criança em sala de aula, conversado com outros funcionários, pais, agências externas e assim por diante, e depois divulgado as informações. A criança pode ter uma necessidade diagnosticada (consulte o Capítulo 2 para relembrar as **4 áreas gerais de necessidade**) e podem até mesmo ter um documento de apoio juridicamente vinculativo, como o Plano Educacional Individualizado ou documentos semelhantes, mas com nomes diferentes, dependendo de onde se ensina, o que também examinamos no Capítulo 2.

Todos esses relatórios e documentos serão combinados e condensados para compor o que você terá à sua frente como professor de turma, e esse é o seu **ponto de partida**. Entretanto, em meio a tudo isso, não se esqueça de alertar o departamento de apoio à aprendizagem, por meio de qualquer sistema que ele use, sobre possíveis necessidades não identificadas em sua sala de aula. Pode ser que não haja nenhuma e que uma criança simplesmente ache algo desafiador ou fácil demais, ou que ela seja um pouco sonhadora, mas informe isso só para garantir. A intervenção precoce, as abordagens preventivas e a **orientação para as necessidades**, conforme discutido no Capítulo 2, são fundamentais. Se não tiver certeza de alguma coisa, pergunte ao seu departamento de apoio à aprendizagem. Também pode ser que uma criança de sua turma tenha um professor individual, e, nesse caso, esse adulto será uma fonte fantástica de conhecimento sobre o aluno e alguém com quem você deve trabalhar em estreita colaboração para melhor apoiá-lo. (Mais informações sobre isso no Capítulo 2). (Veremos mais no Capítulo 7.)

Também vale a pena ter em mente que **a voz do aluno** é um princípio básico de todos os passaportes do aluno bem-sucedidos, assim como é um princípio básico da inclusão. O departamento de apoio à aprendizagem pode orientar você sobre isso, pois geralmente eles redigem os passaportes, mas pode ser que você mesmo precise contribuir para um (principalmente nas turmas de crianças pequenas). Envolver a criança enquanto você escreve esse documento pode levar a conversas maravilhosas sobre suas próprias perspectivas, necessidades e sentimentos, e isso, por si só, não é apenas inclusivo, é também fundamental para a construção de nossos relacionamentos.

> **UMA PALAVRA SOBRE PLANOS DE EDUCAÇÃO PERSONALIZADO (Ou documentos de suporte ou planos legalmente vinculantes, com qualquer outro nome)**
>
> Para obter informações sobre qualquer forma de documento de apoio **vinculativo**, podemos consultar o **Capítulo 2** e ver exemplos. Esses documentos serão extensos e muito detalhados, mas não se preocupe com isso se você for um professor ocupado em uma escola regular. É muito improvável que você use um Plano Educacional Individualizado em sua totalidade.
> Seu departamento de apoio à aprendizagem condensará as estratégias e os resultados do documento para você usar a fim de apoiar qualquer criança com um Plano Educacional Individualizado em sua sala de aula, por exemplo, em um passaporte do aluno. Não se deixe intimidar por isso; busque apoio da equipe especializada da escola e sempre se certifique de **conhecer** a criança muito bem. Inclua os pais nas conversas e, é claro, qualquer profissional que se dedique a uma criança específica (o relacionamento com ambos será analisado mais detalhadamente no Capítulo 7); garanta que a criança se sinta incluída em suas experiências de aprendizado. Esse **sentimento de inclusão**, de se sentir ativamente incluído na sala de aula, é o ponto crucial absoluto do que estamos mirando.

USO DO PASSAPORTE DO ALUNO

Usando o que aprendemos nos Capítulos 1 a 5, vamos dar uma olhada em dois exemplos de passaportes do aluno e o que eles podem conter. Você receberá esses documentos ou deverá encontrar arquivos eletrônicos no sistema da sua escola. Imprimi-los e destacá-los/anotá-los pode ser útil. Ao analisá-los, pergunte a si mesmo o que você faria para apoiar a criança.

Exemplo 1

Nosso primeiro exemplo é o de uma **criança do segundo ano**. Esse aluno tem **necessidades relacionadas** à **saúde mental, emocional e social (SEMH)**, com um histórico complexo de **trauma e negligência** na infância.

Posteriormente, nossas **abordagens relacionais e informadas sobre traumas** e nossa **Consideração Positiva Incondicional** realmente vêm à tona aqui. Os professores não devem se limitar ao que está nesse documento — devemos sempre tentar ser criativos e adaptáveis ao que vemos, e podemos então atualizar o passaporte do aluno com o que funciona ou não funciona bem.

Dê uma olhada e pense: **como você adaptaria seu ensino para apoiar a Reva?**

Detalhes sobre o aluno	Meus pontos fortes	O que você precisa saber sobre mim?
Nome: Reva Ano: segundo Turma: Robins Área de necessidade: SEMH (incluindo recuperação de trauma). Reva é uma criança que precisa de cuidados e mora com a avó.	Gosto de ouvir e contar **piadas**. Conheço muitos fatos sobre **criaturas marinhas**. Sou ótima para **desenhar** usando diferentes canetas e lápis. Faço parte de um time de **futebol!** Quando estou **calma**, sou capaz de ouvir muito bem e seguir as instruções. Eu **sempre incentivo e parabenizo** as crianças quando são bem-sucedidas.	Às vezes eu me recuso a falar com adultos como forma de **mecanismo de enfrentamento**. Preciso de **tempo para pensar e refletir** antes de falar com um adulto sobre minhas emoções e ações. Tenho dificuldade para **regular minhas emoções**. Posso ficar frustrada e isso pode levar ao meu sofrimento e ao de outros. Eu entendo que essa não é a escolha certa, mas tenho **dificuldade para controlar** isso no momento. Todo o meu comportamento é uma forma de comunicação. Se estou fazendo algo que não deveria, é porque estou tentando te dizer algo sobre como estou me sentindo. Isso não justifica meu comportamento, mas mostra uma razão para ele.

Estratégias para me ajudar	Usando a pedagogia relacional, a orientação da EEF e Rosenshine e a ludicidade, como você adaptaria seu ensino a fim de apoiar Reva? *Alguns exemplos já foram preenchidos. O que mais você poderia fazer?*
Acredito que o trabalho que produzo **não** é **bom o suficiente**, portanto vou rabiscar meu livro quando estiver frustrada e chateada; isso é medo de falhar, e não "mau comportamento". Respondo melhor com o apoio de adultos ao meu lado, oferecendo **elogios positivos**. **Grande desafio com grande apoio.** **Abordagem PACE** que enfatiza a **ludicidade**. Aprendizagem por meio de jogos o máximo possível – Reva deve ter as mesmas ou semelhantes às da turma, mas você pode adaptar o método para chegar até ela. Ofereça a Reva **várias maneiras de registrar as respostas, o máximo possível.** **Estação de autorregulação** – Reva precisa de tempo e espaço para se autorregular em vez de ficar fora da sala de aula. Reva pode **escolhe**r todos os dias onde quer comer na hora do recreio – com o entendimento de que ela permanecerá no mesmo lugar durante todo o tempo. Trazer um **objeto de transição** de casa para ajudá-la a se sentir próxima de sua família. Apoio de adultos para realizar tarefas durante o dia. Impulsionar a **autoconfiança de Reva.** Intervenções implementadas pelo departamento de apoio à aprendizagem para acompanhar Reva (apoio à alfabetização emocional, hora da conversa, leitura acompanhada por um adulto, escrita).	Reva pode usar a estação de autorregulação que foi organizada pelos adultos na sala de aula. Ela conta com uma almofada macia, atividades de atenção plena, um brinquedo maleável e um cronômetro de areia. Pode registrar suas respostas verbalmente em um iPad, ou usando giz em um quadro, em um miniquadro branco ou em uma folha de papel, com incentivo crescente para que ela escreva. Reva compartilha seus sucessos no futebol com a turma e traz fotos! Se alguma criança estiver triste na sala, Reva pode ser convidada a animá-la com uma piada. Comunicação Não Violenta (CNV) e encontros restaurativos são usados com Reva e outras crianças após a situação e as emoções se acalmarem. Os adultos devem usar uma abordagem de relacionamento calma ao lidar com as ações de Reva. Seguir as estratégias da Comunicação Não Violenta (CNV) ao conversar com ela. Ela precisa passar um tempo com os adultos depois do ocorrido, quando estiver calma, para conversar sobre o que aconteceu, sentir que foi ouvida e então ter um momento para aprender com os próprios erros, por exemplo, pedindo desculpas. Dar a Reva um tempo para se acalmar após um incidente (pelo menos 10 minutos). Suas emoções ficam muito intensas para lidar com o comportamento no momento em que ocorre. Agrupamento flexível – Reva é uma artista entusiasmada e parabeniza os colegas quando eles têm sucesso. Oportunidades para que Reva tenha sucesso são regularmente incorporadas ao seu processo de aprendizagem. As tarefas devem ser organizadas no miniquadro branco de Reva.

CONCLUSÕES DO PASSAPORTE DA REVA

Quando lemos o passaporte pela primeira vez, ele pode parecer assustador, mas, na verdade, é questão apenas de ser **responsivo**.

1. Reva precisa de uma abordagem relacional com **PACE** e diversão. **Aceite** que Reva tenha sofrido eventos traumáticos em sua infância. Seja **curioso** com relação a ela, use a **empatia**. Lembre-se dos efeitos científicos da negligência e do trauma no **desenvolvimento do cérebro** das crianças (Capítulos 3 e 4).
2. **Comunicação Não Violenta e "nomear para domar"** (consulte o Capítulo 4) nos ajudarão a nos comunicar com Reva.
3. Devido ao trauma de infância, dar a Reva escolhas **claras** a fim de que ela sinta algum controle pode ser um apoio. Ela precisa de grandes desafios e de grande apoio (consulte o Capítulo 4).
4. Reva precisa de uma "estação de regulação" — isso pode ser tão simples quanto um **pequeno espaço seguro** com uma almofada e um brinquedo macio.
5. Reva precisa de um "quadro de tarefas" — pode ser tão simples quanto um **miniquadro branco** no qual você escreve as tarefas "agora" e "próximas".
6. A autoconfiança de Reva precisa ser reforçada — **fazer elogios valiosos** e apontar os pontos **positivos**, comemorar com ela, contar à avó de Reva os pontos positivos no fim do dia; lembre-se de nossa **base relacional**.
7. Se Reva fez algo que não deveria, isso não será ignorado, mas **esperamos** que ela se acalme e que a situação se tranquilize antes de voltarmos ao assunto. Assim, Reva estará mais apta a ouvir e aprender.
8. Comportamento é comunicação — como nosso modelo de **causa e efeito** pode nos ajudar a dar o melhor suporte a Reva?

Exemplo 2

Nosso segundo exemplo de passaporte do aluno é um garoto do **nono ano que não tem necessidades diagnosticadas,** mas cujo comportamento (o efeito) deixou seus pais e professores preocupados recentemente com a possibilidade de haver uma necessidade (ou causa) não identificada.

Posteriormente, um professor de crianças com NEE/D reuniu-se com o aluno e seus pais, observou-o em sala de aula, discutiu seu progresso e sua apresentação atual com os professores das disciplinas e o diretor e, em seguida, elaborou as estratégias a seguir para apoiá-lo.

Se considerarmos as **9 áreas de neurodesenvolvimento** que analisamos no Capítulo 2, vamos perceber que esse professor de crianças com NEE/D acredita que o aluno pode ter necessidades relacionadas a **níveis de energia, atenção e controle de impulsos** e **adaptabilidade e flexibilidade.** Seguindo uma abordagem orientada pelas necessidades, o apoio detalhado no passaporte do aluno pode, portanto, ser implementado e revisado regularmente para verificar se o envolvimento e o comportamento do aluno melhoram.

Dê uma olhada e pense: **como você adaptaria seu ensino para apoiar o Cayden?**

Detalhes sobre o aluno	Meus pontos fortes	O que você precisa saber sobre mim?
Nome: Cayden Ano: nono Turma: 9B Área de necessidade: níveis de energia, atenção e impulso controle e adaptabilidade e flexibilidade.	Sou um jovem adorável que tem muito a oferecer, e sou um musicista entusiasmado. Gosto muito de ficar na quadra! Posso ser muito produtivo quando minha atenção é capturada. Toco 5 instrumentos — baixo, violão, violino, piano e bateria. Tenho um excelente senso de humor e um grupo de amigos muito unido.	Eu fico me mexendo sem parar e acho que isso ajuda a me concentrar — e **nem sempre significa que não estou ouvindo**. Em geral, fico batendo os dedos na mesa. Fiz um exame neurológico de perfil de desenvolvimento preenchido pelo Sr. X junto com meus pais. As áreas nas quais tenho alguma necessidade adicional de apoio são: **níveis de energia, atenção e controle de impulsos, e adaptabilidade e flexibilidade**. Acho **difícil prestar atenção às atividades** nas aulas e considero desafiador me concentrar. Lido melhor com assuntos **práticos** — arte, música, educação física etc.; e, portanto, se outros recursos de aula forem adaptados para envolver algum elemento prático, será mais fácil, para mim, acessá-los e entendê-los. Nem sempre durmo bem — minha mente está sempre em movimento. Se o trabalho parecer muito longo, estarei inclinado a evitá-lo — as tarefas devem ser divididas (consulte as estratégias). Se você se relacionar bem comigo, vou responder bem a você. Use a abordagem **PACE** — esse é um investimento de longo prazo.

Uma base que precisa ser conhecida 199

Estratégias para me ajudar	Usando a pedagogia relacional, a orientação da EEF e Rosenshine e a ludicidade, como você adaptaria seu ensino a fim de apoiar Cayden? *Alguns exemplos já foram preenchidos. O que mais você poderia fazer?*
Use **um agrupamento flexível e consciente**. Considere um plano de assento cuidadoso. Cayden ficará em uma posição melhor se sentar mais perto dos professores, para que eles **possam interagir regularmente** com ele e verificar regularmente como ele está. Os professores devem discutir esse passaporte do aluno **com** Cayden e planejar um sinal discreto em colaboração com ele que lhe permitirá recuperar o foco se se tornar distraído. Mantenha **um ritmo de** trabalho **consciente** para Cayden – de maneira alguma isso significa ir rápido demais, mas manter o trabalho em curtas explosões. Não se limite a dar a Cayden um tema de redação e simplesmente colocá-lo para trabalhar. Trabalho escrito em camadas. Trabalho escrito com andaime – para um argumento avaliativo, por exemplo: Se os Estados Unidos proibissem as armas, seriam um país mais seguro. Você concorda ou discorda? – **Saiba quando remover o andaime!** Proporcione a Cayden **pausas discretas** para ele se movimentar – não chame de "pausas para se movimentar" na frente de outras pessoas. Faça um esforço consciente para iniciar frases e instruções com o nome de Cayden. Permita que Cayden **rabisque discretamente** em um pedaço de papel de rascunho ou na parte de trás de seu livro – isso o ajuda a se concentrar e ele diz que faz isso nas aulas de qualquer maneira, mesmo que os professores geralmente não percebam. Portanto, não pense que ele não está ouvindo se o vir fazendo isso!	Cayden deve ser **acomodado** na turma **com cuidado**, longe das distrações. Ele é um escritor perspicaz que funciona bem em grupos onde ele também incentiva outros com sua escrita manual. Um **sinal discreto** é usado: um toque no mesa. Isso foi decidido com Cayden para que ele tivesse alguma propriedade sobre a regra. Se uma redação extensa for necessária, não paramos com a primeira resposta ou rascunho de Cayden; adicionamos conteúdo em **camadas**, depois de *feedback* e reflexão. Quando for necessário escrever mais, será por etapas. Essa **divisão em partes** funciona bem. O **andaime** é obtido por meio de notas adesivas e anotações no miniquadro branco feitas por mim. Costumo dar a Cayden ideias para a introdução. Depois retorno e nós revisamos. São usadas **instruções explícitas** e **reforçadas**, com Cayden repetindo-as para mim. Estabeleço um limite de tempo e faço **lembretes** oportunos enquanto ele está trabalhando. Em seguida, conduzo Cayden para a próxima parte do trabalho. Isso pode ser totalmente diferente de como os outros alunos estão trabalhando, mas apoia o Cayden e o leva a melhores resultados em termos de aprendizado e comportamento em sala de aula. Incorporo **discretos intervalos** de movimento para o Cayden, na forma de "você pode ir buscar o livro, por favor?", "você pode escrever essa ideia no quadro?", e assim por diante. Também incorporo um **aprendizado mais ativo** em sala de aula – por exemplo, "vá para a esquerda da sala se você acha que... vá para a direita se você acha que... fique no meio se você acha que..." etc.

CONCLUSÕES DO PASSAPORTE DO CAYDEN

O passaporte do Cayden contém muitas informações, mas **não precisamos** processar tudo de uma vez. Podemos imprimi-lo, guardar uma cópia em nossa pasta de planejamento e destacar algumas partes para tentar; não precisamos implementar tudo isso porque não há uma regra.

Em vez disso, como estamos ensinando **de forma adaptativa**, podemos ver que Cayden tem necessidades em relação à atenção e à capacidade de realizar tarefas, portanto é senso comum que não podemos dar a Cayden um tema de redação enorme e esperar que ele simplesmente faça. Como no caso de Reva, é questão de ser **responsivo**:

1. Use uma **abordagem relacional** com o **PACE**.
2. Inclua Cayden na discussão sobre o que o apoiará — seja **curioso**.
3. **Divida as tarefas em partes**. Isso não precisa ser trabalhoso; use notas adesivas, anote-as no livro do Cayden, escreva-as em um miniquadro branco e assim por diante.
4. Use **camadas** — construa uma peça de trabalho a partir de seu rascunho inicial. Volte sempre a ele.
5. Se estiver usando o andaime, assim que Cayden entender, remova-o.
6. Observe Cayden, peça que ele **repita** as instruções e verifique sua **compreensão**. Use atividades cognitivas e metacognitivas (consulte o Capítulo 5).
7. Aloque Cayden em um lugar onde você possa vê-lo e fique de olho nele. Diga o nome dele no início de uma frase se ela for dirigida a ele. Use **agrupamentos flexíveis** que levem em conta com quem ele está sentado e o resultado que você deseja.
8. **Reoriente** Cayden sempre que necessário, **aceite** que ele precisa se mexer ou se movimentar às vezes e que é difícil para ele realizar tarefas por longos períodos de maneira independente.

Tanto com Reva como com Cayden, o que precisamos fazer é **responder** a tudo o que eles apresentarem. **Adapte** sua aula de acordo com eles. Podemos ver tanto a orientação dos **Princípios de Rosenshine** quanto o **relatório NEE/D da EEF** (consulte o Capítulo 5). Também podemos ver nossas **pedagogias relacionais** por toda parte (consulte o Capítulo 4).

Se Cayden, por exemplo, parecer que está sonhando acordado ou estiver prestes a explodir a carga de sua caneta na direção das costas de seu colega, responda a isso com técnicas de reorientação, chamando a atenção dele, usando o sinal combinado, indo para perto da cadeira dele enquanto você estiver envolvido na apresentação para toda a turma e assim por diante.

Se Reva não entender uma pergunta, traga-a para o contexto. Se ela ficar frustrada, lembre-a de usar sua estação de regulação e converse com ela, usando a CNV, quando ela estiver calma.

Na essência, nós nos adaptamos às necessidades que nos são apresentadas.

> Quando estava sendo treinado pela primeira vez e observava membros experientes da equipe ensinando, você achava que poderia ser realmente muito **fácil** (porque o professor fazia parecer que sim!)?
> Quanto tempo leva, desde que você começou a dar aulas, para você **começar a sentir** o nervosismo e passar a administrá-lo como um maestro experiente? Quanto tempo você demora quando ganha uma nova turma? Essa "condução" é a essência do **ensino** adaptativo. Parte dele é **preventiva** — se conhecermos os alunos —, e grande parte pode ser **reativa**, no momento, porque essa é a natureza do aprendizado. Tudo se resume à nossa **flexibilidade**.

COMO VOU EQUILIBRAR TUDO ISSO?

Uma pergunta muito boa.

Parece impossível de resolver quando consideramos que o número médio de crianças com NEE/D (que foram identificadas) oscila em torno de 16%.[1] Mas o ensino adaptativo não consiste em aumentar a carga de trabalho — e ter essa base relacional em sua sala de aula automaticamente o coloca em vantagem; você conhece seus alunos, reconhece e tem empatia com as necessidades deles, e eles reconhecerão isso em você.

Às vezes podemos abrir nosso sistema na escola, ver um passaporte de aluno como o de Cayden, desejar sair correndo e procurar um emprego que não pareça estar, na escala de dificuldade, no mesmo nível de pastorear gatinhos em um campo aberto o dia todo. Mas será que esse trabalho nos daria a mesma satisfação de quando Cayden e Reva começam a responder a nós, a se envolver, a aprender? *Não!* O passaporte do aluno parece assustador e quase impossível de ser alcançado mas não é, depois que você adquire **o hábito do ensino adaptativo**.

O hábito do ensino adaptativo

Muito do que está no passaporte do aluno se tornará *uma segunda natureza* para você, passará a ser habitual e você criará uma verdadeira miscelânea de técnicas que podem ser retiradas do seu kit de ferramentas de sala de aula inclusiva quando você reconhecer a necessidade. O ensino adaptativo é um ensino responsivo.

Trata-se de estar **atento** e de lembrar-se de usar o **bom senso**, o que, no calor de um momento de grande agitação, às vezes pode parecer realmente desafiador. Portanto, devemos praticar esses métodos de apoio; fazendo isso, eles se tornarão parte do fluxo e do refluxo de nossa sala de aula.

Cayden, por exemplo, nem sempre precisará de um quadro para escrever. Lembre-se, estamos *nos adaptando*. Quando ele dominar a escrita persuasiva ou o que quer que esteja aprendendo, você poderá remover o andaime. Isso faz parte da nossa sala de aula inclusiva, que vai e vem conforme a necessidade. Não é permanente. (Se, no entanto, você fosse remover a abordagem relacional e a Consideração Positiva Incondicional de Reva a qualquer momento, isso seria desastroso.)

Se continuarmos a considerar a estrutura de escrita, vamos também ter em mente as **informações** do setor de apoio ao professor iniciante do Departamento de Educação do Reino Unido a que nos referimos no Capítulo 1 e lembrar que o ensino adaptativo **não** se trata de criar recursos diferentes para todas as crianças na sala de aula. Cayden pode precisar de uma estrutura de redação para um argumento avaliativo, mas isso não significa que você tenha de digitá-la e imprimir algo diferente para ele. É bem possível que você queira manter um banco de quadros de redação em algum lugar da sala que possa ser retirado a qualquer momento, mas você também pode:

1. Usar um bloco de **notas adesivas**, escrever "sobre o que é a discussão?" em uma delas e colar na folha do Cayden. Peça a ele para anotar as ideias, diga que voltará em 3 minutos e passe para outra criança.

2. Volte para Cayden no tempo que você prometeu (seja **consistente**), verifique o que ele pensou, marque/faça comentários quando necessário e, em seguida, escreva "2 opiniões próprias"; cole isso na folha dele, repetindo o padrão. Outros na turma podem ser excelentes em simplesmente seguir qualquer instrução que você tenha escrito no quadro ou no PowerPoint, mas Cayden precisa dessa estrutura, desse foco, desses lembretes.
3. Como alternativa, escreva um em um **miniquadro branco**, limpe-o e recoloque-o quando voltar. Quando Cayden souber o procedimento, você poderá simplesmente escrever "o quê?" na primeira nota adesiva ou no miniquadro branco, acabando por remover completamente o andaime, pois Cayden agora pode se dedicar ao trabalho que tem nas mãos, sabendo como e tendo apenas o seu controle enquanto você trabalha na sala.

Essa é uma habilidade fundamental no ensino: **adaptar-se ao que vemos à nossa frente**. E conhecer realmente os alunos é grande parte disso.

Como especialista em NEE/D, é incrivelmente desanimador entrar em uma sala de aula e não ver nenhum tipo de adaptação. Já vi crianças com Planos de Ensino Personalizado sentadas no fundo da sala, sozinhas com um tutor que achava que conseguir qualquer colaboração do professor da turma era como remover uma verruga especialmente teimosa.

Devemos empregar nossa **Consideração Positiva Incondicional** e nossas **abordagens relacionais consistentes** para nos adaptarmos e acomodarmos as necessidades em nossa sala de aula. *Precisamos* absolutamente ter empatia e lembrar de como nos sentimos quando nós mesmos não conseguimos acessar algo. Como esperaríamos ser tratados? Fazer menos do que isso é simplesmente um flagrante desrespeito às crianças e aos jovens que estão à nossa frente. Por mais que sejamos importantes (nossas próprias máscaras de oxigênio em primeiro lugar e assim por diante, como diz o Capítulo 1), são as **crianças que vêm em primeiro lugar**.

COMO NÃO FAZER

Certa vez, visitei uma escola em que vi um professor dizer à sua turma do nono ano (que tinha um grande número de crianças com necessidades especiais) que "SIM, É DIFÍCIL, MAS A VIDA É DIFÍCIL!". O mesmo professor, então, ficou de pé na frente de uma mesa de jovens e pediu que uma menina lhe desse a resposta para a soma que estava anotada no quadro. A garota simplesmente arregalou os olhos, atônita, mas foi recebida com um enorme suspiro — sem apoio, sem estímulo, sem encorajamento. Esperamos que esse tipo de prática não relacional, julgadora e humilhante em sala de aula seja rara, mas deve servir para nos lembrar por que nossa empatia — PACE — é tão importante.

Se imaginarmos que somos adultos e que um membro da equipe gestora está falando conosco dessa mesma maneira na frente de toda a equipe durante uma reunião da escola, sem dúvida nos sentiremos humilhados e chateados. Não seria motivador, a não ser que nos motivasse a fantasiar sobre o tipo de e-mail que enviaríamos para ele caso ganhássemos na loteria (espero que depois de termos nossos números oficialmente confirmados). A experiência seria difícil; é uma experiência de aprendizado inesquecível, mas do tipo errado.

CAPÍTULO 6
Uma base que precisa ser conhecida: juntando tudo

Conclusões
- O **departamento de apoio à aprendizagem** é o principal ponto de contato, e os planos de suporte geralmente são armazenados digitalmente nos sistemas da escola.
- Podemos usar os planos como apoio, incorporando **nosso conhecimento** de pedagogias relacionais, ensino adaptativo (EEF e Rosenshine) e adaptando nosso planejamento com o uso da ludicidade.
- O ensino **adaptativo** se torna **habitual** — vamos reconhecer quando for necessário apoio adicional e podemos tentar uma grande variedade de estratégias diferentes, porque agora **conhecemos uma grande variedade de estratégias diferentes**!

> **A SEGUIR**
>
> No Capítulo 7, nosso capítulo final, abordaremos a inclusão de todas as partes interessadas, incluindo pais e responsáveis e outros adultos em sua sala de aula.

DEPOIMENTOS DA EQUIPE

"Como coordenadora do departamento de apoio à aprendizagem, é maravilhoso quando os colegas têm paixão por apoiar crianças com necessidades especiais.

Adoro quando demonstram interesse, querem entender as necessidades e tentam estratégias diferentes.

No entanto, fico frustrada com os poucos profissionais que ignoram os planos ou necessidades dos alunos.

Entendo que os professores estão sobrecarregados, mas esse é o trabalho deles — o ensino adaptativo trata de atender a todas as necessidades, não apenas às que se enquadram na sigla NEE/D.

É fácil fazer pequenas mudanças com grande impacto."
— Coordenadora de apoio à aprendizagem, Ensino Médio

"Acho que trabalhar com alunos com NEE/D tem tudo a ver com conquistar corações e mentes, e construir relacionamentos — seja com as crianças, as famílias ou os colegas.

Depois de conquistar isso, você pode fazer qualquer coisa, porque está construindo junto."
— Professora de alunos com NEE/D, Ensino Fundamental

"Como professora de turma, acho que os sistemas digitais da nossa escola são realmente úteis.

É muito diferente de quando comecei a ensinar.

Lembro que o departamento de apoio à aprendizagem mandava uma ficha impressa no início do ano, com as necessidades de cada aluno.

Para ser honesta, eu mal ouvia falar desse departamento depois disso, muito menos recebia estratégias.

Talvez tenha sido só minha experiência, mas as coisas mudaram bastante desde o Código de Prática de 2015 — para melhor!"

— Professora, Ensino Fundamental

"O mais útil para mim, de longe, é envolver diretamente a criança, entrar em contato com os pais ou responsáveis e descobrir o que está funcionando e o que não está."

— Professor de Matemática, Ensino Médio

"Trabalho em uma escola especial, então o espaço é muito menor e conhecemos bem as crianças.

Não somos nada se não formos flexíveis e responsivos!

Você não conseguiria fazer esse trabalho se não fosse assim.

Eu diria que conhecer a criança é a coisa mais importante que você pode fazer."

— Professora, Escola Especial

NOTA

1. Disponível em: https://assets.publishing.service.gov.uk/government/uploads/system/uploads/attachmentdata/file/1082518/SpecialeducationalneedspublicationJune_2022.pdf.

CAPÍTULO 7
E quanto aos adultos?

PAIS, RESPONSÁVEIS E EQUIPE DE APOIO

E assim, de repente, nos encontramos iniciando o capítulo final deste livro. Não parece que faz muito tempo que estávamos apenas começando, mas, de repente, aqui estamos. Agora temos conhecimento sobre NEE/D, pedagogias relacionais e técnicas de ensino adaptativas firmemente colocadas em nossos repertórios educacionais, bem como esperamos ter entendimento honesto e paixão sobre o motivo de precisarmos usá-las.

Neste capítulo final, vamos dar uma olhada em outras partes interessadas além das crianças e dos jovens, porque a verdadeira inclusão deve incluir todos nós. Poderíamos falar de uma série de pessoas, de governadores a funcionários da unidade, mas, para nosso propósito, vamos nos concentrar em primeiro lugar em nossa equipe de apoio e, em segundo lugar, nos pais e responsáveis. Estes últimos foram mencionados ao longo deste livro e vamos concluí-lo pensando neles — e nos relacionamentos que precisamos construir e cultivar com eles.

Então, a seguir:

Capítulo 7	Resumo
Equipe de apoio e como trabalhar com ela de maneira eficaz	Aqui, consideraremos a orientação da EEF mais uma vez em relação à sua quinta recomendação, "trabalhar efetivamente com assistentes de ensino", e também pensaremos em como suas pedagogias relacionais entram em jogo quanto a esse assunto. Ao longo deste livro, terminamos cada capítulo com algumas palavras da equipe, mas uma parte significativa do Capítulo 7 será extraída diretamente de entrevistas com assistentes de ensino, em suas próprias palavras.
Pais e responsáveis	Não é preciso dizer que os pais e responsáveis estão confiando a nós seus filhos — não podemos nem devemos subestimar esse fato. Novamente, nossas pedagogias relacionais e nossa inteligência emocional devem estar em primeiro plano aqui.

Equipe de apoio e como trabalhar com ela de forma eficaz

Assistentes de ensino, assistentes de apoio à aprendizagem (tutores), acompanhantes individuais ou equipe de apoio em nossas salas de aula, qualquer outro nome funcionaria. Independentemente do nome de suas funções, esses profissionais geralmente são de grande ajuda para a sala. Frequentemente, embora nem sempre, "assistente de ensino" é um termo primário, e "tutor" pode ser mais comum em ambientes secundários. De qualquer forma, é ótimo contar com seu apoio.

As crianças com um Plano Educacional Individualizado geralmente têm um assistente de ensino ou tutor que é financiado pela escola. Algumas turmas do Ensino Fundamental têm a sorte de ter um assistente de ensino permanente, outras o compartilham entre grupos do mesmo ano, e nas turmas do Ensino Médio geralmente não há nada em termos de apoio, a menos que uma criança com um Plano Educacional Individualizado esteja na aula, acompanhada por seu tutor. É importante observar que a linguagem para se referir ao profissional de apoio como "individual" está sendo abandonada por algumas escolas e autoridades locais. Isso se deve a vários motivos, entre eles o fato de que pode dar a impressão de que um adulto de apoio deve ficar "colado" a uma criança, quando isso pode ser prejudicial, levando à falta de independência. Isso também significa que o adulto em questão se sente incapaz de apoiar outras crianças da turma.

A equipe de apoio, com seus tutores e assistente de ensino, conhece muito bem as crianças, o que é incrivelmente útil para você como professor. Eles podem realizar intervenções em pequenos grupos ou individuais, terão um conhecimento mais aprofundado da deficiência ou necessidade médica de uma criança e também serão uma fonte de apoio para os pais. Em suma, nossa equipe de apoio é fundamental para nos ajudar a remover as barreiras ao aprendizado das crianças; muitas vezes, eles também têm um relacionamento incrível com os jovens em nossas salas de aula.

> Quantos funcionários de apoio você tem em sua sala de aula? Isso dependerá do fato de você ser um especialista do Ensino Fundamental ou Médio e de quantas crianças com um Plano Educacional Individualizado podem estar em sua sala em determinado momento.
> Você já recebeu algum treinamento na escola sobre como fazer um uso mais eficaz da equipe de apoio em sua sala de aula?
> Se estiver em um ambiente de Ensino Médio, você sabe os nomes e **as especialidades** de cada membro da equipe de apoio que pode estar em sua sala ao longo da semana? Você utiliza essas habilidades de maneira específica (por exemplo, saber que um tutor é especialmente bom em matemática, ou que outro é um excelente artista)?

Como fazer o melhor uso da equipe de apoio em sua sala de aula

Não é preciso dizer que a melhor coisa que você pode fazer é começar a construir um relacionamento com os assistentes de ensino ou com qualquer colaborador que entre em sua sala de aula inclusiva, pois tudo se resume a ser e se sentir incluído.

Alguns profissionais de apoio serão mais confiantes e experientes do que outras. Por exemplo, se você for professor do Ensino Médio, talvez só veja um tutor uma ou duas vezes por semana e talvez ele não se sinta confiante o suficiente para vir se apresentar a você. Às vezes, como professores, esquecemos que somos vistos (acredite ou não) em uma posição de certa autoridade. Portanto, podemos parecer intimidadores para outras partes interessadas

— inclusive pais e equipe de apoio — e devemos nos esforçar para receber os assistentes de ensino em nossas salas, nos apresentar, descobrir e lembrar seus nomes e garantir que eles façam parte dos processos de aprendizagem em nossas salas de aula.

Uma vez que isso esteja estabelecido, poderemos avançar com mais sucesso com o verdadeiro motivo pelo qual a equipe de apoio está conosco: permitir que as crianças tenham sucesso. A **Education Endowment Foundation** (**EEF**), cujo trabalho em torno de alunos com NEE/D nas escolas regulares foi mencionado no Capítulo 5, também é extremamente útil para nós aqui.

RELATÓRIO DA EEF: COMO FAZER O MELHOR USO DOS ASSISTENTES DE ENSINO (2018)

Voltei para a universidade há pouco tempo, em tempo parcial, para concluir minha qualificação Nasenco.[1] Como se trata de um curso de pós-graduação e é necessário ter o *status* de professor qualificado, a faixa etária dos alunos é um pouco mais alta do que a dos que estão embarcando, por exemplo, em sua primeira pós-graduação. Ainda rio quando lembro do nosso maravilhoso líder do curso mostrando para nós o bar do centro acadêmico enquanto nos arrastávamos pelo campus como dinossauros desfilando diante dos rostos confusos de jovens de 18 anos que ainda conseguem ficar de pé sem resmungar alto.

O curso é pesado, para dizer o mínimo, e as tarefas culminam em um projeto de pesquisa. Muitas pessoas que obtiveram sucesso no Nasenco antes de 2018 concluíram os referidos projetos sobre a melhor forma de implantar os **assistentes de ensino**, mas, desde então, o relatório da EEF sobre **Como fazer o melhor uso dos assistentes de ensino** tornou essa escolha desaconselhável, por ser muito abrangente a natureza do referido relatório. Basicamente, o trabalho pesado foi feito, está tudo lá para as escolas implementarem, e os participantes da Nasenco em todo o país tiveram que riscar essa opção da lista e concentrar seus esforços de pesquisa em outro lugar.

Felizmente para nós, isso significa que — assim como no relatório NEE/D da EEF — temos uma orientação clara, que pode ser encontrada resumida na página 3 do relatório e está sintetizada a seguir. Há **7 recomendações**.

Fazendo o melhor uso da colaboração dos assistentes de ensino
Você verá de que modo o Relatório de Orientação da EEF para crianças com NEE/D em escolas regulares (2020) (Capítulo 5) se vincula a este assunto

O uso eficaz de assistentes de ensino em condições cotidianas de sala de aula

1. Os assistentes de ensino não devem ser considerados um recurso de ensino informal para alunos de baixo rendimento.

2. Conte com os assistentes de ensino para agregar valor ao que os professores fazem, e não para substituí-los.

3. Conte com os assistentes de ensino para ajudar os alunos a desenvolver habilidades de aprendizagem independentes e gerenciar seu próprio aprendizado.

4. Assegure-se de que os assistentes de ensino estejam totalmente preparados para exercer seu papel na sala de aula.

O uso eficaz de assistentes de ensino no fornecimento de intervenções estruturadas na sala de aula

5. Conte com os assistentes de ensino para oferecer suporte de alta qualidade individual e em pequenos grupos usando intervenções estruturadas.

6. Adote intervenções baseadas em evidências para apoiar os assistentes de ensino em seus pequenos grupos e nas instruções individuais.

Integrando a aprendizagem a partir do trabalho desenvolvido por professores e assistentes de ensino

7. Assegure-se de que sejam feitas conexões explícitas entre o aprendizado de ensino cotidiano em sala de aula e as intervenções estruturadas.

O que isso significa para nós, afinal?
Como professores de turma, nós precisamos:

Lembrar que nada supera o ensino de alta qualidade na remoção de barreiras ao aprendizado (Capítulo 5).
Assegurar que os assistentes de ensino e as crianças que eles apoiam estão sendo e se sentindo incluídos.
Lembrar que tudo se resume à inclusão.

Nunca falar com a criança "por intermédio" do assistente de ensino — não perder a visão da criança. Colaborar com o
assistente de ensino — ele não substitui o nosso trabalho com as crianças com NEE/D na sala de aula.

Apoiar nossos assistentes de ensino para que ajudem os alunos a se tornarem o mais independentes possível no aprendizado. Incentivar os assistentes de ensino a usar (e modelar para eles) conversas cognitivas e metacognitivas (Capítulo 5) com as crianças.

> O departamento de apoio à aprendizagem tem a responsabilidade de treinar e reservar tempo para que os assistentes de ensino se reúnam com a equipe, mas você também pode apoiar — colabore totalmente com o assistente de ensino. Compartilhe resultados, recursos, planejamento e conceitos-chave.
>
> Novamente, o departamento de apoio à aprendizagem terá impacto aqui, mas, se você puder, apoie o assistente de ensino no fornecimento de uma estrutura bem sólida.
> Intervenções rigorosamente planejadas e de alta qualidade podem ter um impacto significativo na redução das lacunas identificadas, em oposição à variedade mais insípida de intervenções do tipo "vamos trabalhar um pouco a ortografia e a gramática".
>
> Basicamente, se a sua escola não estiver usando um dos poucos programas de intervenção baseados em evidências, então o que quer que esteja sendo usado deve replicar esses programas. O departamento de apoio à aprendizagem deve estar coordenando isso, mas ainda assim vale pena saber. Pergunte ao assistente de ensino o que ele vai fazer a seguir, envolva-se com ele, escute, apoie sempre que possível, colabore.
> Isso está relacionado com a 7ª recomendação.
>
> Encontre tempo para entrar em contato com o assistente de ensino que estiver realizando as intervenções com seu(s) aluno(s), seja no Ensino Fundamental ou Médio.
> Essa é uma parte importante da inclusão. As intervenções não são separadas do que acontece na sala de aula. Eles devem se vincular explicitamente, complementar, desenvolver, incorporar e expandir o aprendizado que está ocorrendo na sala de aula.

> Quais das 7 recomendações da EEF você **já** faz bem?
> Você consegue reconhecer as áreas em que poderia fazer mais? **Como** você fará isso?
> O seu **departamento de apoio à aprendizagem** está garantindo que essas 7 recomendações — ou outras semelhantes — já estejam sendo aplicadas na escola?

Como se pode ver, nossa equipe de apoio é uma parte vital do processo de inclusão, e precisamos garantir que estamos sendo tão inclusivos com eles quanto somos com as crianças e os jovens em nossas salas de aula. Entretanto, também precisamos garantir que nem as crianças, nem nós mesmos, nos tornemos excessivamente dependentes deles.

Seguindo com o espírito da inclusão, apresentaremos a seguir uma série de depoimentos emblemáticos de vários assistentes de ensino, alguns trabalhando em ambientes de Ensino Médio e outros em ambientes de Ensino Fundamental. Foi perguntado à equipe de apoio o que eles achavam mais útil nos professores, como eles se sentiam incluídos e valorizados nas salas de aula e como eles usavam abordagens relacionais com seus alunos.

DEPOIMENTOS DOS ASSISTENTES DE ENSINO

"Acho mais útil quando os professores conversam comigo antes da aula sobre o que vamos fazer. Trabalho em uma escola de Ensino Médio e vejo que muitos professores são excelentes em pedir minha opinião sobre recursos e como torná-los acessíveis para meu aluno que tem um Plano Educacional Individualizado. Tento sempre 'me afastar' quando ele está se sentindo mais confiante e está trabalhando com autonomia.

Quando encontro um professor pela primeira vez, procuro saber suas impressões sobre meu aluno: suas necessidades, gostos e desgostos, possíveis gatilhos e assim por diante."

"Trabalho em uma escola primária e lembro de ficar o tempo todo sentada com meu aluno que tinha um Plano Educacional Individualizado, além de dois outros alunos com dificuldades de aprendizagem (mas sem um EHCP/PEI). Nós nos sentíamos segregados do restante da turma.

O departamento de apoio à aprendizagem conversou com o professor e ele recebeu um treinamento sobre 'agrupamento flexível'.

Eu não me sentia confiante o suficiente para dizer que parecia que o professor só falava comigo e depois ignorava nossa pequena mesa por longos períodos.

Quando você é assistente de ensino, imagina que os professores sabem o que estão fazendo e que dar sugestões pode soar desrespeitoso."

"Uma vez trabalhei com uma criança surda que tinha dificuldades motoras finas. Sua paixão era o teatro, e ele só participava plenamente se eu me envolvesse com ele.

Por isso, acabei estudando teatro junto com ele aos 47 anos!

Fomos receber nossos certificados juntos, e ver sua reação ao abrir o envelope e descobrir que havia sido aprovado foi simplesmente impagável.

Felizmente, eu também passei — e ele ficou tão feliz por mim quanto eu por ele!

É uma lembrança muito especial."

"Acho extremamente útil, na minha escola primária, quando consigo conversar com o professor da turma durante o tempo de planejamento, para discutir o programa e as intervenções que estou realizando com os alunos.

Felizmente o nosso coordenador de apoio à aprendizagem organizou isso, e eu me sinto valorizada pela equipe de liderança e pelos professores. Isso realmente me ajuda a entender melhor o aluno, a ter uma visão mais ampla da aprendizagem e a oferecer o melhor suporte possível.

Adoro meu trabalho e me sinto completamente incluída em cada parte da escola!"

"Trabalho em uma escola de Ensino Médio com alunos que têm PEI e outros que não têm.

Acho muito útil quando os professores imprimem os slides das aulas com antecedência — isso significa que meu aluno tem tudo à sua frente e podemos acompanhar juntos.

Notei que alguns professores adaptam o ensino mais do que outros — tenho uma boa visão geral sobre isso, já que acompanho vários professores na escola enquanto atuo com a turma do nono ano.

Acho importante usar técnicas para descontrair os adolescentes.

É tudo parte de construir um relacionamento.

Alguns podem ser resistentes ao apoio, porque não querem 'se destacar' — então, às vezes inicio a interação com algo como:

'Adorei seu cabelo hoje, como você fez isso?', e depois sigo com o apoio.

Também tento conhecer melhor os alunos, por exemplo, perguntando o que fizeram no fim de semana — assim consigo abordar o suporte com mais naturalidade.

Construir esses relacionamentos significa que eles confiam mais em mim, se sentem mais à vontade e são mais abertos a receber ajuda."

"Trabalho em uma escola primária e às vezes ofereço suporte de maneira discreta!

Há crianças que são muito resistentes a qualquer tipo de ajuda, mas, como não estou associada à equipe regular da turma, isso ajuda.

Descobri, por exemplo, que apontar discretamente algo que a criança fez bem — quando ela mesma não percebe — é ótimo para apoiar quem está com dificuldades.

As crianças sempre escutam e internalizam, mesmo quando parece que não.

Já sou assistente educacional há muito tempo, e acho que acabamos adaptando o que fazemos do mesmo jeito que os professores fazem."

Pais e responsáveis

Ao longo deste livro, consideramos as famílias, os pais e os cuidadores. Também analisamos a importância de evitar culpar ou induzir à vergonha. Quando se trata de famílias e pais, podemos falar com fatos — como nossa prática relacional (PR) nos mostra, precisamos ser explícitos —, mas nunca devemos julgar. Há uma clara diferença entre os dois.

> Com que frequência você liga para a casa dos alunos para falar de coisas positivas?
> Com que frequência você entra em contato com a casa dos alunos para falar de mau comportamento?
> Você já usou abordagem preventiva para entrar em contato com a casa dos alunos — percebendo rapidamente que, em algum momento, poderá precisar fazer um contato que parecerá negativo e, portanto, garantindo que tenha feito algum contato positivo desde o início? Isso pode fazer uma enorme diferença para o sucesso de seu eventual relacionamento de trabalho com um pai ou mãe ou responsável.

Construindo pontes e quebrando barreiras

Entre as pessoas com quem conversei enquanto escrevia este livro, incluindo pais, professores, psicólogos educacionais e palestrantes sobre NEE/D e inclusão, o fator mais consistentemente mencionado foi que os relacionamentos entre professores e pais eram cruciais para obter os melhores resultados para as crianças e os jovens — e que, quanto mais cedo esses relacionamentos fossem construídos, melhor.

Isso não é surpresa para nós, com nosso conhecimento de abordagens relacionais e do estudo de Harvard sobre desenvolvimento de adultos[2] que examinamos no Capítulo 3. Entretanto, é mais fácil falar sobre esses relacionamentos do que construí-los. Por inúmeras razões, pode haver desafios reais para fazer isso. Alguns deles podem depender do tempo, outros podem se dever à percepção que os pais ou responsáveis têm de nós como "professores" e à sua própria experiência pessoal com a escola.

Os funcionários de escolas de Ensino Fundamental são muito bons em construir excelentes relacionamentos com os pais, mantendo uma comunicação forte e muitas vezes diária com eles, mas, para os funcionários de escolas de Ensino Médio com 400 alunos por semana, o jogo pode ser diferente. De qualquer forma, ainda temos que priorizar: há muitos alunos e famílias que terão sucesso com o que podemos considerar uma quantidade "padrão" de contato, mas outros realmente precisam de mais. Precisamos ser realistas. Eu sei que disse na introdução que podemos ser heróis, mas isso não significa que temos varinhas mágicas presas em nossas costas, prontas para brilhar a qualquer momento. Não se culpe por não poder dar a mesma atenção a todos os pais da escola. Seja **pragmático**; nem toda família precisa do mesmo nível de atenção. Isso não significa que você não esteja valorizando cada criança tanto quanto as outras, mas você só tem um determinado número de horas em um ano letivo, portanto seja realista.

Construindo a confiança

Da mesma forma que construímos a confiança com as crianças, precisamos construí-la com os pais e mostrar que estamos trabalhando com eles porque temos em mente o melhor interesse de seus filhos. Esse modelo de grande desafio e grande apoio, que vimos no Capítulo 4, é tão importante para os pais quanto para os jovens em nossa sala de aula inclusiva. Trabalhar *com os* pais, e não apenas fazer as coisas *por* eles ou *para* eles, é o melhor caminho a seguir.

> A **empatia** é tão importante aqui quanto foi no Capítulo 4, quando examinamos pela primeira vez o uso da abordagem PACE com jovens. Para as famílias e os pais, você precisará ter empatia com sentimentos desconfortáveis, como: Culpa, vergonha, medo, constrangimento, fracasso, julgamento, intimidação, confusão.

Fiz referência ao trabalho de Brené Brown algumas vezes durante este livro. O trabalho dessa autora é muito respeitado, por um bom motivo, e ela usa uma definição de "confiança" que inicialmente veio de um senhor chamado Charles Feltman.[3] Essa definição é a mais impactante que já encontrei, e, quando a ouvimos — e quando a aplicamos a um pai e seu filho —, acho que ela realmente nos lembra da posição que ocupamos nas escolas. Veja se você concorda:

Confiança: Optar por arriscar tornando algo que você valoriza vulnerável às ações de outra pessoa.

Desconfiança: O que é importante para mim não está seguro com essa pessoa nessa situação (ou em qualquer situação).

(Feltman 2008)

Se analisarmos e desvendarmos isso, os pais estão tornando seus *filhos* — aquilo que eles mais prezam acima de tudo no mundo — **totalmente vulneráveis às nossas ações**. À maneira como tratamos seus filhos. À maneira como os outros tratam seus filhos enquanto estamos ocupando o lugar dos pais. Às 6 horas ou mais por dia que seu filho passa conosco. À maneira como falamos com seus filhos, pensamos em seus filhos e os educamos. Eles estão correndo um risco ao deixar seus filhos conosco, com base no simples fato de que trabalhamos em uma escola. É *surpreendente* que alguns pais não confiem imediatamente em nós, assim como algumas crianças não confiam? Precisamos garantir que os pais saibam que seus filhos, em termos de educação, social e emocional (e de todas as formas), estão **seguros conosco**.

Precisamos conquistar essa confiança e construir esse relacionamento. Não é um processo rápido. Temos de ouvir os pais — realmente ouvir. Estar atentos ao que os pais dizem. Mostrar aos pais que estamos dedicando tempo e valorizando a eles e a seus filhos. Precisamos construir a confiança lentamente, como quem guarda moedas em um cofrinho e constrói uma conta bancária de confiança. Às vezes podemos perder 1 ou 2 quilos depois de um incidente, mas tomamos as providências corretas para repor nossa perda com juros. Na essência, precisamos mostrar aos pais que *nos importamos*. O contato significativo, cumprir o que dizemos que vamos fazer, fazer contato a respeito dos pontos positivos e negativos e simplesmente deixar um sorriso sincero no fim do dia podem fazer uma enorme diferença.

Maneiras práticas de construir a confiança

Não espere por um problema: Os professores são hábeis em identificar um aluno que está começando a causar preocupação. Em vez de esperar por um problema, entre em contato com os pais o mais rápido possível por meio de mensagens curtas e positivas, depositando centavos no banco de confiança. Isso pode ser feito facilmente usando qualquer plataforma ou método de mensagens que sua escola disponibilizar, como mensagens que podem ser enviadas para turmas inteiras ou para indivíduos. Leva alguns minutos, mas pode realmente fazer a diferença no contato inicial de um pai com a equipe.

Empatia não verbal e Comunicação Não Violenta (CNV): Evite frases banais ou "pelo menos..." (lembre-se de nossas discussões sobre empatia no Capítulo 4). Em vez disso, quando falar com os pais, use *a empatia não verbal* com seus gestos e ações — se eles estiverem irritados, mantenha a calma e demostre em seu rosto e em sua linguagem corporal simpatia e compreensão (em vez de descrença, irritação e assim por diante). Use a CNV com os pais (Capítulo 4) da mesma forma que você faz com os jovens.

Tom de voz: Use um tom de voz que deixe claro que sente empatia, que tem certeza de que eles estão se esforçando ao máximo e que você quer o melhor para o filho deles. Todos nós sabemos como é quando alguém usa um tom de voz que nos irrita — faça o possível para evitar isso. Não pareça crítico; você está do mesmo lado: aquele que beneficia o aluno.

Não prometa demais, faça o que você diz: Se você disser que vai fazer algo, faça. E depois informe aos pais que fez, com o resultado. Seja realista com relação ao que você pode fazer.

Contato de acompanhamento: Faça contato de acompanhamento sempre que possível — quanto mais regular, melhor. Se você trabalha em uma escola de Ensino Fundamental, é claro que pode fazer isso no portão. Os colegas do ensino primário são ótimos em criar essa confiança e conexão diariamente. Nas escolas de Ensino Médio, muito pode ser feito por meio de qualquer sistema de mensagens que você tenha, por e-mail ou contando com um funcionário intermediário que trabalhe com a família, como um professor de alunos com NEE/D ou outro colaborador.

Declare sua intenção: Seja aberto, diga que deseja trabalhar em conjunto, seja positivo em relação ao jovem e ao que espera alcançar, e explique que deseja que ele obtenha os melhores resultados. Use linguagem inclusiva como "nós", "todos nós", "juntos podemos", "nosso".

Saiba como os pais ou responsáveis gostam de ser tratados: É senhora, senhor, você? Os pais ainda estão juntos, o aluno está morando com os pais biológicos ou não? Certifique-se de que a pronúncia dos nomes esteja correta.

Tenha curiosidade sobre o jovem e seus pais: Use sua abordagem PACE (Capítulo 4). Faça perguntas, mostre que está interessado, pergunte se eles têm *hobbies*, irmãos, um lugar favorito e assim por diante.

Agradeça aos pais e responsáveis: Diga que você é grato pelo envolvimento deles, agradeça por apoiarem você. Se eles tiverem feito isso de alguma forma, por exemplo, ajudando na aula ou fornecendo algo para a turma, você pode até mesmo agradecer publicamente em boletins informativos, se for apropriado, e se eles não se importarem com o reconhecimento.

Mantenha um espaço para fazer telefonemas em sua agenda semanal: Reserve um espaço de 5 minutos para ligações telefônicas a cada semana. Escolha um ou dois pais por semana para conversar com notícias positivas e comemorativas — isso vai melhorar o dia deles, especialmente se for inesperado.

Seja atencioso: Pequenos gestos podem fazer grande diferença...

- Por exemplo, enviar por e-mail o *link* de um artigo sobre fala e linguagem para um pai cujo filho se beneficiaria e dizer que você pensou nele quando o viu.
- Fotografar ou digitalizar um trabalho excelente e enviá-lo para o pai ou responsável porque "é bom ouvir os pontos positivos" e "comemorar juntos".
- Lembrar-se de que a família tinha uma consulta complicada em breve ou algo semelhante e telefonar para saber como foi — ou usar o sistema de mensagens da escola para enviar um e-mail antecipadamente dizendo "estamos aqui para ajudar", se necessário.
- Adicione um "Como estão todos em casa?" às respostas de e-mail se for um pai ou mãe de quem você não tem notícias há algum tempo, apenas para mostrar que está pensando no bem-estar da família.

Os benefícios de reservar tempo — e dedicar tempo — para criar confiança:

- Quando os pais confiam nos professores, eles confiam na escola. Barreiras são derrubadas, pontes são construídas.
- Os pais sabem que faremos o que dissermos que faremos.
- Os pais confiarão que a equipe tem em mente os melhores interesses de seus filhos e, portanto, confiarão em nossas opiniões profissionais e em nossas sugestões de estratégia.
- Eles estarão mais abertos a nós, a tentar coisas, a apoiar a equipe, a acreditar que pensamos no melhor interesse de seu filho, e não no nosso.
- Os pais estarão mais abertos a tentar diferentes sugestões em casa e a dar um *feedback* honesto aos professores sobre o que funciona ou não.
- Os pais terão melhores condições de entender os pontos de vista dos professores por meio de conversas boas, honestas e abertas.
- Se os pais se sentirem ouvidos, apreciados, empatizados e valorizados (em vez de julgados, culpados e envergonhados), teremos o apoio deles, e as crianças se beneficiarão.

DEPOIMENTOS DE PAIS

"Quando meu filho começou o primeiro ano, achei difícil acreditar que ele seria cuidado em uma turma com 30 alunos, ou que alguém realmente se importaria em conhecê-lo.

Na época ele tinha necessidades não identificadas, e fiquei surpresa quando a professora me procurou pouco depois do início das aulas para falar sobre as estratégias de apoio que já havia implementado.

Sempre me senti acolhida em vez de me sentir um estorvo. Se eu sentisse necessidade de falar com ela no início do dia, ela me dizia que iria ligar depois — e ela sempre ligava, então eu confiava totalmente nela.

Foi um ótimo começo de jornada escolar para ele e para mim!"

"Meu filho tem necessidades especiais, e mantenho contato regular com o professor de alunos com NEE/D da escola. Isso significa que sou informada, mas também que me sinto incluída em tudo.

Não me preocupo tanto como antes, porque já trabalho com esse professor há mais de um ano e desenvolvemos uma relação de confiança.

A escola sabe que é estressante para mim, então também recebo apoio emocional — e isso é muito útil, pois sei que compreendem tanto a mim quanto ao meu filho."

"Quando minha filha começou o Ensino Médio, custei a acreditar em como eu sabia pouco sobre o dia dela, seus professores, o prédio, como ela estava indo — é um mundo totalmente diferente do Ensino Fundamental, e leva um tempo para se acostumar.

Você passa do contato diário para uma reunião de pais por ano e um boletim semanal!

A gente se acostuma, mas no começo é uma grande mudança."

"Meu filho está no oitavo ano. Houve problemas com o suporte e a execução do PEI dele na escola primária, o que foi muito difícil para mim. No entanto, os professores da escola secundária têm sido incríveis e muito importantes para mim e para meu filho.

O departamento de apoio à aprendizagem assumiu os cuidados com os requisitos dele, planejando o apoio e sendo meu principal ponto de contato. Mas os professores da turma também atuam de forma direta e positiva, respondendo às mensagens rapidamente. A escola garantiu que meu filho tenha acesso a tudo o que está estipulado em seu PEI e que o departamento de apoio à aprendizagem e a equipe de apoio estejam sempre disponíveis como um time de NEE/D.

Eles respondem de maneira eficiente. São profissionais simpáticos, amigáveis, empáticos, compreensivos, gentis e tranquilizadores. Eles restauraram minha confiança na escola em relação às necessidades do meu filho. A abordagem deles está sempre centrada nas necessidades da criança. Meu filho está se desenvolvendo muito bem no Ensino Médio, em grande parte graças ao cuidado e conhecimento da equipe."

"Já tive várias experiências ao longo da escola primária do meu filho, e a maioria foi positiva — e isso se deve muito mais aos professores que realmente se importam.

Isso não tem a ver com nível de experiência ou cargo, mas sim com a atitude e empatia deles.

No fim das contas, se você consegue enxergar alguém como um pai, assim como você, esse já é um bom ponto de partida."

"Sempre que há algum problema na escola, a professora do meu filho entra em contato e sempre começa dizendo: 'não se preocupe'. É uma coisa simples, eu sei, mas, quando vejo essa mensagem no meu celular, sei que está tudo sob controle, e isso me tranquiliza. Fico menos ansiosa e sem medo de iniciar a conversa."

NOTAS

1. National Award for Special Educational Needs Co-ordination.
2. https://news.harvard.edu/gazette/story/2017/04/over-nearly-80-years-harvard-study-has-been-showing-how-to-live-a-healthy-and-happy-life/.
3. https://brenebrown.com/art/a-good-word-charles-feltman-on-trust-and-distrust/.

REFERÊNCIAS

Education Endowment Foundation. *Making the Best Use of Teaching Assistants*. 2018. Disponível em: https://d2tic4wvo1iusb.cloudfront.net/eef-guidance-reports/teaching-assistants/TA_Guidance_Report_MakingBestUseOfTeachingAssistants-Printable_2021-11-02-162019_wsqd.pdf?v=1685097377.

Education Endowment Foundation. *SEND in Mainstream Schools: A Guidance Report*. 2020. Atualizado em 2021. Disponível em: https://educationendowmentfoundation.org.uk/education-evidence/guidance-reports/send. Acesso em: 19 mar. **2025.**

Feltman, C. *The Thin Book of Trust: An Essential Primer for Building Trust at Work*. Thin Book Publishing Company, 2008.

Uma palavra final

E assim chegamos ao fim de nossa jornada relacional juntos aqui neste livro – mas esperamos que seja apenas o começo da sua na escola. E lembre-se: cada *dia* é um novo começo na escola. Cada lição, inclusive.

Nunca é fácil, e se fosse não gostaríamos tanto do que fazemos.

Use este livro para mergulhar e voltar à superfície. Use-o como inspiração, incentivo e ajuda para criar seu kit de ferramentas de abordagens e adaptações. Use-o para ajudá-lo a inspirar outras pessoas e a fazer as lendárias e positivas diferenças que todos nós buscamos no ensino. Como meu querido pai, Pete Lush, disse uma vez, *isso importa o tempo todo*. E você também.

Tudo começa com o ensino. Cada carreira no mundo começou com alguém sendo ensinado em algum lugar. O futuro começa com o ensino. O futuro começa com o apoio às mentes jovens em nossas salas de aula inclusivas. O futuro começa com *você*.

Instagram: @veritylush

APÊNDICE

Como e onde cada capítulo corresponde ao Relatório de Orientação da Education Endowment Foundation (EEF) para crianças com NEE/D em escolas regulares (2020) (consulte o Capítulo 5)		
5 Recomendações do Relatório de Orientação da Education Endowment Foundation (EEF)	Criar um ambiente positivo e de apoio para todos os alunos, sem exceção	Desenvolver uma compreensão contínua e holística de seus alunos e das necessidades deles
	Na essência, isso nunca para – faz parte de nossa base relacional. **Capítulo 1** O que significa "inclusão"? Diretrizes do setor de apoio ao professor iniciante do Departamento de Educação do Reino Unido. Diferenças entre diferenciação e ensino adaptativo. Seu próprio bem-estar. **Capítulo 2** Como falar sobre o NEE/D. Áreas de necessidade. Neurodiversidade.	Na essência, isso nunca para – faz parte de nossa base relacional. **Capítulo 1** Trabalhar uns com os outros, fazer coisas com e não para. Adaptação para você mesmo. **Capítulo 2** Nossa base de conhecimento do NEE/D e das 4 grandes áreas de necessidade. Seu departamento de apoio à aprendizagem. O Código de Prática NEE/D.
Garantir que todos os alunos tenham acesso a um ensino de alta qualidade	Complementar o ensino de alta qualidade com intervenções cuidadosamente selecionadas em pequenos grupos e individuais	Trabalhar efetivamente com assistentes de ensino
Capítulo 1 Um ensino excelente para alunos com NEE/D é um ensino excelente para todos. O setor de apoio ao professor iniciante do Departamento de Educação do Reino Unido trata do ensino adaptativo em vez de diferenciar e classificar os alunos em estilos ou habilidades de aprendizagem. **Capítulo 2** "Ensino de alta qualidade" e o Código de Prática NEE/D. Conhecer as 4 grandes áreas de necessidade, neurodiversidade e ser orientado pelas necessidades (não esperar por diagnósticos).	**Capítulos 1, 2, 3** Identificação das crianças que necessitam dessa intervenção, trabalhando com os líderes dos grupos anuais, os líderes das disciplinas e o departamento de apoio à aprendizagem – este último geralmente organizará e providenciará a implementação. Se for você que estiver implementando isso, novamente o departamento de apoio à aprendizagem deixará claro como essa intervenção será direcionada e como será incorporada. Alguns alunos com planos de suporte (como os legalmente obrigatórios, EHCP/PEI e assim por diante) terão intervenções escritas neles. É responsabilidade do departamento de apoio à aprendizagem garantir que elas sejam implementadas.	**Capítulo 2** Suporte e equipe de apoio legalmente vinculados. **Capítulo 7** Ser inclusivo com os outros adultos na sala. Nunca "ignorar" a criança porque ela tem o suporte de um adulto, ou falar com o adulto que está apoiando e não com a criança. Depoimentos da equipe de apoio sobre o que eles acreditam em suas experiências que leva a melhores resultados para as crianças. Abordagens relacionais com todas as partes interessadas. Confiança e famílias, e construção de relacionamentos e confiança com pais e responsáveis.

Índice remissivo

abordagens relacionais 3, 14, 44, 48, 51, 52, 53, 54, 55, 56, 57, 59, 61, 63, 64, 65, 67, 69, 71, 73, 75, 77, 79, 81, 83, 85, 87, 89, 90, 91, 93, 95, 97, 99, 101, 103, 105, 107, 109, 111, 113, 115, 117, 119, 121, 123, 125, 127, 129, 131, 133, 135, 141, 194, 226

Abuso emocional 82, 227

Abuso físico 227

ACE 105, 222, 227

acolhimento 227

adaptação 7, 17, 34, 76, 120, 141, 173, 186, 203, 227

agrupamento flexível 175

andaime 14, 137, 141, 142, 147, 148, 160, 165, 169, 170, 173, 184, 199, 227

ansiedade 5, 32, 45, 85, 227

aprendizado 13, 24, 25, 39, 49, 67, 101, 128, 130, 146, 147, 149, 151, 152, 153, 158, 159, 167, 168, 170, 171, 172, 174, 175, 185, 189, 191, 193, 199, 204, 209, 211, 212, 227

aprendizagem pela experiência 172, 173, 174, 227

áreas de necessidade 226

assento ejetor 64, 75, 102, 103, 106, 227

assistentes de ensino 146, 147, 209, 210, 211, 212, 227

atenção plena 60, 179, 227

autismo 26, 31, 35, 36, 227

autoestima 5, 28, 32, 61, 67, 108, 124, 227

avaliação formativa 139, 140, 227

bem-estar 9, 99, 102, 146, 147, 220, 226, 227

blocos de construção 142, 227

carga de trabalho 20, 227

causa e efeito 24, 45, 48, 51, 53, 55, 57, 69, 74, 91, 103, 109, 140, 190, 227

cognição 31, 39, 154, 173, 227

Cognição e aprendizagem 227

comportamento 32, 50, 53, 58, 59, 62, 64, 69, 71, 74, 75, 76, 103, 110, 115, 120, 124, 132, 134, 195, 197, 227

comportamentos 59, 62, 64, 67, 70, 72, 73, 82, 83, 92, 103, 110, 113, 122, 126, 133, 135, 227

comunicação 31, 39, 42, 99, 103, 114, 117, 129, 194, 195, 196, 219, 227

Comunicação e interação 31, 39, 42, 227

Comunicação Não Violenta 114, 117, 129, 195, 196, 219, 227

Consideração positiva incondicional 52, 61, 94, 98, 102, 103, 227

consistência 14, 53, 54, 62, 68, 102, 104, 120, 132, 138, 139, 141, 227

coordenador de inclusão 40, 45, 46, 47, 48, 227

Cuidado 47, 81, 91, 99, 102, 146, 147, 150, 151, 184, 199, 221, 222, 227

diagnóstico 35, 36, 37, 38, 48, 140, 189, 227

diferenciação 15, 21, 30, 53, 150, 155, 226, 227

dislexia 23, 31, 35, 227

dispraxia 23, 31, 227

docente 24, 26, 49, 227

documentos de suporte 190, 193

educação especial 13, 34, 128, 227

educação inclusiva 128, 227

Education Endowment Foundation 146, 147, 227

empatia 72, 80, 91, 96, 104, 116, 118, 119, 120, 126, 127, 128, 129, 131, 155, 171, 175, 196, 201, 203, 204, 217, 219, 227

ensino adaptativo 2, 3, 17, 19, 21, 43, 44, 53, 69, 95, 128, 132, 137, 139, 141, 142, 143, 145, 149, 171, 174, 176, 186, 190, 202, 204, 205, 226, 227

ensino fundamental 208, 227

Education Endowment Foundation 136, 145, 225

empatia 37, 71, 79, 90, 95, 103, 115, 117, 118, 119, 125, 126, 127, 130, 154, 169, 170, 174, 195, 200, 202, 203, 216, 218 ensino adaptativo 2, 3, 14, 15, 16, 17, 18, 20, 21, 42, 52, 68, 94, 127, 131, 138, 140, 141, 142, 148, 170, 173, 175, 185, 189, 201, 203, 204, 225

ensino fundamental 207

ensino médio 41, 60, 69, 98, 99, 103, 133, 176, 209, 213, 214, 222, 227

espaço seguro 67, 104, 157, 228

estilos de aprendizagem 16, 30, 228

estratégias cognitivas 137, 147, 148, 152, 153, 167, 170, 228

estratégias pedagógicas 228

expectativas 14, 16, 17, 18, 19, 20, 46, 53, 58, 67, 72, 101, 104, 113, 138, 139, 155, 174, 177, 228

Experiências adversas na infância 52, 83, 84, 228

família 4, 10, 26, 39, 61, 71, 80, 82, 108, 115, 134, 162, 195, 220

fundação 14, 54, 141, 228

Grande área de necessidade 228

habilidades sensoriais 228

habilidades sociais 86, 107, 228

hierarquia de Maslow 52, 228

inclusão 3, 4, 6, 7, 11, 12, 13, 14, 21, 22, 26, 27, 33, 38, 39, 40, 43, 44, 45, 46, 47, 48, 58, 61, 63, 67, 68, 72, 81, 94, 102, 119, 127, 145, 146, 147, 162, 192, 193, 205, 207, 211, 212, 213, 227, 228

inspiração 21, 225, 228

inteligência emocional 7, 91, 92, 94, 95, 96, 97, 102, 103, 105, 108, 126, 130, 133, 208, 228

intervenção 84, 99, 100, 164, 176, 192, 212

liderança escolar 228

limites 9, 10, 11, 58, 76, 77, 102, 228

linguagem apropriada 28, 228

linguagem inclusiva 219, 228

ludicidade 91, 120, 123, 138, 139, 167, 170, 171, 185, 195, 199, 204, 228

memória de trabalho 160, 228

metacognitivas 137, 147, 148, 154, 161, 167, 169, 170, 177, 211, 228

modelagem 14, 86, 141, 143, 155, 162, 167, 228

motivação 96, 150, 228

necessidades educacionais 20, 24, 25, 26, 27, 29, 31, 32, 33, 34, 35, 37, 38, 39, 41, 43, 45, 47, 49

Necessidades sensoriais e físicas 228

NEE/D 6, 7, 13, 20, 22, 24, 25, 26, 27, 28, 29, 30, 31, 33, 34, 35, 37, 39, 41, 43, 44, 45, 46, 47, 48, 49, 50, 66, 69, 81, 105, 132, 137, 139, 140, 141, 142, 144, 146, 147, 148, 150, 170, 185, 189, 191, 200, 201, 205, 207, 210, 211, 216, 222, 226, 228

neurodesenvolvimento 34, 37, 228

neurodivergentes 37, 38, 228

neurodiversidade 22, 24, 34, 35, 36, 47, 226, 228

Neurotípico 35, 228

Notas de Cornell 158, 228

Nurture 99, 100, 105, 108, 123, 129, 131, 135, 136

Nurture Groups 99, 105

Organizadores de conhecimento 228

PACE 91, 95, 101, 119, 120, 121, 122, 127, 128, 129, 132, 138, 139, 170, 171, 172, 195, 196, 200, 204, 217, 220, 228

passaporte do aluno 190, 193, 202

PEI 24, 29, 39, 40, 41, 43, 44, 69, 162, 213, 214, 222, 226, 228

planejamento 122, 138, 139, 170, 171, 172, 178, 185, 189, 200, 204, 214, 228

plano educacional 164, 192, 193, 208, 213, 228

prática das NEE/D 25, 228

Prática restaurativa 27, 91, 108, 109, 121, 228

Prática restaurativa (ou relacional) 27, 91, 106, 108, 109, 114, 120, 121

Princípios de Instrução de Rosenshine 137, 228

rede de apoio 11, 71, 228

relacionamentos 3, 51, 52, 53, 55, 56, 63, 64, 67, 75, 77, 79, 80, 85, 93, 106, 107, 114, 121, 122, 128, 131, 146, 147, 192, 205, 207, 214, 216, 226

reparação emocional 52, 228

reparação emocional 51

resiliência 82

restaurativo 74

resultados de aprendizagem 13, 35, 53, 175

saúde mental 32, 40, 51, 63, 64, 69, 75, 76, 80, 81, 85, 89, 175, 192

SEMH 32, 40, 51, 54, 63, 68, 69, 80, 83, 85, 86, 89, 98, 99, 108, 117, 132, 134, 136, 137, 150, 156, 175, 178, 183, 193

Síndrome de Tourette 35, 57

TDAH 32, 34, 36

técnicas de ensino 206

telas 75, 78, 80, 84, 86, 106

Trauma 51, 64, 83, 120, 130, 193, 195

traumas associados 51

VAK 17

vulnerabilidade 65